저 절로 가는 길

제절로 가는 길

고원영 글

홍반장

부처는 길에서 태어나
길에서 돌아갔다.
부처를 알면 길이 보이고,
길을 알면 부처가 보인다.

오랫동안 나는 숲으로 가지 못해 안달했다. 겉으로야 드러내지 않았지만 동시대 사람들의 차가운 사고와 촘촘한 언어가 나는 늘 불편했다. 그들이 이룩한 사회와도 때때로 불화를 겪었다. 머리를 깎고 숲으로 들어가 나만의 국가에서 살고 싶었지만 그게 뜻대로 이루어지지는 않았다.

시인 기형도는 자연 속에 가장 위대한 잠언이 있음을 믿는다고 했다. 그러면서도 그는 도시에서 시를 쓸 수밖에 없었다. 그는 왜 자연을 향해 발을 내딛지 못하고 빌딩들 사이에서 고통스러워했을까. 그의 시 '진눈깨비'는 이렇게 시작한다.

때마침 진눈깨비 흩날린다.
눈길 위로 사각의 서류봉투가 떨어진다.

시인은 허리를 굽혀 서류봉투를 줍는다. 시인은 서류봉투로 상징되는 재화를 주워 진눈깨비 내리는 도시를 걷는다. 그는 아마도 집으로 돌아가는 길이었을 것이다. 집을 나왔다가 들어가는 건, 고대문명에서부터 지금까지 밖에서 재화를 취득하는 사람들의 일관된 행위이다. 쟁기를 들었든 서류봉투를 들었든 누구나 집으로 돌아가야 한다.

재화를 위해 현대문명에 가탁해서 살아야 하는 내 삶은 비루했다. 전생에 중이었던 나는 일곱 번이나 숲으로 들어가 절에 머물렀지만 어디까지나 꿈속에서였다. 울면서 꿈에서 깨어난 날도 있었다.

50이 돼서야 나는 꿈 밖으로 나올 수 있었다. 어느 날, 늘 가는 조계사 대웅전에서 부처가 담을 뛰어넘는 것을 보았다. 처음 보는 벽화가 아닌데도 유성출가상踰城出家相을 살펴보던 나는 담을 뛰어넘는 방법이 간단한 데 놀랐다. 날개 달린 말에 올라타면 간단히 해결할 수 있는 문제였다.

그 후 나는 우리의 산하를 휩쓸고 다녔고, 거기 있는 문화를 섭렵하는 데 골몰했다. 그사이 본래 넉넉하지 않았던 살림이 더 가난해졌고, 본래 성실하지 않았던 가장으로서의 역할도 식구들로부터 더 의심받았다.

불교가 우리 문화유산의 70%에 가까운 나라에서 나의 행보는 저절로 절을 탐닉할 수밖에 없었다. 7년 가까이 불교문화를 찾아다닌 사람으로서, '저 절로 가는 길'은 단순한 걷기운동이 아니라 내면으로 들어가는 정신운동임을 책머리에다 조심스레 주장해 본다.

2015년 1월 19일, 고원영

차 례

✸ 전라도의 절길

✹ 경상도의 절길

✹ 강원도의 절길

서울의
절길

도시,
항상 도시가 문제이다.
모든 고통의 근거지이기 때문이다.
부조리한 것은 그런데도 도시가
끊임없이 팽창한다는 사실이다.
부도시와 위성도시를
거느리는 도시의 팽창은
넝쿨식물처럼 탐욕스럽다.

1

출가

조계사 가는 길

부처는 칸차카라는 말을 타고 성벽을 넘는다. 부처의 생을 여덟 가지로 표현한 그림 중 유성출가상이 그러하다. 사실은 마부 찬다카가 경비병 몰래 성문을 열어 밖으로 나갈 수 있었다고 말하지 마라. 그렇게 말하기엔 출가를 단행한 부처의 뜻이 너무 크다.

부처는 서류봉투를 들고 어떻게든 집으로 들어가려고 애쓰는 현대인과 달리 거꾸로 집을 나왔다. 빈손으로 집을 나와서야 마음이 편안해졌으니, 거리와 숲이 오히려 집이었다. 싯다르타는 자연에서 배운 진리와 질서로 세상을 뒤바꾼 정신혁명가였다.

도시, 항상 도시가 문제이다. 모든 고통의 근거지이기 때문이다. 부조리한 것은 그런데도 도시가 끊임없이 팽창한다는 사실이다. 부도시와 위성도시를 거느리는 도시의 팽창은 넝쿨식물처럼 탐욕스럽다. 도시는 이처럼 끊임없는 욕심을 부추기지만 당신을 알고 있다. 시골보다는 도시가 먹고 사는 데 훨씬 유리하다는 사실을.

당신, 아니 우리를 통찰하려면 동물과 다름없었던 저 원시시대부터 지금까지 변치 않고 해온 일이 무엇인지 살펴봐야 한다고 동국대 김성철 교수는 말한다.

머리를 가다듬고 옷으로 몸을 가려서 그렇지 인간은 동물과 거의 차이가 없다. 매일매일 먹어야 살고, 생각날 때마다 교미한다는 점에서 그저 포유류의 하나일 뿐이다. 모든 야생동물이 아침에 눈을 뜨면 먹이를 찾아 헤매듯이 당신도 이른 아침부터 먹고 살기 위해 도시를 헤매야 한다.

여기에 번뇌가 있다. 이른 아침부터 도시를 헤매도 먹이를 얻기 어려울 때가 있다. 배고픔이 모든 야생동물의 보편적 고통이듯이 인간은 늘 '먹지 못할 우려' 때문에 스트레스받는다. 이것이 봉투를 들고 집에 가야 하는 사람에게 짐 지워진 가혹한 현실이다. 부처의 출가는 이보다 훨씬 가혹한 현실에서 기인한 것이지만, 많은 사람은 단지 깨달음을 구하기 위해서였다고만 생각한다. 그리하여 의문을 품는다. 마음속에 부처가 있다는데, 싯다르타는 왜 집을 떠나야 했을까?

싯다르타의 출가는 왕자의 지위와 가족, 경작지와 국가가 모두 고통스럽다는 것을 일찌감치 예감한 젊은이로서의 선택이었다. 그는 수많은 부족국가가 몇 개의 고대국가로 재편되는 시기에 살았으며, 그의 나라 카빌라바투는 마가다와 코살라라는 강대국에 낀 약소국이었다.

경전은 약소국 왕자의 불안을 어느 봄, 파종식에 참관한 싯다르타가 가난한 농부와 소, 소가 끄는 쟁기에 달려 나온 벌레, 어디선가 날아와 벌레를 쪼아 먹는 새를 보았다고 기록함으로써 약육강식의 역사를 비유한다. 싯다르타 왕자의 미래는, 그가 누리는 현재의 복락을 오래도록 보장할 수 없는 성격이었던 것이다.

이 태생적 불안 앞에 팔상도의 하나인 사문유관상四門遊觀相이 펼쳐진다. 성문 바깥에서 병자와 노인과 주검을 발견한 그때부터 싯다르타의 관심은 인간의 생로병사에 쏠린다. 왕자는 늙음을 봄으로써 젊음을, 질병을 봄으로써 건강을, 죽음을 봄으로써 삶을 회의했다. 또한, 이 세 가지 슬픔을 잉태한 태어남을 잠부나무 아래에서 회의했다. 잠

조계사 대웅전 외벽의 유성출가상

부처는 칸차카라는 말을 타고 성벽을 넘는다.
부처의 생을 여덟 가지로 표현한 그림 중
유성출가상이 그러하다.
사실은 마부 찬다카가 경비병 몰래 성문을 열어
밖으로 나갈 수 있었다고 말하지 마라.
그렇게 말하기엔
출가를 단행한 부처의 뜻이 너무 크다.

부나무의 그늘이 왕자의 생각 너머에서 흔들렸다. 중아함경은 깊어가는 싯다르타의 회의를 기록한다.

나라는 것은 실로 병드는 법인데, 까닭 없이 병드는 법을 구한다. 나라는 것은 실로 늙는 법이고, 죽는 법이고, 근심 걱정하는 법이고, 더러운 법인데, 까닭 없이 늙는 법, 죽는 법, 근심 걱정하는 법, 더러운 법을 구한다.

어찌해야 생로병사를 회피하는 동시에 추구하는, 이 기묘한 모순에서 벗어날 수 있을까? 부처는 이 의문을 출가를 통해 풀어보고자 했으며, 어떻게든 장벽을 뛰어넘으려 기회를 엿보았다. 부처의 출가는 '어느 날 갑자기'가 아니라 오랜 계획의 결과였다. 첫 핏줄의 이름을 라훌라, 장애로 지은 것만 봐도 그렇다.

싯다르타의 아버지 숫도다나 왕은 이런 아들을 우려하여 서둘러 이웃나라 공주인 야소다라와 결혼시키고, 아들의 별궁에 온갖 산해진미와 기생을 보낸다. 식욕과 음욕으로 장벽을 쌓아 그 안에 아들을 가두려 했다.

결혼에 대해서도 분명히 회의적이었을 그에게서 나는 19세기 문학자 프란츠 카프카가 본다. 결혼이 문학에 장애가 되리라 생각한 카프카는 기차를 타고 시골약혼녀를 찾아가는 대신, 기차화물 편으로 입던 옷을 보낸다. 결혼이란 어차피 삶의 요식행위이므로 껍데기인 옷을 보내는 것으로 충분하다. 문학이냐, 결혼이냐. 카프카는 문학을 선택하고 평생 독신으로 살았다.

싯다르타의 선택은 출가였다. 아버지에 의해 강제로 결혼한 자로서의 어쩔 수 없는 선택이었다. 부처를 태우고 카필라 성벽을 넘은 칸타카는 출가에의 간절한 염원을 상징한다. 유성출가상은 부처가 오랜 망설임 끝에 현실 세계에서의 장애를 단번에 뛰어넘는 모습이다.

출가수행자가 되리란 부처의 결단은 크고 성스러웠다. 생로병사의 문제를 인간 실존의 문제라 인식했으며, 인류가 안고 있는 보편적 문제를 생로병사로 인식했다. 성문을 빠져나온 싯다르타는 부처가 돼서야 집으로 돌아오리라고 선언한다.

큰 뜻을 품고 성 밖으로 나온 부처가 농경과 살육의 들판을 용맹스레 가로질러 미지의 세계로 가는 모습을 2,600여 년 후 사람인 나는 상상한다. 그가 살았던 시대보다 훨씬 인구가 많고, 훨씬 과학이 발달했지만 여전히 생로병사에 끄달릴 수밖에 없고, 여전히 집으로 돌아갈 수밖에 없음을 알면서도 집을 나선다. 부처를 만나 생로병사에서 벗어나는 길을 묻고 싶다. 부처는 2,600여 년 전에 죽었는데 어디 가야 만날 수 있을까. 부처의 제자 아난다는 후생에 태어난 사람들이 건넬 질문을 미리 했다.

"이제 열반에 드시면 우리는 어찌 부처를 찾으오리까?"

"아난다야, 나를 찾으러 올 때는 너 자신을 등불 삼아 너 자신에 의지하여야 한다. 너 자신 바깥의 것에 의지하지 말고 오직 너 자신에 전념하라."

길을 묻는 제자에게 부처는 자등명이라는 마음의 지도를 펼쳐 보였다. 마음, 부처를 만날 수 있는 유일한 길이라지만 그 길처럼 요원하고도 구불구불한 미로가 이 세상 어디에 있을까. 아주 오래전 이 세상에 절을 세우고 그 안에 불상을 앉힌 뜻은 부처에게로 가는 길이 그만큼 멀고 아득하기 때문이 아니었을까.

사찰순례는 마음 바깥으로 부처를 찾아 나서는 길이다. 중생의 습기에 물든 우리가 무명에서 벗어나고자 걷는 길이다. 무명은 문명의 다른 이름이다. 도시 문명에서 벗어날수록 무명의 두께는 얇아진다.

그러나 출가자가 아닌 당신은 어딜 가든 단지 가출이거나 그에 버금가는 일탈일 수밖에 없다. 이 사실을 알면 설악산 봉정암이나 여수 향일암에 가야만 부처의 가피를 더 많이 받을 수 있으리란 생각이 흔들릴지도 모른다. 당신은 알아야 한다. 부처를 찾아 너무 먼 길을 가려 할수록 길은 더 멀어지고 미로를 닮아간다는 것을. 당신이 꿈꾸는 부처는 아주 가까운 데 있을 수 있다는 것을.

　마음이 답답하고 나를 둘러싼 시멘트벽이 감옥처럼 견고해 보일 때 나는 서울 종로구 견지동 소재 조계사로 간다. 지하철이나 버스를 타고 가냐고?　나만의 길이 있다. 나는 우선 혜화문을 출발지로 삼는다. 거기에서 숙정문으로 이어지는 북악산 성곽길을 걷고, 삼청공원을 지나 가회동 언덕을 넘는다. 내가 걷는 그 길을 아름답기로 소문난 문경새재길에 어찌 비교할까만, 그 길에도 우주가 있고, 그 길만의 이야기와 아름다움이 있으리라고 나는 믿는다.

　그렇다. 내가 처음 혜화문을 떠나 성북동 산동네로 접어드는 건 어느 봄날이었다. 성곽을 쌓아올린 화강암 벽돌 사이로 푸르게 뜨는 풀 한 포기를 나는 보았다. 힌두스탄 대평원에 그늘을 드리운 한 그루 거대한 나무가 그 여린 풀 위에 어른거렸다. 겨울을 이겨낸 잡초는 하늘 위와 하늘 아래에서 그만 홀로 존귀했다.

　서울성곽은 조선을 개국한 이성계 왕이 축성하여 역대 왕들이 개축하거나 수축한 한양도성을 말함이다. 개국공신 정도전은 서울을 둘

조계사 만해

만해는 총독부를 등지려고 동북쪽에 문을 냈다.
만해가 거주한 방은
선방처럼 잘 정돈된 모습이지만
식민지 백성이었던 만해는
잃어버린 소를 찾아 산속을 헤매는
방랑자의 삶이었을 것이다.

러싼 북악산, 인왕산, 남산, 낙산을 성곽으로 이어 수도를 방위하고자 했으니, 역설적이게도 외부 세력을 차단하고자 축성한 성이 길이 된 셈이다. 혜화문에서 시작되는 성곽길은 한 차례 끊어지다 이어지면서 북악산으로 나를 이끌었다. 오르막길이 시작되고 성벽 너머로 차츰 조망이 트인다. 서울의 대표적인 부촌이라는 성북동에 눈길이 가다가 이내 회색 건물군에 머문다. 평지도 모자라 가까이는 북악산, 멀리는 불암산, 수락산 기슭까지 넝쿨을 뻗은 아파트 군락지를 보는 순간 내가 천착해온 도시에서의 삶이 진저리를 친다. 뉴타운이란 이름으로 더 많은 회색 넝쿨들이 여전히 세상을 차지할 기세였다.

아파트로 대표되는 집. 이 집을 얻거나 잃지 않으려고 절절매다시피 살아온 삶이 주마등처럼 스쳐 간다. 집 밖에서도 나는 항상 집을 달팽이처럼 등에 짊어지고 다녀야 했다.

성곽길을 따라 올라가니 성벽에 뚫린 작고 네모진 통로가 보인다. 암문이라 부르는 그 문을 허리를 굽혀 지나간다. 문 바깥에 만해의 심우장尋牛莊이 있음을 아는 까닭이다.

처음 심우장을 찾아갔을 때 나는 눈이 휘둥그레졌었다. 나라 안의 대표적인 부촌으로 알려진 성북동에 느닷없이 정체를 드러내는 오래된 골목이라니. 지붕이 날아가거나 문짝이 떨어진 집이 한두 채가 아니었고, 깨진 창문으로 얼핏얼핏 가재도구가 보였다. 측량 구역을 표시하는 붉은 페인트 글씨가 담장에 선연했다. 개인택시나 바퀴가 빠진 폐차들이 주차한 공터 아래에는 재개발지역임을 알리는 간판이 걸려 있었다. 언덕 아래에서 마이크 소리가 났다. 과일을 파는 트럭이 올라오고 있었다. 역시 산동네에서만 볼 수 있는 풍경이었다. 마이크에 입을 댄 장사꾼의 목소리가 무성영화시대의 변사 같았다. 어렸을 때 자주 들었던 너스레에 정신을 팔려 어느새 나는 일곱 살 어린이의 걸음으로 골목을 걸었다. 내 집이 심우장인 양.

만해는 총독부가 있는 곳을 등지려고 동북쪽에 창을 냈다. 안채에 들어가서 만해가 내다보았을 창밖 세상을 내다보았다. 거기서도 이내 서울이 아파트에 잠식당하는 모습이 보인다. 아파트 군락지의 수많은 창문이 씨 빠진 해바라기의 텅 빈 눈들 같다. 세상에는 총독부가 너무 많구나!

심우장을 나와 다시 성곽길에 따라붙었다. 길은 삼청공원과 숙정문이 내려다보이는 말고개로 이어졌다. 숙정문 부근이나 말고개에서 감사원 언덕으로 내려가는 길에 총을 멘 초병들이 보이고 컬리버50이 하늘을 겨누고 있다. 이런 살풍경 때문인지 숲 사이로 흐르는 시냇물 소리가 내 귀에 들리지 않는다. 그렇지만 삼청동에 사는 사람들은 말

칠보사 노거수인 650년 묵은 느티나무는
대웅전을 지키는 수호신장처럼 보인다.
코끼리 몸통 만큼 굵은 나뭇가지가 대웅전 처마를 떠받드는 자세이다.

칠보사

'큰법당'이라 쓴 한글편액도 눈에 띈다.
우리나라 최초로 한글대장경을 편찬한
이 절의 조실 석주스님이 남긴 유산이다.

한다. 삼청동천三淸洞天은 북악산 골짜기뿐 아니라 사대문 안쪽 내사산內四山 골짜기에 흐르는 시냇물 중 가장 맑은 물소리라고.

삼청동천, 청계천의 상류인 중학천 부근에는 숨은 듯 존재하고, 존재하는 듯 숨은 절이 하나 있다. 내가 목적지로 삼은 조계사에 비해 훨씬 규모가 작은 칠보사란 절이다. 이 절의 유래를 묻자 요사채 스님은 잘은 모른다고 했다. 그의 은사인 석주 스님이 1960년 다 쓰러져 가는 암자였던 절을 중창해서 지금에 이르렀다는 이야기에는 별 특징이 없었다. 석주스님의 한글역경사업을 드러낸 '큰법당'이라는 현판도 내겐 그닥 별스럽지 않았다. 눈에 띄는 것은 이 절의 대웅전에 기대있는 거목이었다. 그 모습이 조계사 대웅전 앞에 있는 회화나무보다 몇 배는 웅장했다.

"종로구청 사람들이 그러는데 서울에서 가장 오래된 느티나무랍니다. 이 절을 지키는 수호신장이지요."

나무에서 눈길을 떼지 못하는 내게 스님이 건넸다. 목소리에는 아까와 달리 힘이 들어가 있었다. 나는 수호신장에 붙들린 듯 스님이 요사채로 들어간 뒤에도 한동안 걸음을 떼지 못했다. 조계사에 가야 한다는 생각조차 잊어버릴 정도였다.

굳이 조계사에 가려고 기를 쓰지는 않는다. 가고 싶을 때 가고 머물고 싶을 때 머무는 것이 여행자의 기질 아닌가. 그러나 여행자의 기질이란 한곳에 오래 머무를 수 없기도 한 것. 어디로든 가야 한다. 성 밖으로 나섰지만 부처는 정작 어디로 가야 할지 목적지를 정하지 않았던 거 같다. 동쪽으로 무조건 말을 몰아 밤새 세 왕국을 지난 그는 어느 강가에 닿았다. 기록을 보면, 그때까지 마부 찬다카가 싯다르타를 동행했다. 싯다르타는 마부에게 강 이름을 물었다.

"최후의 승리를 뜻하는 아노마입니다."

"그래 그럼, 나도 아노마가 되리라."

찬다카와 칸타카를 성으로 돌려보내고 혼자 걷기로 결심한 부처는 무소의 뿔처럼 힌두스탄의 대평원을 홀로 가로지른다. 맨발에 머리를 풀어헤친 채였다. 어디로든, 이곳이 아닌 다른 곳으로 가야 한다. 모든 여행의 출발은 이곳이 아닌 다른 곳으로 가는 행위이다. 여행을 꿈꾸는 자여, 당신이 어디에 있든 우선은 그곳을 떠나는 것을 목표로 삼으라. ❀

걷는 길 한성대역 6번 출구 ⋯▸ 혜화문 ⋯▸ 심우장 ⋯▸ 말고개 ⋯▸ 삼청공원 ⋯▸ 칠보사 ⋯▸ 안국선원 ⋯▸ 선학원 ⋯▸ 조계사

거리와 시간 7.5km 정도, 3시간 예상

2

낮은 데로 임하소서

금선사에서
승가사 가는 길

　　한때 나는 요세미티의 거벽에 매달리는 클라이머를 꿈꾼 적이 있었다. 그러나 지금 나는 싸고 질 좋은 트레킹화에, 배낭 하나 달랑 챙겨 매고 약속장소로 간다. 거기엔 내가 꿈꿨던 클라이머도 없고, 온갖 휘장을 휘날리며 극지법으로 히말라야에 오르는 대규모 원정대도 없다. 나와 비슷한 차림의, 조금 늙은 사람들이 옹기종기 모여 있을 뿐이다.

　나의 도반인 그들은 수차례 강조하고 계도해도 번번이 집결시간을 어기기 일쑤인 아마추어들이거나 동네 뒷산을 오르내리는 산책자들일 뿐이다. 늦게 일어났다면서, 지하철 노조가 파업했다면서, 휴대폰 액정이 깨져 시간을 제대로 볼 수 없었다면서 제각각 지각한 이유를 둘러댄다. 영락없는 오합지졸의 모습이지만, 그들은 내 오랜 친구이자 연인이고 스승이자 제자이다. 적어도 나는 그들을 그렇게 생각하려고 노력한다.

사람들에게서 멀어지려고 출가한 부처가 더 많은 사람들을 만나려고 길을 떠난 건 새벽이 터오는 갠지스 강가, 보리수 아래서 동쪽별을 이마에 대고 대정각을 이룬 7일 후였다. 그 며칠 동안 부처는 인도의 안개와 어둠처럼 갠지스 강가에서 몸을 뒤척였다. 온전히 나 혼자 깨달은 것이다. 이걸 어찌해야 하나……?

출가했을 때처럼 그때에도 결단을 내려야 했다. 전법을 결심한 부처는 사르나트로 가는 먼 길을 걷는다. 부처는 인류역사상 자신의 사상을 전파하기로 마음먹고 대중을 찾아간 최초의 스승이었다. 부처 이전, 출가한 사문沙門들의 종교인 우파니샤드가 숲에서 은밀하게 전파된 데 비해 부처는 대중 속으로 깊숙이 스며들었다.

비구들이여, 나는 신과 인간의 굴레에서 해방되었다. 그대들 역시 신과 인간의 굴레에서 해방되었다. 이제 법을 전하려 길을 떠나라. 많은 사람의 이익을 위해, 많은 사람의 행복을 위해, 세상을 불쌍히 여겨 길을 떠나라. 마을에서 마을로, 두 사람이 같은 길을 가지 말고 혼자서 가라. 가서, 처음도 좋고, 중간도 좋고, 끝도 좋으니 잘 알아들을 수 있도록 법을 설하라.

부처는 제자들을 가르쳐 조직적으로 포교활동을 펼쳤다. 부처는 출가를 제도화한 최초의 성직자이기도 하다.

부처가 녹야원에서 법의 수레바퀴를 굴리기 시작하신 지 어언 2,600여 년이다. 그 중중무진의 세월을 지나온 법륜이 아직도 우리 앞에 굴러다니는데 어찌하여 우리의 불교는 본래의 전법 의지를 잃어버리고 현실과 동떨어진 박물관 종교가 되고 말았을까. 불교라 하면 우리는 선승의 면벽수행이나 '무소의 뿔처럼 혼자서 가라'는 숫타니파타의 한 구절을 떠올리며, 타인과의 단절을 당연한 처사로 여긴다.

나 또한 혼자서 길을 걷거나 산에 오르는 것만이 깊이를 추구하는 자의 도리라고 여긴 적이 있었다. 그때 나는 면벽수도 하듯 진지했지만, 헤아릴 수 없는 잡념들이 머릿속을 스멀스멀 기어 다녔다. 무엇보다 견디기 어려운 것은 고독이었다. 텅 빈 충만이 아니라 그저 텅 비어버린 느낌일 뿐이었던 건 내 근기의 한계일까.

지각생들의 합류로 출발부터 어수선했다. 구기동 이북오도청 앞을 지나 와자지껄 산길로 들어서는 모습이 시장 가방을 챙겨들고 백화점 에스컬레이터에 오르는 동네 아줌마들 같다.

등산은 직립보행자들이 산에 오르는, 수직을 지향하는 운동이다. 백화점 에스컬레이터가 작동하는 곳은 7층까지라고 한다. 그 위로 오르려면 비상구 계단에 발을 놓아야 한다. 에스컬레이터는 물론 엘리베이터도 없이 63빌딩을 오로지 두 다리의 힘만으로 계단을 밟아 오르는 모습을 떠올려보라. 높이 오를수록 숨통은 좁아지고, 말은 좁은 숨통을 가까스로 뚫고 나와 한숨으로 변한다. 봉우리에 오르는 것을 등산의 유일한 목적으로 여겼을 때 생기는 대표적 현상이다.

경쟁에서 지지 말아야 한다는 불굴의 의지가 산에서도 되살아난다. 무장해제를 모르는 몸은 넥타이에 백팩을 짊어진 젊은 세일즈맨처럼 결의에 차 있지만 어느 순간 지쳐버리고 만다. 등산은커녕 산을 쳐다보기도 싫다.

40년 가까이 별 탈 없이 산에 다닌 대한민국 남자로서 그런 이에게 힘들이지 않고 산에 오르는 방법을 알려주겠다. 간단하다. '정상찍기'를 목적이자 의무로 여기지 않는다면 심장에서 크랭크축이 다시 돌기 시작하고 두 발은 새로 산 자동차처럼 쌩쌩 앞으로 나갈 것이다. 봉우리를 포기하는 것이 봉우리에 쉽게 오르는 방법이다.

한때 나도 배낭에서 바람 소리가 날 정도로 산길을 달렸으며, '누가 먼저 정상에 다녀오느냐'를 걸고 친구들과 시합한 적도 있었다. 나이 오십에도 그렇게 기를 쓰다가 정상이 가까운 어느 바윗길에서 지하철 계단에서 헐떡거리는 출퇴근 시간의 내 모습을 발견했다. 바위를 움켜쥔 손은 전철이나 버스 손잡이에 매달린 내 손이었다.

역사서나 지리지를 두루 읽다 보면 본래 한국인의 산 문화에는 등산이 없었다. 우리에겐 산에 들어간다는 뜻으로 입산入山이 있었다. 그래서 절에 들어서는 일주문을 산문山門이라 불렀다. 절에 들어서는 문이 산에 들어서는 문이라는 뜻에서 나온 말이다. 산사山寺는 입산의 모습을 하나의 풍경으로 떠올리게 한다. 말 그대로 절이 산에 들어가 있는 구조이므로, 사람이 그 절을 찾아가면 이미 입산의 경지에 이른다.

도반들과 금선사金仙寺 일주문 앞에 이르렀다.

금선사에는 북한산 나무들의 정기가 모인 목정굴木精窟이 있다. 조선시대 순조 임금의 잉태 설화가 깃든 관음기도처이다. 번식능력이 다할 때까지 축첩을 해도 누가 뭐랄 사람 없던 완벽한 부계사회에서 왕자, 왕이 될 남자를 점지하려고 부처의 힘을 빌었다는 이야기이다. 지금 들으면 이해하기 어려운 이야기지만 남아선호는 그 당시 불교가 존재하는 이유였다. 도반 가운데 누군가 개탄조로 입을 연다.

"내가 요즘 산에 다니면서 죽기 살기로 살 빼는 이유가 뭔지 압니까? 울 마누라가 무겁다 캅니다. 지가 올라오면 될 낀데."

"와아, 아직 밑에 있나베? 울 마눌은 벌써 올라와 버렸는디. 그 육중한 몸매로 말이시. 오늘은 정말 죽인다, 이래야 살아남아요. 천장에 도배 새로 해야겠네, 이랬다간 크게 다칩니다."

콩 자루가 터진 듯 와르르 웃음이 쏟아진다.

목정굴 안내판 앞에서 이렇게 수다를 떨고 보면 어디로 가야 할지, 왜 이른 아침부터 집을 나왔는지 깜빡 잊고 만다.

금선사 반야전을 비롯하여 여러 전각을 참배하고 나와 다시 산길에 붙는다. 향로봉과 비봉 사이로 난 계곡으로 시냇물이 빠르게 흐른다. 시냇물을 건너자 길이 가팔라지더니 돌을 차곡차곡 쌓은 축대가 보인다. 1968년 1.21사태 때 무장공비에게 밥을 먹였대서 폐사된 포금정사이다. 이 절을 혹자는 향림사가 있던 자리라 지목한다. 포금정사의 전신이 향림사라고 덧붙이지만 이를 입증할 흔적과 기록은 어디에도 없다.

향림사를 찾는 배경에는 고려 태조 왕건이 있다. 당시 거란이 침공하자 왕건의 묘에서 관을 꺼내 다른 곳에 옮겨 숨겼다. 거란족이 전대

금선사 목정굴 수월관음좌상

금선사에는 북한산 나무들의 정기가 모인 목정굴 木精窟 이 있다.
조선시대 순조 임금의 잉태 설화가 깃든 관음기도처이다.
번식능력이 다할 때까지 축첩을 해도
누가 뭐랄 사람 없던 완벽한 부계사회에서
왕자, 왕이 될 남자를 점지하려고 부처의 힘을 빌었다는 이야기이다.

왕의 묘까지 파헤치는 만행을 저질렀던 모양이다. 향림사는 천혜의 은신처였다.

포금정사지를 지나면 정상에 이르는 마지막 고비라는 '깔딱고개'이다. 봉정암에 이르는 고비길도 아닌데 더는 걸음을 옮기지 못하고 늙은 산양처럼 버티고 선 몇몇 도반을 추슬러 가까스로 능선에 올랐다. 눈앞에서 비봉이 우뚝 선다.

비봉에는 우뚝 선 것이 하나 더 있다. 진흥왕 순수비가 그것이다. 왕의 전성기인 동시에 신라의 전성기임을 알리는 비석이지만 당시 진흥왕은 백제와의 동맹을 깨고 한강 이북을 차지했다. 나쁘게 말하면 뒤통수를 쳐서 백제 땅을 뺏어내고는 승자의 구역임을 비봉에 표시했다. 비봉에 올라간 등산객치고 진흥왕순수비를 배경으로 사진을 찍지 않는 사람이 드무니, 어떻게 해서라도 승리를 쟁취하는 것이 상책이란 뜻일까. 그들 가운데서도 정상에 올라야만 목적을 달성했다고 생각하는 사람도 더러 있으리라.

이십 대의 나도 그랬다. 등산, 하면 몸에 로프를 묶고 나이프로 직벽을 찍어 정상으로 오르는 운동인 줄로만 알았다. 등산을 마치면 마치 생사를 건 전쟁터에서 돌아온 양 엄숙한 표정을 지어 무용담을 늘어놓았다. 대부분 추락의 위험을 무릅쓰고 높은 곳에 오른다거나 그

과정에서 혹한과 폭우를 견뎌낸 이야기였다. 나뿐 아니라 그때에는 대부분 등산을 그런 운동으로만 알았다.

두 다리로 산길을 걸어 봉우리에 오르는 것을 등산으로 인식하기 시작한 것은 그 훨씬 뒤였다. 때로는 곧고 때로는 구불구불한 산길을 걷는 트레킹족이 부쩍 늘어 바야흐로 등산의 시대가 열렸다. 더 높이, 더 멀리 가야만 직성이 풀리는 사람, 별다른 준비 없이 무턱대고 산에 오르는 사람도 덩달아 늘면서 클라이밍보다 사고가 잦아지기도 했다.

우리 도반 가운데서도 진흥왕 순수비에 가서 '인증샷'을 찍고 싶어 하는 사람이 있어 잠시 비봉 아래에서 기다렸다. 사모바위에서 오거나 사모바위로 가는 사람들로 내가 서 있는 길이 북적댄다.

산을 도전과 극복, 공격과 정복의 대상으로 여기는 것을 서양문화 탓으로만 돌릴 수는 없다. 우리가 산길을 걷는 즐거움보다 정상찍기라는 결과에 집착하는 것은 아마도 적자생존이라는, 더욱 근본적인 자연계의 업식 때문인지 모른다.

저 어린 부처가 파종식에 참관해서 뜨거운 태양 아래서 힘겹게 일하는 흙투성이의 농부, 채찍질을 당하며 쟁기를 끄는 소, 쟁기 날에 몸뚱이가 잘려나가는 벌레들, 그것들을 날카로운 부리로 쪼아 먹는 새들을 보고서 자신의 가족이나 친척이 고통을 당하는 것처럼 느꼈을

진흥왕 순수비.
신라 진흥왕이 국경을 순수하면서 세운 비석으로,
흑운모 함유량이 적은 특이한 화강암에 해서체로 음각했다.
현재까지 발견한 것은 북한산 비봉 소재 북한산비,
경남 창녕의 창녕비, 함남의 황초령비, 함남 이원의 마운령비이다.
한때 북한산 순수비는
무학대사 혹은 도선국사의 비라고
잘 못 전해 내려오기도 했다.
이것을 바로잡은 이는 추사 김정희였다.
그는 순조 16년과 그 이듬해
비봉에 올라 비문을 탐사하고는
진흥왕의 순수비임을 밝혀냈다.

북한산 비봉 진흥왕 순수비

때나 지금이나 달라진 게 무엇인가. 자연계 최상위 포식자인 인간이 외려 더 고통스러운 까닭은 문명이 발달할수록 인간 사이의 경쟁이 치열해지기 때문이다.

좀 더 훗날 부처는 먹고 먹히면서 살아가는 것도 고통이지만, 그보다는 늙고 병들고 죽어야만 하는, 늙고 병들고 죽기 위해 태어나야만 하는 생명계가 궁극적으로 고통임을 알아차린다.

부처의 출가는 고통을 치유하러 나선 길이었다. 그 치유방법을 알아 수많은 사람에게 전파하면서 불교를 탄생시킨 부처가 마지막으로 남긴 말은 뜻밖에 단순하다.

"모든 것은 변한다. 다만 끝없이 정진하라."

등산 40년 경력자의 조언인, '봉우리를 포기하는 것이 봉우리에 쉽게 오르는 방법이다'와 세상을 변화시킨 잠언인 부처의 제행무상諸行無常이나 알고 보면 꽤 단순한 것이 세상 이치이다.

중생대에 생긴 비봉이나 신라 진흥왕 때 생긴 순수비나 오랜 침식과 풍화작용을 거쳐 오늘에 이르렀으며, 앞으로도 그럴 것이다. 비가 오면 비를 맞아야 하고, 햇빛이 나면 햇빛을 쏘여야 하는 것이 자연의 이치이고 부처의 깨달음이다. 비봉도 진흥왕 순수비도 무상하다는 사실을 알면 등산이 입산의 경지로 뒤바뀌지 않을까. 모든 괴로움의 근

승가사 석조승가대사상

승가사 석조승가대사상은
중국 당나라에서 유명세를 떨쳤던
인도 스님 승가대사를 모사한 조각품이다.
관음보살로도 칭송받던 큰스님치고는
그 모습이 소박해선지 광배만큼은 크고 화려하다.
아무리 봐도 다른 시대에,
다른 사람이 각각 만든 창작물이 아닌지 의심스럽지만,
카프카는 악의 없는 거짓말에 대해 말했다.
'거짓말은 진실과 균형을 이루기 위한 것'이라고.

본은 마음속 번뇌에 있다. 높이에 대한 집착에서 벗어나야만 마음이 홀가분해진다.

비봉에 다녀온 사람이 합류하자 나는 즉시 승가사僧伽寺 계곡길로 일행을 이끌었다. 비봉과 사모바위 사이로 내려서는 좁은 길, 승가사로 가는 최단거리이다.

승가사에 이르러 승가굴을 찾으니 금선사 목정굴이 생각났다. 비봉을 경계로 자리 잡은 두 절의 모태가 공교롭게도 석굴이다.

승가사 석굴에는 당나라에서 포교 활동했던 인도의 승가대사가 앉아 있다. 사실인즉 돌을 깎아 그 위에 하얗게 호분을 입힌 조각상이지만 불국토에서 온 신성이라고 믿어 불자들의 발길이 끊이지 않는다. 승가굴에서 나오는 약수를 뜨려고도 전국 각처에서 사람들이 찾아온다. 승가대사 역시 목정굴에 있는 약사여래처럼 치유의 화신인 셈이다.

승가사가 자랑하는 또 다른 유적은 고려 때 조성한 마애석가여래좌상이다. 절의 맨 뒤쪽, 승가봉에서 흘러내린 암벽 줄기에 새겨진 거불이 우리를 내려다본다.

그 마애불에 이르려고 108번뇌를 되새기며 108계단을 오른 우리는 마지막으로 회향의 자리를 마련했다. 산행대장인 내가 목탁을 치고, 그 소리에 맞춰 도반들이 한글반야심경을 독경했다.

에스컬레이터에 오르는 동네 아줌마들 같던 얼굴이 맑아졌다. 그 얼굴에서 문수동자의 게송이 곧 울려 나올 기미였다.◉

성 안 내는 그 얼굴이 참다운 공양구요

부드러운 말 한마디 미묘한 향이로다

깨끗해 티가 없는 진실한 그 마음이

언제나 한결같은 부처님 마음일세

걷는 길 불광역 2번 출구(구기터널 방향 7212번 버스 승차) ⋯▸ 이북오도청 하차 ⋯▸ 금선사 ⋯▸ 포금정사 ⋯▸ 비봉 ⋯▸ 사모바위 ⋯▸ 승가사 ⋯▸ 구기터널 정거장까지

거리와 시간 4.5km 정도, 3시간 예상

3

중생이 절에 가는 법

화계사 가는 길

　　높은 곳을 힘겹게 걸어 올라가 낮은 데서 볼 수 없었던 것을 보는 재미가 등산에는 있다. 물론 엄홍길이나 박영석처럼 산소마스크를 쓰고 히말라야 꼭대기를 사투하듯 오르는 것과는 다른 차원이다.

　　그런데 둘레길이 생기면서 낮을 곳에서 느리게 걷는 재미가 생기고, 제주도 올레길이 생기면서 사람이 사는 마을길과 골목길을 걷는 재미가 생겼다. 얼마 전 어느 신문사에서 주관한 '길의 인문학'이란 제목의 걷기 운동은 길에서 인간의 역사를 되돌아오는 지적 재미까지 덧붙이고 있다.

걷기는 몸뿐 아니라 마음의 건강을 불러온다. 길을 걸으면 보이지 않던 것이 보이기 시작하고, 생각이 혈관을 타고 흐르고, 나를 돌아보게 되는 뒷근육이 생긴다. 그렇게 마음을 다스리듯 걸어야 할 내가 출퇴근길의 지하철 계단에서 그랬듯이 숲길을 뛰듯이 오르내렸다니. 김성철 교수가 도시인의 허구를 지적했듯이, '옷으로 몸을 가리고 산길 대신 엘리베이터를 탔을 뿐, 매일매일 먹어야 산다는 사실에 쫓기는 포유류'와 무엇이 달랐던가. 머리를 재빨리 쳐들어 거래처를 찾고 꼬리를 끌어 엘리베이터에 감추는 포유류의 모습이 꼭 나였다.

북한산 둘레길을 걸으면 도반들의 잡담이 그치지 않는다. 둘레길의 완만함, 수평에 가까운 길이 우리의 숨구멍을 저절로 열어놓은 것이다.

당신이 불자라면 그 숨구멍을 통해 쉴 새 없이 나오는 말이란 무엇인지 한 번쯤 생각해볼 만하다. 부처가 주장한 연기緣起로는 내 말도 원래 있는 것이 아니다. 말이란 우선 뇌에서 분비한 생각이고, 허파와 성대와 혀와 입술의 움직임이고, 생각과 움직임이 결합해서 생기는 소리이다. 그뿐 아니라 말이란 타인의 귀와 인식의 검증을 받는다. 이처럼 여러 조건이 모여서 말이 되므로, 어느 하나만 빠지거나 변해도 소리가 나지 않거나 달라진다. '내 말소리'는 이렇게 연기한 것이다.

둘레길 나무들에서 물이끼 냄새가 풍겨온다.
어디선가 하루살이들이 날아와서 얼굴을 간지럽힌다.
흙길에 떨어진 거울 조각에 비친 나뭇가지가
조만간 무성해질 잎사귀들을 예고한다.
엊그제 내린 비가 파놓은 웅덩이 물거울에
구름 몇 조각이 둥둥 떠다닌다.
이 모두가 천천히 걷지 않았을 때는
만날 수 없었던 풍경들이다.

거울에 비친 풍경

둘레길에서의 잡담은 나와 타인의 연기가 활발함을 의미한다. 수평에 가까운 길이라서 가능해진 현상이다.

높은 산에 오를수록 고독해진다. 함께 걷던 사람들이 사라질 뿐 아니라, 내 곁에서 길을 열어줬던 나무와 새들도 사라진다. 오로지 등산화를 묵묵히 내려다보면서 걸어야 하는 길. 그 길에서 어느 날 의문이 꼬리를 물었다. 고독이 깨달음에 이르는 절대적인 길일까. 그런 길을 홀로 걷기 이전에 우리는 도시의 온갖 관공서와 회사와 지하철과 백화점과 컴퓨터, 그것들을 전승하는 언어체계에서 충분히 고독하지 않았나. 선승이 세상을 등지고, 알피니스트가 추위와 희박한 공기를 뚫고 산의 정상에 오른다고 무엇이 달라지고 세상이 어떻게 달라지는 것일까.

아니, 그보다 정상이란 곳이 대관절 세상 어디에 있는지 의문스러웠다. 정상 위에 정상이 있다. 설악산 대청봉 위에 백두산 천지가 있고, 천지 위에 알프스의 몽블랑이 있고, 몽블랑 위에 히말라야의 에베레스트가 있고, 에베레스트 위에 구름에 가려 보이지 않는 제석천이 있다. 세상에는 올라야 할 정상이 너무 많구나!

누군가 외롭지 않으냐고 물었을 때 달라이라마는 대답하더란다.

"나는 외롭지 않아요. 혼자가 아니기 때문이지요. 항상 수많은 누군가와 함께 있습니다. 이 옷과 이 음식이 나에게 오기까지 수많은 사람의 손길을 거쳤을진대 어찌 내가 외로울 수 있겠습니까."

달라이라마는 부처의 연기법을 나름으로 설명했던 것이다. 부처의 연기법은 높은 데보다 낮은 데서 더 잘 보인다. 거기에 나무와 풀들이, 새들이, 사람들이 더 많기 때문이다. 당신이 혼자서 숲길을 지날 때도 예외 아니다. 당신의 발끝에 툭, 돌멩이가 차이는 순간 당신은 혼자가 아님을 깨닫게 된다. 아, 이것이 도반이구나. 지금 여기 있는 모든 것이 나의 도반이구나. 그 순간 홀로 있어도 무언가 마음속에 꽉 들어찬다.

이에 대해 재가불자이자 수의학자인 우희종의 설명은 사뭇 체계적이다. 그는 생명을 네 가지 현상으로 분류한다.

모든 생명은 형태가 있다. 모든 생명은 대사 작용을 한다. 즉 먹고 마시는 항상성이 있다. 모든 생명은 자기 복제를 한다. 모든 생명은 진화한다.

우희종은 이 네 가지 생명 현상을 나타내는 물체를 생명체라 정의한다. 그리고 생명체가 다른 생명체에 어우러지는 현상을 생태계라 정의한다. 불교에서의 생태계는 생물과 무생물과의 관계로도 그 영역

삼성암 독성각

삼성암에 가면 나반존자를 모신 독성각이 있다.
말법세상에 등장해서 사람들을 구원하기로 약속한 성자이다.
나반존자는 먼 옛날 남인도 천태산에서 홀로 깨달았다고도 하고,
석가모니 부처의 제자라고도 하지만 어느 경전에도 그를 입증할 기록은 없다.
거룩한 뜻에 비해 인도에도 없고 중국에도 없는,
세계에서 오직 우리나라에만 있는 성자이다.

을 확대한다. 연기법이 당신과 돌멩이 사이에도 존재하는 것이다.

숲을 거닐면 '나'라는 존재는 다른 생명체, 혹은 비생명체와 밀접한 관계를 맺고 있음을 깨닫게 된다. 나와 관계 맺고 있는 것들은, 내 가치와 의미에 영향을 주는 나의 영역이기 때문이다.

환경운동으로 유명한 수경스님은 여기에 관해 성찰한다. 그가 어느 강연회에서 들려줬던 말을 옮겨본다.

"우리 사찰의 매력은 숲을 끼고 있다는 겁니다. 숲은 생명력을 갖고 있지요. 사찰에서도 숲길을 만들어 걸을 수 있도록 해줘야 합니다. 숲은 병든 몸을 치유합니다. 수행에도 그보다 좋을 순 없지요."

둘레길에 촘촘히 선 나무들에서 물이끼 냄새가 풍겨온다. 어디선가 하루살이들이 날아와서 얼굴을 간지럽힌다. 흙길에 떨어진 거울 조각에 비친 나뭇가지가 조만간 무성해질 잎사귀들을 예고한다. 엊그제 내린 비가 파놓은 웅덩이 물거울에 구름 몇 조각이 둥둥 떠다닌다. 이 모두가 천천히 걷지 않았을 때는 만날 수 없었던 풍경들이다.

불가에 행선行禪이라는 말이 있다. 두 손을 복부에 모아 한 발짝 움직일 때마다 화두를 한 번씩 염한다는 수행법이다. 부처의 시대에는 이보다 더 활동적이었다. 승속을 떠나 수행자들은 끊임없이 길을 유행했다.

간화선만이 올바른 수행법이란 것은 옛말이다. 수경스님은 한국불교의 간화선 병에 대해서도 진단했다.

"봉암사에서 20여 년 간화선을 수행한 한 스님이 내게 하소연하더라 이겁니다. 답이 보이지 않는다고, 갑갑해 미치겠다고, 어떻게 하면 되느냐고요."

이렇게 문제를 제기하고서 스님은 말을 이었다.

"사찰 대부분 신도들의 신행은 기도와 염불과 참회가 주류를 이룹니다. 그런데도 조계종단에서는 여전히 간화선의 진작만을 내세우지요. 신도들을 수행 유목민화해서는 안 됩니다. 한국 불교의 외호대중인 불자 대부분의 신앙 행위가 간화선이 아닌데도 종단 차원의 배려가 없잖아요? 참선 이외의 많은 수행 방편에 대한 이론과 실제에 대해 폭넓은 연구가 필요합니다."

도반들이 잡담이 숲길을 지난다. 우리는 지금 저 절로 간다. 북한산 둘레길을 따라 저절로 간다. 우리가 가는 절은 화계사이다. 수경스님이 맹렬하게 환경운동을 펼쳤을 때 주지로 있던 절이다. 화계사는 또 해외포교의 선두주자였던 숭산스님이 조실로 있던 절이다. 화계사로 가는 길에서 아직은 설익은 봄 내음이 풍긴다. 곧 농익은 봄이 오겠지. 산수유가 지천으로 싹을 올리고, 가까운 산 개나리, 먼 산 진달래를 볼 날도 머지않으리라. 어디선가 목련꽃 터지는 소리가 들리는 듯싶다.
둘레길은 산자락을 따라 구불구불하게 이어진다. 어느 길모퉁이에서
목련의 흰빛을 눈부시게 만날지 알 수 없는 길이다. 눈앞에 보이는 저
길모퉁이를 돌면 만날 수 있을 것 같은데 누군가 소리친다.

"배고프다!"

누군가 또 소리친다.

"나도!"

절보다도 꽃보다도 밥이 더 간절한 게 중생이다. 배낭을 끌러 점심
상을 차린다. 먹는다. 재개발 아파트 현장에서 야참을 먹는 노가다들
처럼 땅바닥에 빙 둘러앉아 먹는다. 누군가 상추쌈을 입에 가득 물고
화계사에 핀 작약꽃을 이야기한다. 누군가는 화계사에서 골짜기를 건
너가면 삼성암인데 영험하기로 운문사 사리암에 버금가는 나반존자
가 계신다고 한다. 모두 거기까지 가자고 입을 모은다.

웃는다. 사실 숲에서 우리가 주고받는 말은 팔할이 웃음이다. 웃기
위해 말하는 셈이다. 적게는 십여 명, 많게는 사오십 명이 모이는 우
리는 '웃음부대'이다. 우리는 웃음을 배낭에 짊어지고, 웃음을 소총에
장전하고, 웃음을 철모 대신 쓰고 숲을 지나지만 우리 곁에 있는 꽃과
나무와 돌들은 우리의 진격을 절대로 무서워하지 않는다.

중생인 것이 어떤 때는 그리 나쁘지 않다. 아니, 대승불교에서는 중생으로 사는 삶을 부처의 삶으로 여긴다. 중생은 '무리 지어衆 사는 것生'이다. 숲 속의 나무와 돌과 풀들처럼 무리 지어 사는 삶을 자연스레 받아들일 때라야만 평등과 자비를 실천할 줄 아는 부처가 된다. 부처가 전한 말을 알아듣지 못할지라도 중생이 이미 부처이다. 부처는, 이 세상은 본래 고통스럽다고 했지만 그걸 어찌 알랴. 상추는 된장의 일을 모르고, 된장은 상추의 일을 모르는데.◉

걷는 길　길음역 3번 출구(정릉 방향 110B 버스 승차) ⋯▸ 정릉 대우아파트 하차 ⋯▸
　　　　　북한산 둘레길(솔샘길) ⋯▸ 빨래골 매표소 ⋯▸ 삼성암 ⋯▸ 화계사 ⋯▸ 화계사 입구(큰길)

거리와 시간　4.5km 정도, 2시간 예상

4

니사길을 아시나요?

청룡사 가는 길

조선조 명종 때 남사고^{南師古}란 기이한 인물이 있었다. 그는 천문에 능통하고 풍수지리에 밝아 뱉은 말이 모두 맞았다. 백마를 탄 장수가 남쪽에서 쳐들어오리란 그의 점술은 적중했다. 왜장 가토 기요마사가 조선을 휩쓴 임진왜란이 발발한 것이었다. 그는 또한 문정왕후의 승하를 내다보았으며, 동서분당을 예언했다. 서울 동쪽에 낙산^{駱山}이 있고 서쪽에 안산^{鞍山}이 있으니, 말과 안장이 같이 있지 않고 서로 대치한 형국이다. 앞으로 조정 신하들이 당파를 지어 동·서로 나뉠 징조이다.

풍수로 보면, 경복궁은 동아시아 문화를 통틀어서 가장 이상적인 방향인 남향을 택해 북악산 기슭에 눌러앉았다. 북악산을 주산主山 으로 모시고 좌청룡인 낙산과 우백호인 인왕산이 자리 잡았다. 안산은 그보다 더 서쪽에 있다.

낙타의 등 같이 생겼다는 데서 유래한 낙산에 청룡사青龍寺 란 옛 절이 있다는 사실은 이처럼 우연이 아니다. 고려 태조 922년, 불교와 풍수를 습합한 도선국사의 유언에 따라 왕명으로 지은 청룡사는 지금도 서울시 종로구 숭인동17-1번지에 존재한다.

청룡사는 그 남성적인 이름과 달리 고려와 조선에 걸쳐서 여성의 수난사를 기록하고 있다. 청룡사를 한때 정업원淨業院 이라고 불렀으니, 한마디로 여자로 태어난 것 자체가 닦아야 할 업이었다. 한 나라의 군주를 모시던 왕비나 후궁일지라도 그 권력의 부침에 따라 때로는 궁을 떠나야 했다. 그들은 당신들이 떠안은 운명을 순순히 받아들이기 위해, 혹은 왕의 안위나 명복을 빌기 위해 머리를 깎고 스님이 되었다. 그들 왕비나 후궁, 상궁 나인이 기거했던 비구니 절이 청룡사였다.

대표적으로 신하들에게 타살당한 공민왕의 후궁 안 씨, 제1차 왕자의 난 때 이복형 이방원에게 참살당한 의안대군 이방석의 부인 심 씨가 청룡사를 귀의처로 삼았다. 거슬러 올라가면 불교 교단 최초의 비구니인 마하프라자파티 또한 남편인 숫도다나 왕을 잃고 나라마저 기운 슬픔을 출가로 씻어내려 했던 여인이다. 마하프라자파티는 잘 알려진 대로 싯다르타의 양모이다. 이 모든 여인들은 극명한 영욕이라는 공통분모를 지니는데, 그 이야기가 애틋하기로 단종의 비 정순왕후 송 씨를 따를 순 없다.

낙산은 성곽길 걷기를 목적으로 하면 동대문이라 부르는 흥인지문에서 혜화문까지가 제격이고, 절길을 걸으면서 불교문화유산을 둘러보려면 대학로에서 보문동으로 이어지는 지봉길이 제격이다.

나와 도반들은 어느 가을 지봉길을 택해 걸으려 혜화역 3번 출구에 모였다. 낙산에 이르기까지 식당이 밀집한 거리와 연립주택이 빼곡히 들어선 골목을 지났다. 빗장이라도 질린 듯 답답했던 가슴이 높다란 성곽이 받힌 가을 하늘을 만나면서 뻥 뚫린다. 지하실 문을 열고 밖으로 나온 기분이었다.

서울의 대부분 길을 도시문명이 장악한 탓에 낙산의 절길도 자주 시멘트벽에 가로막혔지만 이 또한 제행무상, 길이 아름답고 아름답지 않은 건 순전히 시절 탓이 아니겠는가.

한 노인이 낙산공원 정자 아래서 해바라기를 하고 있다. 허물어진 입가와 옴팍눈, 파뿌리처럼 가느다란 머리카락과 쓸쓸한 어깻죽지에서 폐서인 송 씨를 본다. 그녀의 삶이 여든을 넘었다니 모질기도 꽤 모질었던 일생이었나 보다.

정순왕후 송 씨는 당신보다 한 살 어린 단종과 열다섯 살 때 결혼했으나 그 영화가 오래가지 못하였다. 이듬해 숙부인 수양대군이 계유정난을 일으켜 왕위를 찬탈했던 것이다. 어린 단종은 영월로 귀양가야 했고, 지아비가 귀양길에 올랐으므로 정순왕후도 궁궐을 떠나야 했다.

야사가 전하기로, 흥인지문밖 영도교에서 정순왕후는 눈물로 단종을 전송했다. 단종은 송파나루에서 영월 가는 배를 탔겠지만, 유배지는 물론 영도교를 건너는 것도 허락되지 않아 송 씨는 하염없이 눈물을 흘렸다. 그녀에게 허락된 건 낙산 동망봉^{東望峰} 아래 청룡사에서의 삶이었다.

낙산에는 실학자 이수광이 살던 비우당^{庇雨堂} 이란 집이 있다. 말 그대로 비를 피하는 집이다. 이수광은 이곳에서 유명한 지봉유설을 썼다. 눈에 띄는 것은 이수광의 초가집 뒤란에 있는 자지동천^{紫芝洞泉} 이란 작은 우물이다. 정업원에 기거한 폐서인 송 씨는 생활고를 견디다 못해 저고리 고름이나 댕기에 물감 들이는 일을 했다. 우물을 자주 찾은 건 그 때문이었다.

낙산 동망봉으로 오르는 산동네 길

동망봉으로 오르는 언덕길 사이로

한쪽은 담을 쳐놓고 아파트를 신축 중이고,

다른 쪽은 낮은 지붕의 창문 너머로

드륵드륵, 재봉틀 지나가는 소리가 들리는데,

금세라도 포크레인이 올라와 그마저 폐허로 만들어버릴 것 같다.

동망봉에서 내려다 본 청룡사

청룡사를 한때 정업원淨業院이라고 불렀으니,
한마디로 여자로 태어난 것 자체가 닦아야 할 업이었다.
한 나라의 군주를 모시던 왕비나 후궁일지라도
그 권력의 부침에 따라 때로는 궁을 떠나야 했다.
그들은 당신들이 떠안은 운명을 순순히 받아들이기 위해,
혹은 왕의 안위나 명복을 빌기 위해 머리를 깎고 스님이 되었다.
궁에서 나온 왕비나 후궁, 상궁 나인이
기거했던 비구니 절이 청룡사였다.

그처럼 힘든 삶을 꾸려나가면서도 송 씨는 여전히 임금을 잊지 못해 자주 동망봉에 올랐는데, 그 세월이 60년이란다. 페미니즘을 넘어 모계사회로 가고 있다는 요즘 정서로는 도무지 이해하기 어려운 여인 아닌가.

그토록 고고한 여인의 그리움, 그 넓이를 지닌 동쪽 하늘이 궁금해선지 비우당을 나와 동망산 동망봉으로 향하는 걸음들이 빨라졌다. 가는 길이 재개발을 마친 지 얼마 되지 않는 포장도로이다. 문득 과거와 현재가 내 눈앞에서 포개진다. 일감 보따리를 머리에 이고 송 씨가 고층 아파트와 뾰족한 첨탑의 신축교회 곁을 타박타박 걷는다.

길은 이내 사거리로 흩어진다. 오른쪽으로 내려서면 청룡사와 정업원 옛터, 왼쪽 길로 내려서면 보문사와 미타사, 앞으로 직진하면 동망봉이다. 보문사와 미타사는 담장 하나를 사이에 둔 이웃집이다. 보문사는 보문종이라는 비구니만의 종단이고, 오래된 탑을 뒷동산에 둔 연유로 탑골승방이라고도 부르는 미타사는 대한불교조계종 소속이다. 청룡사는 탑골승방보다 40여 년 후에 지어 새절승방이라 부른다.

청룡사는 한때 낙산을 뒤덮을 정도로 사세가 컸다. 비우당을 빠져

나오는 길에서 '단종대왕 천도도량'이라는 태고종 원각사를 보았는데, 그 절 또한 청룡사의 한 부속건물이었다고 청룡사 종무보살이 전한다.

동망봉으로 오르는 언덕길 사이로 한쪽은 담을 쳐놓고 아파트를 신축 중이고, 다른 쪽은 낮은 지붕의 창문 너머로 드륵드르륵, 재봉틀 지나가는 소리가 들리는데, 금세라도 포크레인이 올라와 그마저 폐허로 만들어버릴 것 같다. 동대문 시장이 가까운 이 동네 사람들이 의류에 관련된 일로써 생계를 꾸려온 건 어제오늘이 아니다.

앞장서 언덕길을 걷던 정순왕후 송 씨가 어느새 파르라니 머리를 깎은 노비구니의 뒷모습으로 변해 있다. 청룡사로 귀가하기 전 송 씨는 언제나 해 저문 언덕길을 올랐다. 남편 단종이 살아있을 때도 올랐고 죽어서도 올랐다. 강원도 영월의 청령포는 뒤쪽이 절벽이고 나머지 삼면은 강으로 둘러싸인 천혜의 유배지였다. 금부도사 왕방연이 수양대군이 내린 사약을 들고 영월에 도착하자 단종은 목을 매 자진한다.

송 씨는 남편이 죽었건 살았건 그저 동망봉에서 영월 쪽 하늘을 올려다보았다. 그녀는 어린 남편보다 64년을 더 살다가 세상을 떠났다.

동망봉에 오르니 체력단련을 위한 헬스 기구들이 눈에 띈다. 머리를 수건으로 동여맨 노인이 마라톤 트레이닝 복장으로 구민공원을 맴돌고 있다. 나와 도반들은 그리 어렵지 않게 동망봉임을 알리는 표지석을 찾아냈으며, 폐서인 송 씨가 그 자리에서 그러기라도 한 듯 동쪽 하늘을 오래도록 올려다보았다. 그러자 500년 전의 하늘이 500년 후의 동망봉을 마주 보고, 오래된 슬픔이 모두의 가슴에 주루룩 물줄기를 낸다. 모두가 말을 잊은 채 먼 하늘에 눈을 팔았다.

온 길을 되짚어 청룡사로 내려갔다. 찻길에 바투 면해 있는 이 절에서 송 씨는 허경虛鏡 스님이란 법명으로 평생을 업을 닦으며 살았다. 거울은 고정된 실상을 비추지 않는다. 거울 앞에 다가온 것만을 비출 뿐이니, 본래 비어있는 셈이다. 눈이 내리든 비가 내리든 그 순간이 지나면 허공은 허공일 뿐이듯. 정순왕후 송 씨의 기구한 삶을 무상의 이치로 위무하려는 법명은 아니었을까.

청룡사에는 우화루雨花樓 란 이름의 전각이 대웅전과 마주하고 있다. 이름 그대로 꽃비 내리는 집이다. 부처가 바이샬리의 영취산에서 설법했을 때 꽃비가 내렸으며, 쿠시나가르의 가난한 마을에서 입적할 때도 쌍사라수에서 꽃비가 내렸다.

누가 만든 스토리인지 단종과 정순왕후가 마지막으로 헤어진 곳이 영도교가 아니라 이곳 우화루라고 한다. '이별이 아름답다'란 유행어

청룡사 우화루

누가 만든 스토리인지

단종과 정순왕후가 마지막으로 헤어진 곳이
영도교가 아니라 이곳 우화루라고 한다.
'이별이 아름답다'란 유행어에서 짙은 꽃향기가 풍긴다.
하긴, 아름다운 이별을 위해서라면
영도교보다 우화루가 꽃향기를 풍기기에
더 어울림직한 장소이다.

에서 짙은 꽃향기가 풍긴다. 하긴, 아름다운 이별을 위해서라면 영도교보다 우화루가 꽃향기를 풍기기에 더 어울림직한 장소이다.

서울시 유형문화재 5호인 정업원 비각은 청룡사 담장에 난 쪽문 하나로 연결된다. 영조가 친필로 쓴 비석이 비각 안에 모셔져 있다. 송씨가 세상을 떠난 지 251년 되는 해에 세운 비석은 정순왕후는 물론 단종의 복위를 의미한다.

지금은 온 나라 사람이 밥숟가락만 놓으면 걷는다는 세상이다. 낙산도 예외 없이 걷기 열풍에 휩싸인 곳이지만, 내 관심은 사찰과 사찰을 잇는 절길이다. 이화동, 창신동, 동숭동, 신설동, 보문동, 삼선동이 걸쳐 있는 낙산에 유난히 비구니 절이 많은 까닭은 왕의 은총에서 멀어진 궁녀들의 빈 거울 같은 삶에서 유래한다. 하지만 부처가 설파한 무상은, 법정스님이 그 뜻을 정리했듯이 허망하다기보다 항상恒常하지도 영원하지도 않다는 것이다. 부처는 이 무상을 우주의 실상으로 보았으니 꽃이 질 때와 마찬가지로 꽃이 필 때도 무상하다.

낙산길을 니사尼寺 길, 비구니의 절길이라 새로 이름 붙이면 어떨까. 그렇게 옛 여인의 발자취를 더듬어보면서 남녀의 이별을 드라마의 한 장면처럼 태연하게 바라보는 요즘 세상과 비추어보면 어떨까. 대한민

국은 이제 이혼률 높기로 세계에서 꼽는 나라가 되었다. 사람들아, 과연 남녀의 이별만이 새로운 삶의 시작이고, 행복으로 이어지는 지름길인지 니사길을 걸으며 한 번쯤 생각해 보자. ✸

걷는 길 대학로역 1번 출구 ⋯→ 낙산 공원 제 1전망대 ⋯→ 비우당 ⋯→ 동망봉 ⋯→ 청용사 ⋯→ 보문사와 미타사 ⋯→ 보문역 ⋯→ 보문사

거리와 시간 4km 정도, 2시간 예상

5

지옥과 극락 사이

봉은사 가는 길

세계, 그것은 평범한 사람에겐 힘든 낙원이겠지만 그에겐 즐거운 지옥이다.

문학평론가 김병익은 작가가 직면한 세계를 즐거운 지옥이라 명명했다. 글을 쓰려면 늘 깨어있어야 하고, 고독과 싸워야 하고, 보통 사람이 누리는 혜택을 거부해야 하는, 운명적이고도 전폭적인 비극이 작가에게 있다는 뜻이다. 그러면서 그는, 작가가 아닌 사람이 사는 세계에 힘든 낙원이라는 전제를 붙여 평범한 사람들을 안심할 수 없게 했다.

불교에서 깨달음을 얻지 못한 중생은 여섯 세계를 윤회한다. 지옥도, 아귀도, 축생도, 아수라도, 수라도, 인간도, 천상도가 그것이다. 과거에 인간이었던 것이 벌레나 동물로 다시 태어나고, 벌레였던 것이 인간으로 태어난다. 중생은 과거와 현재와 미래에 저지른 번뇌와 업보에 따라 윤회한다.

대부분 나쁜 곳과 좋은 곳으로 뚜렷이 구분되는데 가장 모호한 세계가 인간계이다. 즐거운 지옥이면서 힘든 낙원, 불교에서 천상이라 부르는 세계가 공존하기 때문이다.

출가한 부처는 스승을 찾아다녔다. 처음 발을 내딛은 곳은 밧지연맹의 수도인 바이샬리였다. 선인 박가와가 거주하는 숲에 들어간 부처는 입을 다물 수 없었다. 나뭇가지와 풀을 뜯어 먹는 사람, 쇠똥을 마구 집어 먹는 사람, 벌거벗은 채 가시 위에서 자는 사람, 개미한테 온몸을 물어뜯기면서도 짐짓 태연하게 앉아있는 사람이 보였다. 박가와에 의지해서 살아가는 숲 속의 고행자들이었다. 부처는 고행을 통해 무엇을 얻으려 하냐고 박가와에게 물었다.

"그야 천상에 태어나기 위해서 아니겠소. 온갖 속박덩어리인 육체를 괴롭히고 학대하면 다음 생에는 안락한 생활을 누릴 것이오."

박가와의 거침없는 말에 부처는 고개를 갸웃했다. 천상에 즐거움이 있다지만 그게 영원할까? 즐거움이 다하면 다시 생사윤회를 계속해야 하니 결국 고통스럽게 수행해서 고통스런 결과를 구하는 게 아닐까?

생사의 윤회를 끊을 수 없다면 궁극적으로 천상도 지옥의 하나일 뿐이라는 게 부처의 생각이었다. 부처의 이런 생각은, 타화자재천의 모든 군대와 무기를 동원하여 부처를 협박하고, 자기의 딸들까지 보내 회유한 마라와의 마지막 대담에서도 찾아볼 수 있다. 마라는 속삭인다.

"인간이 누리는 즐거움이 싫다면 하늘나라로 올라오시오. 내가 누리는 즐거움을 그대와 함께하리다."

"마라여, 그대가 누리는 즐거움이 뭐 그리 대단한가. 그대는 과거에 보시한 공덕으로 욕계의 지배자가 됐으나, 언젠가는 다시 삼악도에 떨어져 고통 속에서 울부짖을 거라네."

불교는, 특히 대승불교는 인간이 저지르는 악업을 지옥과 연관해서 경고했다. 자아에 대한 집착과 더불어 어리석음 때문에 생기는 무명에 벗어나는 길이야말로 지옥을 피할 수 있는 길이라고 했다. 문제는 온전히 자기 힘만으로 지옥을 벗어나긴 어렵다는 데 있다. 어떻게 해야만 할까?

'붓다의 심리학'을 쓴 마크 엡스타인은 티베트 불교에서 흔히 보는 윤회도에 대해 말했다. 지옥도의 관세음보살이 거울을 들고 있는 까닭은, 지옥에 빠진 중생이 자신의 고통스러운 모습을 거울에 비춰 보고, 그 고통의 원인이 자기임을 알아차리라는 암시이다. 모든 고통의 원인이 자기라는 사실을 자각할 때라야 지옥에서 벗어날 수 있다.

모든 절은 관세음보살이 들고 있는 거울 같아야 한다. 혼자서 자신을 바라보기란 그리 쉬운 일이 아닌 까닭에 우리는 절을 찾는다. 절에 있는 스님에게서 부처의 가르침을 배우거나 불상을 대면하여 부처의 가르침을 되새긴다. 불상을 불쌍하게 만들지 않으려면 거울 앞에 앉아서 온전히 자신과 독대하는 습관을 길러야 한다.

강남에는 봉은사奉恩寺란 거울이 있다. 한강변, 잠실 올림픽경기장을 지나 탄천을 건너면 그 절에 이른다. 서울 양천구의 약사사, 남양주의 수종사, 여주의 신륵사, 충주의 미륵사지, 평창의 상원사와 월정사, 춘천의 청평사와 함께 한강을 바라보는 절이다.

봉은사가 앉은 수도산은 우면산에서 매봉산으로 이어진 지맥 가운데 북으로 뻗은 지산이다. 수도산의 북쪽 기슭은 경기고등학교가, 남

봉은사 선능

중종의 셋째 왕비였던 문정왕후는
봉은사 주지 보우와 공모하여
첫째 왕비 곁에 있던 중종 능을
선릉으로 옮겨와 버렸다.
장차 남편인 중종 곁에 묻히려고
그런 억지 권력을 휘두른 것이었다

쪽 기슭에는 봉은사가 있다.

신라 원성왕 때 창건한 봉은사는 본래 그 이름이 견성사였다. 이름이 바뀐 건 조선조 연산군 때였다. 정현왕후가 성종 선릉을 위하여 능의 동편에 있던 이 절을 크게 중창하고 절 이름을 봉은사라고 바꿨다.

그 후 명종을 섭정하던 문정왕후가 문제를 일으켰다. 중종의 셋째 왕비였던 문정왕후는 봉은사 주지 보우와 공모하여 첫째 왕비 곁에 있던 중종 능을 선릉으로 옮겨와 버렸다. 장차 남편인 중종 곁에 묻히려고 그런 억지 권력을 휘두른 것이었다.

문정왕후는 그러나 남편 곁에 묻히지 못했다. 이장한 중종의 묘에서 물이 나오므로 지관은 서울 북쪽의 태릉을 적지로 지목했다. 문정왕후의 사후 권력은 보장받지 못했다. '암탉이 새벽에 우는 것은 집안의 다함이다…….' 훗날 명종실록을 편찬한 사관의 평가는 이토록 혹독했다. 보우는 제주도에 귀양 가서 사약을 받았고, 문정왕후 때문에 절정의 사세를 누렸던 봉은사도 급격히 시들었다.

문정왕후가 중종 곁에 묻혔더라도 무덤은 어차피 사후세계 아닌가. 죽음도 넘어선 문정왕후의 욕심을 알면 봉은사 가기 전에 선정릉에 들르는 길이 낯설지 않다. 봉은사 가는 길이 모두 시멘트 길이므로

봉은사

삼성동 무역센터는 거대한 유리건물이다.
햇빛이 비치는 낮에는 부신 눈으로 바라봐야 하고,
밤에도 전기불빛이 휘황한 불야성이다.
이에 필적하려는지 봉은사도 최근 거대한 미륵불을 세웠다.
세속의 거대함에 필적하는 탈속의 거대함으로
한 손을 들어 시무외인 施無畏印 을 표시하고 있다.

그나마 숲의 정취를 즐길 만한 곳이기도 하다.

선릉과 정릉 사이의 오솔길에는 늘 산책 나온 사람들이 오간다. 산 사람이 건강하게 살려고 죽은 사람의 무덤이 낸 길을 걷는 모습에서 생로병사를 본다. 걷기란, 단지 운동이란 차원을 넘어서서 잠든 생각을 깨우고 사유의 폭을 넓히는 정신운동임이 틀림없다.

봉은사 전각들은 모두 근래 중건한 번들번들한 것들로 한눈에 보기에도 부자 절로서의 면모를 과시한다. 옛 건물로는 화엄경소를 비롯한 목판 경전들을 보관한 판전이 대표적이다. 편액은 추사 김정희가 병거사病居士라 자칭한 71살에 썼다.

봉은사 맞은편, 지금의 삼성동 무역센터는 승과고시를 치르는 승과평이 있던 자리이다. 조선의 왕들이 내려준 봉은사의 사하전을 강남 개발이 한창일 때인 1970년대 조계종의 몇몇 권승이 정부에 팔아치웠다. 무려 12만 평에 이르는 땅이었는데 평당 6,200원에 넘겼다.

삼성동 무역센터는 거대한 유리건물이다. 햇빛이 비치는 낮에는 부신 눈으로 바라봐야 하고, 밤에도 전기불빛이 휘황한 불야성이다. 이에 필적하려는지 봉은사도 최근 거대한 미륵불을 세웠다. 세속의 거대함에 필적하는 탈속의 거대함으로 한 손을 들어 시무외인施無畏印을 표시하고 있다. 그 손은 말씀한다. 중생들아, 아무런 걱정도 하지 마. 모두가 고통 없이 편안하게 살게 해줄께……. ⊛

걷는 길　지하철 2호선 선릉역 8번 출구 ⋯⋯▸ 선정릉(선정릉 숲길 걷기) ⋯⋯▸ 한국종합무역센터 ⋯⋯▸ 봉은사(봉은사 숲길 걷기)

거리와 시간　5km 정도, 2시간 예상

6

그리움이 찰랑거리는 물병

길상사 가는 길

       나의 여행은 대부분 목적이 있으니, 나무와 숲이 있고 전각과 스님이 있는, 절을 찾아가는 것이다. 이에 어떤 사람은 듣기 곤혹스럽게도 사찰순례니 답사란 이름으로 나의 여행을 정의한다. 물론 틀린 얘기는 아니다. 그러나 바람처럼 떠돌아다니는 방랑자의 길을 또한 나는 걷고 싶다. 본래 절이나 교회를 찾는 사람의 마음이 그리 갈급하지 않으니, 길에서 게으름을 피운들 그 모습이 그리 어색할 리 없다. 발길 닿는 곳마다 꽃 피고 물 흐르는 길을, 그저 앞만 보고 걸어간다면 직장에 출근하려고 지하철을 타는 것과 무엇이 다르겠는가.

연애도 방랑과 같으니 남녀 사이에 무슨 목적이 개입하면 제아무리 빛나는 황금도 차가운 돌로 변하고 만다. 결혼을 전제로 한 연애에 무슨 감동이 있겠는가. 앞날을 예측하기 어려운 사랑만이 순수했던 방랑으로 오래, 소중히 기억에 남기 마련이다. 그렇다. 길상사吉祥寺를 찾을 때 당신은 이리저리 바람에 휩쓸리는 낙엽의 행로를 밟아야 한다.

가난한 내가
아름다운 나타샤를 사랑해서
오늘밤은 푹푹 눈이 나린다

백석 시인의 '나와 나타샤와 흰 당나귀'가 왜 쓰였는지 알면 길상사로 가는 길이 느려질 수밖에 없다. 당신은 그때 누가 시키지 않더라도 그림자와도 같은 연인을 데리고 길을 걸을 수밖에 없다.

백석의 나타샤가 길상사에 살았었다. 그녀의 이름은 김영한이다. 백석과 김영한의 사랑을 어디서부터 추적할까? 나는 그 출발지를 창의문으로 잡았다. 인조반정의 통문이며 피로 얼룩진 역사의 현장을 출발지로 삼은 것이 유감이지만 거꾸로 생각하면 피만큼 순수한 것이 어디에 있는가. 창의문 역은 서울의 비원인 '백사실계곡'에서 가장 가

까운 버스 정거장이다. 서울의 동쪽, 혜화문 밖에 있는 길상사를 가는
데 왜 창의문에서 내리고 구불구불한 백사실계곡으로 가야 하는지 물
을 텐가? 미리 말했듯이 아름다운 방황에 몸을 맡기는 것이 내 취향
이다. 기왕이면 백석이 김영한에게 보낸 시에서처럼 눈이 푹푹 내리
는 날에 방황하면 좋다.

　동양방앗간과 환기 미술관 사이로 난 좁은 길이 백사실계곡으로
가는 지름길이다. 전형적인 서울의 옛 골목길에서 커피 볶는 냄새가
난다. 백석과 김영한이 지금의 연인이라면 커피집에 들러 아메리카노
나 카푸치노를 시켰으리라. 그러나 옛사람 백석은 눈 내리는 창문 곁
에서 찻잔 대신 소주잔을 들고 있었다.

　나타샤를 사랑하고

　눈은 푹푹 날리고

　나는 혼자 쓸쓸히 앉아 소주燒酒를 마신다

　소주를 마시며 생각한다

　나타샤와 나는

　눈이 푹푹 쌓이는 밤 흰 당나귀 타고

　산골로 가자 출출이 우는 깊은 산골로 가 마가리에 살자

시에서 나타샤라고 부르는 김영한의 또 다른 애칭은 자야子夜이다. 국경의 전쟁터로 나간 남편을 그리는 사부곡인 이태백의 시 자야오가 子夜伍歌에서 따온 이름이다. 함경도 함흥에서 만난 영어교사 백석과 김영한은 단번에 눈이 맞았다. 백석은 그때 이미 긴긴 이별을 예감한 듯 자야란 이름을 붙여줬다.

백석과 자야의 사랑은 세속의 방해를 받는다. 백석의 아버지는 가문을 내세워 기생인 자야와의 결혼을 극구 반대한다. 자야가 진향이라는 기명을 조선 권번에 입적한 건 아버지의 파산 때문이다. 16세 때 일이었다.

총명한 진향은 창과 궁중무를 조기에 전수받는가 하면, 조선어학회 신윤국의 후원으로 일본에 유학한다. 신윤국이 일경에게 붙잡혀 함경남도 홍원 교도소에 수감되었다는 소식을 들은 것은 그때였다. 진향은 그 길로 홍원 교도소를 찾았지만 다른 교도소에 이감된 신윤국을 면회하지 못했다. 대신 그녀는 깊고 맑은 눈에 독한 소주를 붓는 청년 백석을 처음 만난다.

눈은 푹푹 나리고
나는 나타샤를 생각하고

나타샤가 아니올 리 없다

언제 벌써 내 속에 고조곤히 와 이야기한다

　백사실계곡에는 도롱뇽이 산다. 산동네 주택가 한 자락에서 나무들 우거진 숲이 나타나는 것도 신기한데, 계곡물에 보호 야생동물인 도롱뇽까지 산다. 도롱뇽, 이 땅의 도롱뇽은 작은 산 하나를 떠메고 물가에 서식한다.

　이북이 주거지인 백석은 어느 날 기별도 없이 자야를 찾아와 하룻밤을 뜨겁게 묵어갔다. 다음날 함흥으로 떠나면서 백석은 미농지 봉투를 남긴다. 자야가 뜯어보니 '나와 나타샤와 흰 당나귀'라는 시가 나왔다.

　백사실계곡에는 꼭 들러봐야 할 곳이 두 군데 있다. 오랫동안 백사 이항복의 별서로 잘 못 알려진 백사실과 일봉선교종에 속한 현통사란 절이다. 빈 연못을 거느린 백사실은 60년대만 해도 동네 아이들이 누각에서 숨바꼭질을 했었다. 불과 100년도 넘지 않은 시간이건만 주춧돌만 남긴 채 사라져버린 것이 언제였는지 동네 사람들은 도통 기억이 없다. 추측만 무성할 뿐 누가 살았던 집인지도 알 수 없다. 집주인은 도심의 무릉도원 백사실계곡에서 영주에 버금가는 지위였음이 틀림없다.

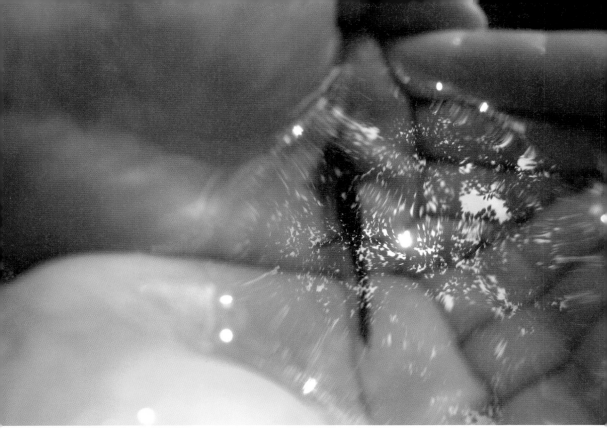

백사실계곡 도롱뇽

백사실계곡에는 도롱뇽이 산다.
산동네 주택가 한 자락에서
나무들 우거진 숲이 나타나는 것도 신기한데,
계곡물에 보호 야생동물인 도롱뇽까지 산다.
도롱뇽,
이 땅의 도롱뇽은 작은 산 하나를 떠메고
물가에 서식한다.

현통사는, 1988년 조계종에서 갈라져 나와 일붕선교종을 새로 설립하고 종정에 오른 서경보 스님이 종조인 절이다. 경내에 들어서면 극락보전 등 전각이 차례로 보이는데, 제월당^{霽月堂}이라 쓴 편액이 눈에 띈다. 담양의 유명한 별서 소쇄원에 붙은 편액 아닌가. 제월은 '광풍제월^{光風霽月}'의 준말로 맑은 날의 바람과 비갠 날의 달처럼 청정하라는 뜻이다.

백사실계곡을 빠져나와 북악산에 오른다. 팔각정은 예나 지금이나 서울 시내가 가장 잘 내려다보이는 곳이다. 길상사가 있는 자리도 눈어림할 수 있었지만 나의 방랑은 구부러지거나 휘어진 길을 더듬는다. 숙정문이 있는 쪽으로 내리막길을 택해 삼청동으로 간다. 도성의 북쪽 대문이라 하여 북문이라고 불렀던 문이다.

산골로 가는 것은 세상에 지는 것이 아니다
세상 같은 건 더러워 버리는 것이다

눈이 푹푹 쌓이는 밤 흰 당나귀 타고 산골로 가자, 출출이 우는 깊은 산골로 가 마가리_{오두막의 북한말}에 살자고, 백석은 마르크 샤갈의 풍경화처럼 노래한다. 시를 읽는 순간 자야는 한 마리 흰 당나귀처럼 응앙응앙 연애지상주자의 백석에게로 달려가고 싶은 충동에 빠졌으리라. 둘은 만주로 사랑의 도피행각을 벌이려 했으나 자야의 마음은 이내 돌아선다. 더 이상 백석의 앞길을 막고 싶지 않았다. 둘 사이에 보이지 않은 선이 그어진 셈이고, 6 · 25전쟁이 발발하여 실제로도 휴전선이 그어졌다.

자야는 성북동 배밭골을 사들여 훗날 대원각이란 요정으로 이름을 남긴 청암장이란 한식집을 운영했다. 대원각의 절정기는 제3공화국이었다. 숱한 정객의 취흥과 밀담이 오가고, 더는 격을 갖춘 기생이라 부를 수 없는 화류계 여자들의 웃음이 만발한 그곳에서 그녀의 재산은 불어났다. 그러나 자야는 백석의 생일인 7월 1이면 연민과 그리움에 식음을 끊는 순애보를 보였다.

길상사는 순수한 사랑과 정치적 향락, 남북분단이라는 현실을 함께 그러안고 살아야 했던 김영한이 우리 사회에 기부한 선물이었다. 요정이 절집으로 변한 모습으로도 그 경계가 궁금해진다. 잘 알려지다시피 그 경계엔 법정 스님의 무소유가 있었다. 1995년 김영한은 당시 시가로 1,000억 원에 이르는 7,000여 평의 대원각을 법정스님에게 보시했다. 백석에 대한 완전한 사랑을 무소유로 완성한 것은 아닌지 이 대목에서 생각하게 된다.

길상사 관음보살상

길상사 설법전 밑에는
'관음보살상'이 일주문을 향한 채 홀로 서 있다.
머리에 쓴 연꽃을 빼면
다른 절에서 보아온 보살상과는 영 딴 모습이다.
작은 얼굴과 가녀린 허리, 긴 치마를 입고 있다.
자세히 보니 젊고 어여쁜 자야를 쪽 빼닮았다.
나는 안다.
김영한보다는 자야가 방랑자 백석을 기다리는 데
훨씬 더 어울리는 모습이라는 것을.

눈은 푹푹 나리고

아름다운 나타샤는 나를 사랑하고

어데서 흰 당나귀도 오늘밤은 좋아서 응앙응앙 울을 것이다

대원각의 본체였던 극락전에서 새로 지은 전각인 지장전으로 가는 길은 작은 개울을 건넌다. 그 다리 건너에 자야가 거처했던 오래된 집 길상헌吉祥軒이 있다. 그 집에서 자야는 자주 꿈을 꾸었다. 백석이 방문을 열고 나가면서 천연덕스레 말한다. 여보, 나 잠깐 나갔다오리다. 한참 뒤에 그는 다시 돌아온다. 여보, 나 다녀왔소.

1999년 11월 14일 그녀는 육신의 옷을 벗었다. 죽기 하루 전날 그녀는 목욕재계하고 길상헌에서 생애 마지막 밤을 묵었다. 세속의 옷을 벗은 그녀의 몸은 다비했다. 첫눈이 새하얗게 도량을 장엄하던 날 길상헌 언덕에 뿌려졌다.

길상사를 찾으면 팔월에도 눈이 내릴 것 같다. 일흔셋 나이의 김영한은 한 편의 시 같이 백석을 회고한다.

그와 헤어진 뒤 텅 빈 세월을 살아오면서 나는 차츰 말이 어눌해지고, 내 가슴 속의 찰랑찰랑한 그리움은 남아 아무리 쏟아내려 해도 쏟

아지지 않는 요지부동의 물병 같았다.

길상사 설법전 밑에는 '관음보살상'이 일주문을 향한 채 홀로 서 있다. 머리에 쓴 연꽃을 빼면 다른 절에서 보아온 보살상과는 영 딴 모습이다. 작은 얼굴과 가녀린 허리, 긴 치마를 입고 있다. 길상사 개산 당시 천주교 신자인 조각가 최종태가 만들어 봉안했다는 석상이다. 가톨릭의 성모상처럼 보이는 이 보살상은 종교 간 화해의 염원을 담긴·관음상이라는데, 자세히 보니 젊고 어여쁜 자야를 쏙 빼닮았다. 나는 안다. 김영한보다는 자야가 방랑자 백석을 기다리는 데 훨씬 더 어울리는 모습이라는 것을.◉

걷는 길　경복궁역 3번 출구 ⋯▸ 7022번 버스 승차 ⋯▸ 창의문(자하문) 하차 ⋯▸ 백사실계곡
　　　　　⋯▸ 북악산 하늘길 ⋯▸ 호경암 ⋯▸ 숙정문 ⋯▸ 길상사
거리와 시간　12km 정도, 4시간 예상

7

야만인과 함께 절에 가다

문수사 가는 길

문은 열림과 닫힘의 가변성을 지닌다. 그 때문인지 열린 대서문을 통과하면서도 어떤 금지의 모습이 떠올랐다. 맨 먼저 떠오른 건 연인에게서 절교당하고 굳게 닫힌 문 앞을 서성이는 상심한 청년이었다. 아무래도 몸소 겪은 개인사가 기록을 통해 경험하는 역사보다 훨씬 생생하고 절절했다.

대서문 앞에서 기치창검의 대열로 공성을 기도하는 왜병이나 청병들 모습을 떠올리기란 쉽지 않았다. 그 일은 숙종 왕의 걱정일 뿐, 그 어느 군대도 대서문을 부수러 몰려든 적은 없었다. 조선조 숙종 때 축성한 북한산성은 그 이후 한 번도 전투를 치러본 적 없으니 문은 늘 열려 있었다.

원효봉과 의상봉을 직선으로 그어 그 중간지점에 있는 중성문도 마찬가지이다. 수백 번 북한산을 오르내렸지만 한 번도 중성문이 닫혀 있는 것을 보지 못했다. 중성문의 중中자는 무거울 중重으로도 통한다. 즉 '겹'이란 뜻도 있어 대서문의 취약한 수비를 보강하려 쌓은 내성內城인 것이다.

등산객 하나가 나보다 앞서 어기적어기적 비탈길을 오른다. 나는 그의 등 뒤에서 가물거리는 옛사람의 자취를 본다. 잘 알려진 사람부터, 덜 알려진 사람, 그리고 전혀 알려지지 않은 사람들이 중성문 안쪽에 있는 중흥동을 지난다. 산성 축조를 명령한 숙종이 지났고, 산영루 터에 시비를 남긴 정약용이 지났다. 중흥사 주지 태고보우대사가 지났고, 생육신 김시습이 지났다. 총융사摠戎使를 지내 산영루 왼쪽 비석거리에 이름을 남긴 신 대장 신헌이 지났고, 안사 또는 안무사按撫使라 불러 전쟁이나 반란 직후 민심을 수습하러 파견했던 김성근이 지났다. 그들 모두 당대의 명사였지만, 영국 여행가 아놀드 새비지 랜도어 Arnold H. Savage Landor 만큼 눈에 띄지는 않는다.

중흥사重興寺는 비석거리 왼쪽에 있다. 비석거리에서 조금 아래 이

북한산

정표가 있는 갈림길 오른쪽, 계류를 건너 이어지는 길은 의상능선의
부왕동암문으로 올라선다.

십여 곳 절간 종소리 가을빛 저물어 가고
온산의 누런 잎에 물소리 차가워라.

정다산이 산영루 터에 구체적으로 숫자까지 남겼듯이 부근에 절이
십여 곳이나 있었는데, 중흥사는 거기서 가장 큰 절이었다. 새비지 랜
도어가 찾아간 절이기도 하다.

서대문에서 오솔길을 따라가다 보면 남문에 이르는데, 그 길은 가파
른 언덕길을 꾸불꾸불 굽이치며 나아가 마침내 어느 절로 연결된다.

중흥사를 창건한 시기는 12세기 초로 추측한다. 고려 숙종 8년에
제작된 중흥사의 금고金鼓, 군대에서 지휘용으로 쓰던 징과 북이 지금
까지 남아 있다. 거란이 고려를 침범했을 때는 태조의 재궁齋宮을 이
곳으로 옮겨왔다. 혹여 거란족이 불을 지를지도 모를 일이었다. 그 후
중흥사는 무슨 까닭인지 갑작스레 폐사지로 변했다.

중흥사를 중창한 건 고려 말 5교9산을 하나로 통합한 태고 보우국사가 주지를 맡으면서였다. 고려의 우왕 때는 최영이 창궐하는 왜구를 막기 위해 중흥사 북쪽, 노적봉 아래에 중흥동 석성을 쌓았다.

　　중흥사는 조선시대 김시습과도 인연을 맺는다. 김시습은 수양대군이 왕위를 찬탈하고 성삼문과 박팽년을 참혹하게 살해하였다는 소식을 이곳에서 듣고 사흐레 통곡한다. 생육신 김시습은 누구도 접근을 꺼렸던 사육신의 시체를 모아 한강변 노량진 언덕에 묻는다. 중흥사로 돌아온 그는 모든 책을 불태워버리고 '미치도록 걷는 나그네'가 되었다.

　　선조 때인 1592년, 임진왜란이 발발해 조선이 위기에 처하자 당시 30여 칸에 이르던 중흥사에 조선 승군이 집결했다. 유명한 서산대사와 사명당이 전국을 돌며 승군을 일으켰는데, 승군대장인 팔도도총섭八道都摠攝이 승군을 지휘했다. 숙종에 이르러 북한산성을 쌓을 때도 중흥사는 북한산성 안의 11개 사찰의 지휘부였다. 그런 중심 역할 때문인지 1715년, 억불정책에 불구하고 136칸의 대찰로 중건된다.

　　중흥사가 최후에 이른 것은 고종 때 입은 두 차례의 화재 때문이었다. 설상가상으로 1915년에는 대홍수까지 겪어 폐사지로 변하다시피 했다.

　　새비지 랜도어는 1890년 중흥사를 다녀갔다. 호기심이 많은 데다 모험심까지 강한 이 청년화가는 몇 장의 그림과 함께 '고요한 아침 나라 조선. Corea of Cho-Sen : The land of The Morning Calm'이란 여행기를 쓴다. 그의 중흥사 견문기는 북한산 중흥사를 처음 방문하는 이방인의 시선을 보여 준다.

그곳에 방문했을 때, 승려들은 나를 공손하게 대해 주었으며 진기한 것들을 보여 주었다.

나는 마중 나온 스님들과 인사를 나누는 이방인 새비지 랜도어 곁에 슬그머니 다가선다. 2015년과 1890년이 접촉하지만 아무도 눈치채지 못한다.

북한산을 유람하는 주요 인사들은 으레 북한산성 수비의 중심지였던 중흥사에 들렀다. 상부에서 특별한 지시가 있었는지 중흥사 스님들은 푸른 눈의 새비지에게 유별난 친절을 베풀었다. 새비지의 눈이 여유롭게 가람을 쓰다듬는다.

그 절은 조선의 다른 절보다 보존상태가 훨씬 좋았으며, 지붕 밑의 단청과 장식이 밝은 색조를 띤 것으로 보아 최근에 개축한 것 같았다.

120여 년이 넘도록 중흥사는 폐사지로 방치됐었다. 포크레인이 들어서서 잡초와 넝쿨을 걷어낸 건 최근 몇 년 전이었다. 불광사 주지였던 지홍스님의 불사로 대웅전이 복원됐다. 아직 단청을 하지 않은 전각에서 알싸한 나무냄새가 났다. 새비지가 길을 묻듯 내 곁에 가까이 왔으므로 태고사 쪽으로 함께 걸음을 옮긴다. 이번엔 1980년이 2015년과 나란히 길을 걷는다. 태고사의 옛 이름은 중흥사를 중수했을 때 지은 태고암이다. 대웅전과 산신각을 거쳐 올라간 새비지는 그 옛날에 무심코 지나쳐보았던 부도 한 기를 뒷동산에서 발견해낸다. 우리나라 불교의 여러 종단에서 종조宗祖와 중흥조中興祖로 숭배하는 태고 보우스님, 그의 입적을 기려 세운 원증국사부도탑이다. 지금으로부터 680여 년 전 부도의 주인은 바로 이 산내암자에서 '태고암가'를 읊조렸다.

내가 사는 이 암자 나도 몰라라

깊디 깊어 은밀하지만 막힘이 없네

하늘 땅 모두 가두어 앞뒤가 없고

동서남북 어디에도 머물지 않네

태고 보우대사 부도탑

우리나라 불교의 여러 종단에서
종조와 중흥조로 숭배하는 태고 보우스님의
입적을 기려 세운 원증국사부도탑.

태고암에 주석했던 보우는 1356년 공민왕에게
한양천도를 제안했던 인물이다.
개경은 왕기가 다해 남쪽 한양으로
도읍을 옮겨야 한다는 것이 그가 꼽은 이유였다.

1382년 고려 우왕 때 신륵사에서 입적하여 다비하였고, 1385년 이 비를 세웠다.
따라서 사리를 안치한 이 석탑의 건조 연대도 그 하한을 1385년으로 보고 있다.
건조 연대가 확실하고, 보존 상태도 매우 양호하다.

태고암에 주석했던 보우는 1356년 공민왕에게 한양천도를 제안했던 인물이다. 개경은 왕기가 다해 남쪽 한양으로 도읍을 옮겨야 한다는 것이 그가 꼽은 이유였다. 개경 권신들의 반대로 무산됐지만 그때 보우의 뜻이 받아들여졌더라면 공민왕과 고려의 최후가 그토록 처참하지 않았을지도 모른다.

태고사를 나와 새비지 랜도어와 함께 오른 길은 청수동암문 방향이었다. 중흥사에서 청수동암문 방향으로 경사가 완만한 계곡을 이삼백 미터 올라가면 행궁行宮이 나온다.

전란을 피해 임금이 거처하는 산속의 궁전이 행궁이다. 임진왜란 같은 병화가 다시는 일어나지 않기를 소원하며 1711년에 숙종이 지었다. 새비지는 이 궁전에 대해 '서까래가 썩어 지붕이 무너져 내린 집이 많았으며, 주요 건물도 매우 황폐했다'라고 묘사한다. 고종의 어진을 유화를 그린 화가다운 관찰이었다.

새비지 랜도어는 성벽 너머 조계폭포를 보면서 다시 산을 오른다. 계곡을 따라 오르면 어영청 유영지가 나오는데, 그 왼쪽 길을 통해 대성문이 있는 능선에 올랐고, 대성문을 거쳐 대남문을 찾아갔다. 지붕이 없는 대남문 너머로 오래된 암자 한 채가 보인다.

125년 전의 새비지 랜도어는 대남문을 지나 절벽에 가까스로 난 좁은 길에 발을 디뎠다. 문수봉에 매달리듯 기댄, 지금은 문수사文殊寺로 부르는 작은 암자의 위태로운 아름다움을 만끽할 요량이었다. 과연 그는 모험심이 강한 제국의 괴짜 청년이었다. 새비지Savage, 야만인이라는 별칭을 이름 앞에 공연히 덧붙인 게 아니었다.

절벽 끄트머리에서 작은 절이 암반을 등지고 있었다. 이곳으로 들어가는 길은 한 사람이 겨우 드나들 만한 폭이어서, 조금만 발을 잘못 디뎌도 낭떠러지 아래로 굴러떨어지는 위험을 각오해야 한다.

지금은 쇠기둥을 단단히 박고 그 위에 고무를 깐 계단을 설치해서 누구나 안전하게 절벽을 통과해 문수사로 갈 수 있다. 건너편 보현봉이 구름 위에 앉아 둥둥 떠간다. 북한산에서 절경을 감상할 수 있는 각도의 하나가 보현봉을 바라보는 문수사임 아는 사람은 안다.

절은 암반에 달라붙은 채로 가파른 경사 위에 세워져, 견고한 벽과 축대에 의해 지탱되고 있었다. 그 작업은 석공에게 말할 수 없는 각고와 인내와 시간을 요구했음이 틀림없을 것이다.

문수사로 들어서는 벼랑길

125년 전의 영국의 화가이자 모험가 새비지 랜도어는
문수사로 가는 절벽길을 글로 남겼다.
'절벽 끄트머리에서 작은 절이 암반을 등지고 있었다.
이곳으로 들어가는 길은
한 사람이 겨우 드나들 만한 폭이어서,
조금만 발을 잘못 디뎌도 낭떠러지 아래로 굴러떨어지는
위험을 각오해야 한다.'
지금은 쇠기둥을 단단히 박고 그 위에 고무를 깐 계단을 설치해서
누구나 안전하게 절벽을 통과해 문수사로 갈 수 있다.

새비지의 예술가다운 안목은 석공의 남모를 노고를 칭찬하는 데 이른다.

북한산 문수사는, 고려 예종 때 탄연스님이 창건했다. 스님이 이곳에서 문수보살을 목격하고 신통을 얻었다는 소문이 여러 사람을 끌어들였다. 오대산 상원사, 고성 문수사와 함께 삼대 문수성지인 이곳에 고려 때는 의종과 태고 보우국사가 왔고, 조선시대에는 문종과 그의 여식 연창공주, 어사 박문수가 왔다. 그러나 조선시대 말엽에 다녀간 한 여인만큼 그렇게 눈에 띄지는 않는다. 그 여인이 기도를 드려 낳은 아들이 이승만 초대 대통령이라서가 아니라, 우리나라 불교개혁에 절대적으로 영향을 미친 독실한 기독교 대통령의 어머니이기 때문이다. 순전히 혈연에 끌려서겠지만 이승만도 82세의 노구를 이끌고 친히 문수사에 와서 사액 寺額을 남긴다.

문수사에 있는 불상들은 새비지에게는 낯설지만 우리에게는 낯익은 것들이다. '어떤 신상은 긴 관복에 깃을 단 관모를 쓰고 평온하고 위엄 있는 표정을 지었지만, 그 외의 신상은 사나운 눈매에 호전적인 무사의 형상이었다.' 사천왕상이나 지장전의 시왕을 표현했음직한 새비지의 문장은 웃음을 자아낸다.

유래가 깊어 설까, 절이라 불러야 할지 암자라 불러야 할지 곤혹스러울 만치 문수사는 꽤 여러 전각을 거느리고 있다. 그러나 문수사를 대표하는 것은 문수굴이라고 부르는, 문수천연동굴三角山天然文殊洞窟 이다. 새비지는 이를 놓치지 않았다.

이 절에서 가장 흥미 있는 곳은 승려들이 거처하는 요사채 뒤쪽에 있다. 천장이 연기에 그을린 길고 좁은 토굴이다. 이 토굴의 길이는 약 100피트 정도이며, 그 끝에는 감미로운 물이 솟는 작은 샘이 있다. 샘 곁에는 있는 제단에서는 향과 양초가 타오르고 있었는데, 한 기도승이 그 앞에 앉아 징을 치며 경을 읽고 있었다.

지금 문수굴은 대들보를 입구 양쪽에 세워 지붕을 올려놓았고, 사선으로 촘촘히 박힌 문살을 박아 밖에서 안을 쉽사리 들여다보지 못하게 해놓았다. 여닫이문을 조심스레 열고 안으로 들어가면, 물방울이 쉴 새 없이 떨어지더란 옛 기록과 달리 홍예를 튼 천정과 화강암 벽돌을 반듯하게 이어붙인 벽이 보인다. 동굴 끝에서는 하얀 문수보살이 하품상생의 수인으로 중생을 맞는다. 새비지가 본 샘은 문수굴에 없었다. 아마 문수굴을 새로 조성하면서 샘물을 문수굴 바깥에 돌려놓은 듯싶었다. 문수굴 오른쪽에 샘터가 있어 등산객들이 줄지어 서 있었다.

절에서 내려오는 바위들 사이로 난 구불구불한 길이었다. 거의 3마일가량 가파르고 험한 길을 거쳐 평지에 이르렀지만 나는 다시 북문까지 걸어야 했다. 북문부터는 잘 닦인 길이어서 편안하게 서울로 되돌아올 수 있었다.

새비지의 북한산행은 그가 의도했든 안 했든 중흥사와 태고사, 문수사를 거침으로써 사찰순례가 돼버렸다. 그의 하산길은 내리막이 길기로 소문난 구기동 계곡이었다. 그리고는 그 당시 북문이라고 부르는 홍지문을 통해 서울로 들어갔다.

언제 어디서 새비지와 헤어졌는지 모르겠다. 구기동 계곡을 빠져나와 버스 정거장으로 가는 동안 어느새 나는 혼자였다. 125년의 역사가 기나긴 꿈을 꾸다 깨어난 듯 눈앞이 몽롱했다.

영국에서 태어나고 프랑스에서 미술을 공부한 아놀드 새비지 랜도어는 나와 헤어진 뒤에도 역마살이 낀 사람처럼 오대양 육대주를 찾아다녔다. 그는 미국, 호주, 아프리카, 대서양의 아조레즈군도Azores Is,를 여행했고, 민다나오에 체류할 때는 그곳에 백인종 만사카스Mansakas가 살고 있음을 외부 세계에 알렸다. 러시아와 인도의 지리를 연구했고, 아프리카와 남미를 횡단했으며, 네팔의 룸파산Mount Lumpa을 등반했다. 1차 세계 대전이 일어나자 벨기에 정부에 고용되어 전령傳令으로

104

활약했다는 전언도 있다. 그의 행적이 유별나 보이지만 어쩌면 사람
마다 자기 생이 지시하는 길을 가야 하는, 의무 아닌 의무가 있지 않
을까. 나 또한 내게 남아 있는 길을 다 걸어야 하니.🏵

걷는 길 북한산성 버스역 ⋯➤ 대서문 ⋯➤ 중성문 ⋯➤ 비석거리 ⋯➤ 중흥사지 ⋯➤ 태고사 ⋯➤
　　　　　행궁지 ⋯➤ 대성문 ⋯➤ 대남문 ⋯➤ 문수사 ⋯➤ 구기동 계곡
거리와 시간 14km 정도, 5시간 예상

8

선지식이란 무엇인가

청계사 가는 길

"왼쪽 길로만 가시네. 울 대장님 혹시 좌파 아니신가?"

누군가 내 뒤에서 우스개로 건넨다. 한여름 청계산에서였다. 햇볕이 내리쬐는 능선길을 피해 그늘이 많은 오솔길로 인도한다는 게 줄곧 왼쪽으로만   걸었던 모양이다. 뒤따르는 도반은 그걸 알아차린 것으로 물론 아무런 악의가 없었다.

그러나 우리나라에서 좌파란 사상적 소신을 지닌 사람이란 인식보다는 비딱한 사람, 심지어는 나쁜 사람으로 통한다. 일종의 고정관념을 통해 사람을 판단하려는 경향이다. 그런 경향에서라면 내가 그날,

올랐던 길로 되돌아 내려오는, 등산에서 '원점산행'이라 부르는 하산 길을 택했다면 오로지 우파가 되고 만다.

산행대장에 대해서도 어떤 사람은 고정관념을 가진다. 어떤 산이든 속속들이 알아 한 치의 오차도 없이 길을 인도하리란 생각이다. 그런 생각에서라면 나는 타고난 산행대장이라고 할 수 없다. 길눈이 어두운 편이기 때문이다. 청계산, 이 작은 산에서도 나는 길을 잃었다. 응봉을 우회하여 청계사淸溪寺로 가는 길에서 그만 인덕원으로 내려서고 있었다. 나는 곧 정신을 차리고 길을 되찾았지만 나의 도반들은 작은 산에서도 길을 잃은 산행대장에게 가차 없는 웃음의 총을 쐈다. 지리산이나 히말라야에서 길을 잃었다면 원망의 포탄이 날아왔을 것이다.

옛사람은 산에서 길을 잃으면 나뭇잎 모양을 보고 길을 찾았다고 한다. 바다에서 길을 잃은 뱃사람에게는 별이 길잡이란 이야기를 어느 동화에선가 읽은 것도 같다.

지도가 이 세상에 등장한 건 문자보다 앞선 시기로, 이집트의 고대국가 바빌로니아에서였다. 한때 나는 지도와 나침판을 배낭에 챙겨 넣어야만 안심하고 여행을 떠날 수 있었다. 몇 년 전부터는 GPS 위성항법장치를 배낭 어깨띠에 매달고 다닌다.

요즘 산에서 어지간해선 길을 잃지 않는다. 이정표가 요소마다 나침반과 GPS 역할을 톡톡히 해주고 있기 때문이다. 절해고도가 아니라면 우리는 어느 길을 가든 이정표를 만난다. 아니, 우리가 사는 세상에 절해고도가 남아있기라도 한가. 세상의 숨은 길이란 길은 속속들이 발각 나선지 이제는 이정표 없는 길이 더 낯설어 보인다. GPS로도 추적하지 못하는 오지의 길에도 이정표가 붙어 있어, 우리나라 공무원의 업적을 기릴 때 이정표를 빼놓을 수 없으려니 생각한 적도 있었다.

우리는 지금 이정표가 너무 많은 세상을 살고 있다. 그렇다 보니 이정표의 고마움을 모르고 산다. 이정표의 고마움을 모르니 우리에게 최초로 길을 안내했던 나뭇잎과 별의 고마움도 모를 수밖에.

나는 가끔 이정표 없는 산길을 걸어야만 산행의 의미를 제대로 알 수 있으리라고 생각한다. 방황을 해봐야 무사히 목적지에 도착했을 때의 고마움을 알지 않겠는가.

깨달음을 찾아 출가한 부처는 두 달 동안 850km를 걸어 가야 땅에 도착한다. 훗날 부처가 기어코 깨달아 '보드가야'라 이름 붙인 땅이었다. 그곳은 작렬하는 땡볕 아래 헐벗은 산만 솟아오른 버려진 땅이었다. 그 시대의 구도는 극단적인 고행을 지향했으므로 부처 또한 그에 걸맞은 구도처를 찾아온 것이었다.

가야에서의 첫 번째 고행지는 가시나무로 뒤덮인 가야산이었다. 부처는 거기서 깨닫지 못했다. 가야산에 오르면 네란자라 강 건너편으로 가야산보다 훨씬 메마른 뼈다구산이 보였다. 두 번째 고행지는 그곳이었다. 부처는 숲이라고는 없는 그곳의 시체와 뼈다귀 사이에서 깨달음을 추구했다. 그러나 '뱃가죽을 만지려고 손을 뻗으면 등뼈가 만져지고, 등뼈를 만지려 손을 뻗으면 뱃가죽이 만져지는 고행'에도 불구하고 부처는 또다시 깨닫지 못했다.

그 뼈다구산에서 깨달은 게 전혀 없었던 건 아니다. 부처는 고행의 덧없음을 깨달았다. 부처는 고행의 꼭대기까지 올라갔다가 돌연 뼈다구산에서 내려왔다. 그 산은, 부처가 완전히 깨닫기 전에 머물렀다 하여 '전정각산'이란 이름을 얻었다.

전정각산에서 부처가 깨달은 덧없음은 부처를 깨달음의 길로 이끈 이정표가 되었다. 부처는 전정각산에서 길을 잃은 것이 아니라, 전정각산이란 이정표를 통해서 잃어버린 길을 되찾을 수 있었다.

우리 삶도 마찬가지 아닐까. 세상이라는 바다, 사람이라는 사막을 건너는데 이정표가 없다면 그저 끊임없이 방황할 뿐이니, 방황만의 자기 삶에 남아있는 예정된 순서이지 않을까.

이정표는 때로 사람의 모습으로 현현하는데 그를 선지식이라고도 부른다. 싯다르타는 출가하여 여러 사문과 육사외도를 만난다. 그 가운데 대표적인 인물은 알라라깔라마와 웃다까라마뿟따, 두 선지식이다. 화엄경과 중국 선종의 역대조사 이야기도 결국 선지식을 찾아다닌 이야기이다.

선지식은 나보다 앞서 길을 간 사람이다. 인생이란 길에서 선지식을 만날 수 있다는 건 축복이 아닐 수 없지만, 부처는 더 궁극적인 진리를 찾아 먼 길을 찾아 나서야 했다. 이것은 무엇을 의미할까. 근래 주목할 만한 역경사업을 펼치는 이미령은 그의 저서 '붓다 한 말씀'에 이렇게 썼다.

먼저 목적지에 도달한 사람이라고 해도 선지식이 목적지인 것은 아니요, 길의 이름도 아닙니다. 나는 선지식의 길을 가는 것이 아니라, 나의 길을 선지식과 함께 걸어가는 것입니다.

'당신 삶의 이정표는 당신 마음속에 있으니 선지식에 너무 의존하지 말라'는 뜻으로 나는 이 글을 이해한다. 그런 마음이면 설령 손가락을 바라본다 해도 달을 향해 용맹스레 걸어가고 있지 않겠는가. 당대의 여러 선지식을 만나서도 만족할 수 없었던 부처가 아마도 그랬으리라.

전정각산에서 내려온 부처는 네란자라 강가의 숲, 우루벨라의 세나니를 찾았다. 샛강에 들어간 부처는 고행의 업을 씻듯 몸을 씻었다. 이미 지칠 대로 지친 데다 온 힘을 다해 몸을 씻느라고 또 지쳐서 샛강에 드리워진 나뭇가지를 잡고서야 겨우 기슭으로 나올 수 있었다. 부처는 그 자리에서 쓰러졌다.

그 쓰러진 자리에서 부처는 혹시 꿈을 꾸지 않았을까? 꿈을 꾸었다면 무엇을 보았을까?

그 무렵, 부처에게 깨달음을 촉발한 건 파종식에의 기억이라고 경전은 기록하고 있다. 잠부나무 아래서 턱을 괸 소년은 약육강식이 당면한 현실이란 걸 괴로워했었다. 어린 소년이 최초로 직시한 사회 현실이 깨달음에 이르는 길이었다는 사실은 부처를 이해하는 데 매우 중요하다. 깨달음을 얻으러 멀리 떠났던 부처가 처음으로 되돌아가야 했으니 말이다.

부처가 수자타에게서 유미죽을 건네받고 힘을 냈다는 이야기는 너무나도 유명하지만, 전도유망했던 수행자가 음식과 타협했다는 소문은 당시로선 용납 못할 대사건이었다. 이 사건으로 아버지 숫도다나 왕이 보낸 보호관찰자이자 도반인 다섯 수행자가 곁을 떠났다.

부처는 다시 깨달음을 성취할 자리를 찾는다. 이번에는 산이 아니라 네란자라 강이 굽이치는 숲 속이었다.

경전을 보면 부처가 그때 수행한 숲이 '온갖 꽃들이 만발하고 과일나무가 무성한 농가'에서 멀지 않았고, 그렇기에 부처를 비롯한 사문들이 탁발하기 좋았던 장소임을 알 수 있다. 수자타의 유미죽과 함께 이러한 환경이 부처의 깨달음에 어느 정도 기여했다는 사실을 어떻게 생각해야 할까. 사실이지 부처는 깨닫기 이전부터 세간과 속세 사이를 오갔던 사람이고, 이것은 부처가 깨닫고 난 후에도 크게 변하지 않는다.

숲으로 되돌아온 부처는 어렸을 때의 잠부나무처럼 넓은 그늘을 드리운 핍팔라나무, 우리가 보리수라고 부르는 나무를 세 바퀴 돌았다. 그리고는 나무아래에 앉았고, 앉은자리에서 죽을 각오로 동쪽을 향해 가부좌를 튼다.

싯다르타는 그 자세로 일주일 동안 정진한 끝에 샛별을 보고 큰 깨달음을 얻어 부처가 되었다. 부처는 그때 현재의 원인인 과거, 현재의 결과인 미래의 당신 모습과 중생의 모습을, 마치 숲을 내려다보는 새처럼 보게 되었는데, 과거 · 현재 · 미래는 괴로움과 번뇌에서 오고, 괴로움과 번뇌가 과거 · 현재 · 미래로 중생을 데려가, 수레처럼 멈추지 않는다는 것을 알았다. 따라서 과거 · 현재 · 미래의 윤회에서 벗어나려면 괴로움과 번뇌에서 벗어나야 하며, 괴로움과 번뇌를 벗어나야만 윤회에서 벗어날 수 있다는 것을 알았다. 괴로움과 번뇌에서 벗어나고, 윤회에서도 벗어나려면, 무엇이 괴로움이고 번뇌인지, 괴로움과 번뇌의 원인이 무엇인지 '사실 그대로 바르게 알아야 한다'는 것이 부처의 깨달음이었다.

경전은 부처가 깨달은 그 밤에 별이 총총했고, 숙명통과 천안통과 누진통이 열릴 때마다 별빛이 반짝였다는 사실을 차례로 적고 있다. 부처의 깨달음에 있어 '사실 fact'은 이처럼 중요하다. 잠부나무 아래에서의 사유와 수자타의 유미죽에 이어 부처를 깨달음으로 이끈 선지식은 밤하늘의 별이었다. 오스트리아의 천체물리학자 하인츠 오버훔머의 글을 가져와 본다.

100억 년에 걸친 핵연소 과정을 통해 별에서 생성된 원소인 수소, 산소, 질소, 탄소가 지구 생명의 근원이다. 우리가 살아갈 수 있는 것은 별이 수없이 태어나고 죽었기 때문이다. 우리는 별과 별 사이를 떠도는 우주의 먼지이다.

그렇다. 부처가 만난 최후의 선지식은 수많은 별을 품은 우주, 바로 대자연이고, 대자연의 실상을 기록했다는 화엄경의 법계품이지만,

청계사 와불

춘다의 공양을 받고 열반의 길인 쿠시나가르로 가면서
부처는 스물다섯 번이나 쉬었다.
부처는 쌍을 이룬 사라수 아래에 자리를 잡았다.
부처의 가사를 받은 아난다는
네 겹으로 접어 자리를 폈다.
부처는 오른쪽 옆구리를 바닥에 붙이고
사자처럼 발을 포개고 누웠다.
사라수는 가벼운 바람에도
비처럼 꽃잎을 흩날린다.
부처의 몸을 꽃잎이 덮었다.

이 세상에는 무소의 뿔인 부처가 홀로 득도했다고만 믿는 사람이 더러 있다. 어떻게 생각하면 그들이 옳을 수도 있다. 대승불교와 중국의 선불교가, 모든 것은 마음에 달려 있다는 논리로 불교를 통섭한 적도 있었다. 그러나 어디까지나 그건 마음이란 집을 한번이라도 들여다본 사람의 이야기다. 마음, 그 자체를 진리라고 단정한다면 겉만 보고 집을 사겠다고 결정하는 것과 무엇이 다르겠는가. 가장 불교다운 결정이란 충분한 숙고라고 나는 생각한다. 마음처럼 내부가 복잡한 집은 없기 때문이다.

부처와 직거래하겠다는 생각에, 혹은 만사형통인 마음에 의지한답시고 선지식을 무시하듯 무작정 길을 나서고, 심지어는 선지식을 관광 안내인으로 알고 깔보는 사람이 종종 있다. 이미령은 선지식에 너무 의존하는 사람과 마찬가지로 그 반대쪽 사람도 가차 없이 비판한다.

자신에게 길을 가리켜주는 이를 불신에 가득 찬 눈으로 보거나 반쯤 믿는 이들도 종종 볼 수 있습니다. 심지어는 일러주는 대로 길을 끝까지 가보기도 전에 '너무 의지해서는 안 된다. 언젠가는 버리고 떠나야 한다'는 생각에 사로잡힌 사람도 있습니다. '달을 봐야지 언제까지 달을 가리키는 손가락만 바라보겠느냐?'면서 길을 가리켜주는 이를 손가락에 비유하는 경우도 종종 만납니다.

산행대장이란 이름으로, 혹은 길잡이란 이름으로 길을 안내하다 보니 종종 난처한 일을 겪는다. 달을 보겠다는 의지가 지나쳐 손가락 알길 헌신짝처럼 여기는 사람들이다. 언젠가 버리고 가야 할 손가락이라는 듯 길을 앞지르는가 하면, 함부로 대열을 이탈한다. 최소한 손가락이 가리키는 방향이라도 제대로 봤다면 모를까, 그런 사람일수록 달을 잃고 고립무원에 빠지는 경우가 허다하다.

"왜 그렇게 먼저 가죠?"

언젠가 길을 잃은 사람을 숲 속에서 찾아내 물었더니 곧바로 대답한다.

"어서 절에 가서 부처님께 절하려고요."

대관절 어느 절에 부처가 있단 말인가. 유감스럽게도 불자라 자처하는 많은 사람이 정작 부처의 삶을 알지 못한다. 부처가 태어난 곳이 어딘지, 어떻게 살았는지, 이 세상을 떠날 때 어떤 모습이었냐고 물으면 입을 꼭 봉해버린다. 몰라서 그러는지, 그걸 알아서 뭣에 쓰느냐고 생각하는지 알 수 없는 표정으로 말이다. 그들은 말하는 부처는 불상이다. 다만 불상 앞에서 절할 뿐이다. 불상이 불쌍하다.

선지식을 믿지 않는 사람은 눈을 붕대로 칭칭 동여매고 걷는 사람
이다. 그의 눈엔 모두가 장님으로 보이므로 언제 어디서라도 장님이
장님을 인도하는 상황에 빠지고 만다. 단테의 신곡에는 아상이라는
붕대로 눈을 동여매고 걷는 사람을 묘사한 대목이 있다.

인생이란 나그넷길, 반 고비에서 눈을 떠보니, 나는 어느새 길을 벗
어나 캄캄한 숲 속에서 헤매고 있었네. ●

걷는 길 과천역 5번 출구 ⋯› 문천사 ⋯› 등산로 입구(로고스 센터) ⋯› 매봉 ⋯› 헬기장 ⋯›
청계사 갈림길 ⋯› 청계사
거리와 시간 7km 정도, 3시간 예상

9

여름의 절길

진관사에서 삼천사로 가는 길

학인이 스승에게 물었다.

"저는 이제 갓 절에 들어온 참이니 스님께서는 뭔가 들어가는 길을 가리켜 주십시오."

그 말에 스승인 현사스님은 되물었다.

"시냇물 흐르는 소리가 들리지 않느냐?"

학인이 들린다고 하자, 현사스님은 말했다.

"그곳이 네가 들어갈 곳이다."

현사의 시냇물로 유명한 이 문답은 감각이라는 필터를 거치지 않고 직접 들리는 소리, 투명하고 무취한 소리, 들으려 할수록 들으려는 의지가 끼어들어 들리지 않는 소리, 우리가 흔히 독경하는 반야심경으로는 색이 아니라 무색의 경지에서 듣는 소리이다. 감각이라는, 색이라는 허구를 버려야만 드넓은 정신세계를 획득할 수 있다는 뜻이다.

현사스님이 제자에게 건넨 이야기는 절이 골짜기에 있기에 가능한 이야기이다. 능선에 올라앉은 절을 보기란 매우 드문 경우이다. 절골이란 절이 골짜기에 있으므로 생겨난 말이다. 그 절골을 따라 물이 흐르고 길이 나는데, 절로부터 흘러나오는 물을 명당수라고도 부른다.

일주문을 통해 진관사津寬寺에 들어서니 예의 개울이 흐르고 있었다. 그리고 대개의 절이 그렇듯이 다리가 개울을 가로질렀다. 그 다리를 건너야 비로소 속세에서 벗어나고 피안의 세계에 이를 수 있다. 그 다리를 건널 때 극락으로 가는 기분인지 진관사로 가는 다리 이름이 극락교이다. 진관사에는 다리가 하나 더 있다. 그 이름은 세심교洗心橋. 다리를 건너는 동안 발아래 흐르는 물에 마음의 떼를 씻어내야 한다.

세심교 한가운데 이르렀을 때였다. 마주 오는 복면의 사내에게 길을 터주려 몸을 비켜서야 했다. 허리에 칼을 찬, 영락없는 자객의 모습이다. 그는 누구인가?

진관사의 전신은 신혈사神穴寺이다. 지금의 진관사가 있는 자리에서 서북쪽 어디쯤으로 추측되는 절이다. 신혈사를 둘러싸고 치열한 권력다툼이 벌어지니 고려 목종 때 일이다. 목종의 어머니로 오랫동안 섭정해온 천추태후千秋太后가 자객을 보내 유일한 왕통인 왕순을 암살하려 했다. 천추태후는 태조 왕건의 손녀이자 제5대 왕 경종의 비이고, 6대 왕 성종의 동생이고, 7대 왕 목종의 어머니, 8대 왕 현종의 이모이다. 한편 왕순은, 천추태후의 친동생이며 경종의 또 다른 비인 헌정왕후가 숙부인 왕욱과 사통해서 낳은 자식으로, 천추태후의 조카뻘이다.

어떻게 이런 근친상간의 위험한 가계도가 그려질 수 있었을까. 고려를 세운 왕건은 30여 개의 호족의 딸들과 결혼했다. 그러자니 후대에 이를수록 혈육과 권력이 뒤엉겨 이복 남매끼리 혼인하는 일도 생겼다.

남편인 경종을 먼저 보내고 실의의 빠진 천추태후를 옆에서 지킨 남자는 천추태후의 외가 쪽 사람인 김치양이었다. 별다른 관직이 없던 김치양은 스님인 양 머리를 깎고 천추태후를 만나러 드나들었다. 고려의 남녀관계가 다른 시대에 비해 개방적이기는 했으나, 왕비였던 여성이 절개를 지키지 않은 것을 곱게 볼 리는 없었다. 천추태후의 남동생인 성종은 누나의 애정행각을 눈치채고 김치양을 멀리 유배했다. 그러나 두 사람 사이에는 이미 아이가 있었다.

이 무렵 성종의 또 다른 여자 형제가 입방아에 오르내린다. 천추태후와 함께 경종의 비였던 헌정왕후인데, 역시 청상과부로 살아갈 자신이 없었는지 새로운 사랑을 구했다. 상대는 하필 성종과 왕위를 다투었던 대량원군이었다. 성종은 대량원군도 멀리 유배를 보냈지만, 그 두 사람 사이에도 아이가 있었다. 훗날 현종 임금이 된 왕순이다.

천추태후의 팔자는 성종의 승하와 함께 꽃을 피운다. 38세의 이른 나이에 성종이 세상을 떠나자 아들 왕송이 보위에 올랐으니 목종이다. 목종의 나이 18세였으므로 34세의 천추태후가 섭정을 맡았다. 천추태후는 거기에 만족하지 않고 김치양을 불러들여 정치 전면에 나선다.

천추태후와 김치양은 한 시대를 풍미했으나 문제는 목종이 후사를 두지 못한 데서 생겼다. 목종이 죽는다면 조카뻘인 왕순에게 왕위를 물려줘야 할 판이었다. 천추태후는 이 상황에서 무리수를 두었다. 자신과 김치양 사이에서 태어난 아들을 목종의 뒤에 세우려 했다. 그러자니 왕순을 죽일 도리밖에 없다고 판단했다. 어차피 자기 아들이나 조카나 욕계의 사생아 아닌가.

기록을 들추면 왕순의 어린 시절은 죽음의 그림자를 피해 도망 다니던 시기로 보인다. 사미가 되어 여러 절을 전전한 것부터가 그렇다.

신혈사에 드리운 죽음의 그림자로부터 왕순을 보호해준 이는 진관이라는 스님이었다. 진관스님이 불단 아래 파놓은 굴에 왕순을 숨겨 자객의 칼을 피할 수 있었다. 목숨을 담보하고 왕순을 구해준 진관은 추측건대 천추태후와 대척되는 세력의 한 인물이었으리라.

강조의 정변으로 목종이 폐위되자 왕순은 고려의 8대 왕 현종으로 등극한다. 현종은 자신의 목숨을 구한 굴을 신혈, 신의 도움을 입은 굴이라 부르고, 절 이름도 신혈사로 부르도록 했다. 은인인 진관을 위해서도 반듯한 새 절을 지어주었으니 그 이름이 진관사이다.

그 사이, 천추태후와 김치양을 옹호한 무수한 세력이 제거당했다. 현종의 편에서는 해피앤딩이지만 천추태후의 편에서는 지극한 불행이 아닐 수 없었다. 불행을 낳은 원인은 당연히 욕계의 주인공인 욕심이었다.

진관사 세심교가 말하려는 것도 욕심을 씻어내라는 교훈이다. 그러나 진관사 세심교를 건너면 쉬이 욕심에서 벗어나리라 생각하는 중생이 얼마나 될까. 따지고 보면 산 자나 죽은 자 모두 욕계의 희생자이다. 일찍이 그걸 알기에 이성계나 이방원 같은 권력자들이 당신들로 인해 물이나 뭍에서 희생당한 원혼을 달래주려 진관사에서 수륙재水陸齋를 지냈는지도 모른다. 진관사는 우리나라의 대표적인 수륙도량이다.

가뭄 때문인지 늘 출렁거리는 물독 같던 진관사 시냇물이 겨우 흐르는 느낌이다. 옛 스님은 절 앞에 흐르는 계곡물을 보고 그 산의 건강을 짚어냈다. 의사가 혈액검사로 몸속의 병을 진단하듯이 개곡물을 보고 그 산의 생태환경을 짐작했다. 개울물의 많고 적음, 맑음과 흐림으로 산의 생태환경을 짚어보았으니, 명당수인 동시에 지표수指標水였다.

물은 고여 있거나 너무 빨리 흘러가서는 안 된다. 물이 흙을 실어 나르는 컨베이어이기 때문이다. 옛 스님은 이런 이치를 알았으므로 물을 관리하려 했다. 물이 빠져나가는 속도를 줄여 흙을 모으고, 그 물을 저장하려 나무를 심었다. 주로 버드나무나 물오리 같은 친수성 나무들을 절 주변에 심어 숲을 조성했다.

아무리 가물어도 진관사 계곡물이 멈춘 적은 없다. 이걸 알기에 나는 진관사 경내를 통과해 계곡을 깊숙이 따라 들어갔다. 여느 등

관세음보살은 종종
지극한 모성애를 드러내는데,
그 구체적인 모습으로
아기를 품에 안는 것은 물론 북한산 삼천사 관세음보살
아기에게 젖을 먹이기도 한다. 무등산 원효사 관세음보살

삼천사 관세음보살

원효사 관세음보살

산객은 진관사에서 응봉능선으로 향하는 산길을 탄다. 물소리가 햇빛을 반사하는 나뭇잎들처럼 바글거린다. 물가의 나무들이 내주는 그늘을 따라 계곡길을 걸으니 입산의 느낌은 더욱 강해진다. 마음이 차분하고 아득해지는 것이 능선을 걸을 때와는 다른 혜택이다. 그렇게 그늘을 밟아 가다가 시냇물을 따라가던 길이 끊긴 데서야 응봉능선에 올랐다.

응봉능선은 은평구로 가지를 뻗은 북한산 산줄기이다. 이 능선에 오르면 은평구 일대는 물론 아주 맑은 날은 서해바다까지 트인다. 옆을 흘끗 보면 의상능선과 원효능선이 나란히 산줄기를 내리뻗었다. 그 모습에서 당나라로 가기로 합의하고 경주를 나서는 원효와 의상을 본다.

응봉능선은 사모바위가 있는 쉼터에 닿는다. 언젠가 함께 길을 걷던 도반이 사모바위를 인터체인지임을 표시하는 거대한 이정표라고 표현한 적이 있었다. 북한산 능선이 이곳에서 모이거나 갈라지고, 등산객들도 길을 따라 모이고 흩어지는 데다 생김새까지 네모지니 썩 어울리는 표현이다.

삭힌 홍어 냄새가 진동한다. 여기저기에 자리를 깔고 앉은 등산객들이 도시락을 까먹고 막걸리를 마신다. 홍어를 입속에 넣고 우물거리는 중년남자의 볼이 맹꽁이의 턱살처럼 부풀었다 빠졌다 한

삼천사 마애불

지금의 삼천사는
보물인 마애석가여래입상이 있는 자리로 옮겨온 것으로,
그 역사가 100여 년밖에 안 된다.
진관사 계곡길로 들어가서 북한산 사모바위에 오르고,
거기서 능선을 조금 타다 계곡으로 내려와
삼천사로 빠져나오는 길은 여름의 절길이다.

다. 사람의 입은 음식이 들어가는 입구로서 만족하지 않는다. 사모바위에서는 손거울 삼매에 빠진 여성들도 쉽사리 볼 수 있다. 손거울과 립스틱을 꺼내 들고 입술을 치장하는데, 어떤 중년여자가 목을 외로 꼰 채 곁눈으로 거울을 노려본다. 거울 안쪽에서는 찾아낼 수 없는 자기만의 매력을 거울 바깥에서 특별히 탐색해내려는 모양이다.

사모바위에서 삼천사三川寺로 향하는 하산길을 찾다가 다시 응봉능선을 탔다. 응봉능선을 경계로 진관사와 삼천사는 각자 다른 골짜기에 있다. 삼천 명의 스님이 수행할 정도로 사세가 컸다는 삼천사. 그러나 그 숫자에 놀랄 필요는 없다. 불교에서 삼천이란 숫자는 많거나 크다는 뜻으로 통용될 뿐이다.

삼천사는 신라의 원효가 창건한 절이라 하고, 원효와 진관이 함께 창건했다고도 전해오는 말이 있어 혼란스럽다. 진관은 고려 현종의 은인 아니었나? 기이하게도 그 진관이 6·25전쟁 후 진관사를 재건한 인물로 삼천사 사적기에 다시 떠오른다. 그렇다면 진관은 시공을 초월한 인물이었나? 추측이지만 왕을 구한 은공으로 진관사를 하사받은 진관이 가까운 삼천사를 중창했을지도 모른다. 부처나 아라한이 되지 못한 중생은 끊임없이 육도윤회하니, 6·25전쟁 후 삼천사를 중

사모바위에서는 손거울 삼매에 빠진 여성들도 쉽사리 볼 수 있다.
손거울과 립스틱을 꺼내 들고 입술을 치장하는데,
어떤 중년여자가 목을 외꼰 채 곁눈으로 거울을 노려본다.
거울 안쪽에서는 찾아낼 수 없는 자기만의 매력을
거울 바깥에서 특별히 탐색해내려는 모양이다.

건한 진관스님이 전대의 진관스님과 동명이인인 것을 우연이라고만 여길 순 없다.

삼천사의 옛 이름은 삼천사三川寺로, 본래 의상능선 자락인 증취봉에서 삼천리 계곡 사이의 광범위한 지역에 있었다가 화재와 산사태로 사라졌다. 그 자리엔 지금 무너진 석축과 깨진 비석만 남아있지만, 한때는 진관동 일대가 옛 삼천사의 사전寺田이었는지도 모른다. 지금의 삼천사는 보물인 마애석가여래입상이 있는 자리로 옮겨온 것으로, 그 역사가 100여 년밖에 안 된다.

햇빛이 밝을수록 그늘도 짙다. 유럽의 소설가들이 성스러운 것과 상스러운 것을 비교하려 중세의 수도원을 자주 등장시키듯 우리의 삼천사도 햇빛과 그늘의 역사를 기록한다. 고려사에 쓰여 있기를, 이 절의 승려들은 쌀 360여 석으로 술을 빚어 처벌받았다. 360여 석이면 쌀 한 석이 쌀 두 가마니 분량이니까 720가마, 지금 시세로 1억 7,000만 원가량이다. 지금으로써도 적지 않은 돈이거니와, 오계로 금지하는 술을 재가자도 아닌 출가자 스님이, 사다 마신 것도 아니고 제조까지 했다는 사실에 경악하지 않을 수 없다. 썩은 생선을 버릴 때는 생선 싼 종이도 버려야 한다. 고려가 멸망한 이유가 세속 불교 때문이라는 이야기에 어찌 수긍이 가지 않겠는가.

계곡물이 차고 넘치는 여름날, 진관사로 들어가서 삼천사로 나오는 이 절길을 오래된 이야기와 함께 걸어보라. 더위를 물리치는 또 다른 방법이니. ✸

걷는 길 불광역 2번 출구(7211번 버스 승차) ⋯▸ 진관사 하차 ⋯▸ 비봉 ⋯▸ 사모바위 ⋯▸ 삼천사
거리와 시간 7km 정도, 3시간 30분 예상

10

달의 길, 용의 길

망월사 가는 길

달이 보이지 않으면 어둠을 탓한다. 달이 보이지 않는 것이 지구 때문이란 생각은 추호도 하지 않는다. 해와 달 사이에 지구가 끼어들어 햇빛을 가릴 때 달이 보이지 않는다고 초등학교 과학 시간에 배우긴 했었나? 하지만 그걸 누가 기억하리. 달은 해처럼 스스로 빛을 내지 못한다. 달에 반사된 햇빛이 달빛이란 사실에 쉬이 생각이 가닿는 중생은 드물다.

중생은 눈에 보이는 것만 믿는다. 망월사^{望月寺}에 이르기까지 적이 다섯 번은 망월사를 가리키는 표지를 보았다. 망월사에 가려고 서울을 벗어난 사람이라면 누구나 주저 없이 수도권 전철역인 망월사역에 내린다. 역 이름이 절 이름인 것으로도 망월사를 찾는 잦은 발걸음을 감지할 수 있다. 아니나 다를까, 전철에서 내린 나는 등산객들에 휩쓸리듯 망월사 초입인 원도봉 탐방길로 걸어갔다.

그 북새통에서 춘성 春城 스님의 단속한 삶을 떠올리기란 쉽지 않았다. 춘성은 스승으로 모셨던 만해가 3·1운동으로 수감되자 옥바라지를 위해 서울 도봉산 망월사로 옮겼다. 춘성은 땔감이 가득한데도 스승을 생각해 냉방에서 이불도 덮지 않고 잠을 잤다. 이불을 덮지 않는 춘성의 잠은 그후로도 계속됐다. 춘성은 이불을 '이불 離佛'이라면서 부처와 이별하는 물건이라 불렀다.

춘성의 눈에도 달이 보였을 것이다. 어땠을까, 선승의 눈에 비친 첩첩산중의 달은? 달을 보는 사람이 없다면 달이 거기에 존재하겠느냐고 아인슈타인은 반문했다. 내가 달을 보므로 달이 거기에 있다는 사실은, '대승기신론'이 말하는, '세상은 마음이 만들어내는 것이다 三界虛僞 唯心所作'와' 비슷하다. 그러나 마음처럼 복잡미묘한 세상은 어디에도 없다. 선승이 깊은 산중에 몸을 두는 것은 세상을 피해서라기보다, 마음이라는 무서운 세상을 피해 숨어버린 것은 아닐까.

그렇게 마음으로부터 멀어지려 애쓰는 선승 위로 달이 뜨고 진다.

춘성이 보았을 세속의 달을 망월사를 지은 신라의 스님 해호 ^{海浩}가 보았고, 신라의 마지막 태자가 보았고, 부도탑을 남긴 혜거 ^{慧炬}가 보았으리라.

두꺼비 바위란 데를 지나서 올려다보자 망월사는 그 옛날 월성 ^{月城}이라고도 부른 신라의 수도 경주를 바라보는 자세로 산 중턱에 걸터앉아 있다. 달리 보면 고개를 약간 쳐들고 달을 바라보는 자세이기도 하다. 1957년 사학자 이종각은 경주를 망경 ^{望京} 한다는 뜻에서 망월사가 생겼다고 경향신문에 썼다. 탈속한 선승의 거처이거나 기껏해야 운수납자 ^{雲水衲子} 들이 쉬어가는 절로 어울림직한데도 어딘지 속세를 그리워하는 우수 어린 느낌으로 망월사가 내 눈에 비치는 것도 그런 까닭이다.

머리 위로 어지러이 나뭇잎이 흩날린다. 바람이 나뭇가지를 세차게 흔들면서 내 발길을 막는다. 망월사를 선명하게 가리키는 마지막 푯말과, 방향도 계통도 없이 불어 닥친 바람 사이에서 나는 어디에도 소속하지 못한 채 길을 잃었다. 표지판도 바람도 무상하다. 그러나 나는 저기 저 아름드리 참나무 뒤로 난 가파른 계단을 밟아 해탈문으로 올라야 한다.

망월사는 여섯 개의 좁은 문으로 바깥에서 안이 연결되거나 안에

망월사 혜소국사 부도

망월사에는 혜소국사의 부도가 있다.
고려 왕 광종은 혜소의 원각경 강의를 듣고 감명받아 국사로 임명한다.
965년 6월. 가뭄이 들어 혜소는 궁전에서 기우제를 올렸다.
**향로를 잡고 대운륜경을 외우자
정병에서 지렁이가 나오고
푸른 하늘에 갑자기 구름이 모여들어 큰비가 쏟아졌다.**

망월사 영산전

춘성스님은 스승으로 모셨던 만해가
3·1운동으로 수감되자
옥바라지를 위해
서울 도봉산 망월사로 옮겼다.
춘성스님은 땔감이 가득한데도
스승을 생각해
냉방에서 이불도 덮지 않고 잠을 잤다.
이불을 덮지 않는 춘성스님의 잠은 그후로도 계속됐다.
춘성스님은 이불을 '이불離佛'이라면서
부처와 이별하는 물건이라 불렀다.
망월사에 다녀온 사람마다
기억에 남는 풍경이 하나쯤은 있을 것이다.
대개는 영산전이 있는 자리가
망월사에서 가장 아름답다지만,
어떤 사람은 그 뒤로 우뚝 솟은
자운봉·만장봉·선인봉에 눈길이 오래 머무른다.

서 바깥, 안에서 안이 연결되는 절이다. 해탈문, 통천문, 자비문, 여여문, 월조문, 금강문이 그것들인데, 모두 겨우 사람 하나 지나다닐 넓이였다. 해탈문은 고개를 꺾고 지나야 할 만큼 높이도 낮았다. 해탈하려면 하심을 품어야 한단 뜻인가.

망월사에 다녀온 사람마다 기억에 남는 풍경이 하나쯤은 있을 것이다. 대개는 영산전이 있는 자리가 망월사에서 가장 아름답다지만, 어떤 사람은 그 뒤로 우뚝 솟은 자운봉·만장봉·선인봉에 눈길이 오래 머무른다. 나로 말하자면 자비문을 통해 만난 무위당이다. 무위당은 정면 5칸 측면 3칸의 맞배지붕으로 지장전이다. 무위당을 기억의 1순위로 꼽는 건 예사롭지 않은 벽화 때문이다. 1994년 화백 이연욱은 마치 어린이가 쓱쓱 낙서하듯 벽화를 그렸다. 이연욱의 벽화에서라면 부처님의 대열반도 윤회를 끊지 못한 미완성의 모습이다. 완전한 깨달음이란 없다는 뜻일까? 무위당 편액 바로 아래 망월사 편액이 걸렸는데, 거기에 쓰인 광서신묘중추지월 주한사자원세개 光緖辛卯中秋之月 駐韓使者袁世凱, 중국의 초대 대통령 위안스카이가 1891년에 다녀간 흔적도 이연욱의 거침없는 무위에 가려 보일 듯 말 듯 할 뿐이었다.

금강문을 빠져나와 포대능선을 향해 걸었다. 망월사를 다녀간 정대 스님은 문을 소재로 임종게를 남겼다.

망월사 무위당 벽화

1994년 화백 이연욱은
마치 어린이가 쓱쓱 낙서하듯
무위당에 벽화를 그렸다.
이연욱의 벽화에서라면
부처님의 대열반도 윤회를 끊지 못한
미완성의 모습이다.
완전한 깨달음이란 없다는 뜻일까?

올 때도 죽음의 문에 들어오지 않았고
갈 때도 죽음의 문을 벗어나지 않았네
천지는 꿈꾸는 집일지니
우리 모두 꿈속의 사람임을 깨달아라

망월사를 뒤에 두고 포대능선으로 올라 도봉산의 주봉인 자운봉을 한번 바라보고는 그 반대쪽으로 걸었다. 사패산 쪽으로 향하는 능선이다.

사패산은 수락산과 도봉산을 잇는 산이다. 세계에서 가장 긴 광폭터널이라는 사패산터널을 한때 승단에서 반대하여 이름이 더 알려진 산이다. 사패산 계곡 한켠에 오롯이 자리 잡은 비구니 사찰 회룡사回龍寺도 공사 중단을 요구했다. 나는 지금 그 회룡사를 거쳐서 하산하려는 것이다.

원도봉산의 숨은 진경을 보러 일부러 절벽이 많은 안말능선으로 내려갔다. 안말능선이 감춘 계곡에서 물소리가 세차게 들려온다. 숨은폭포는 북한산 숨은벽처럼 잘 보이지 않은 데서 붙여진 이름이지만, 조선의 재상 채재공은 일찍이 이 계곡을 발견하고는 회룡사관폭기回龍寺觀瀑記란 글을 남겼다. '지금은 물이 바위에 속아서

그 기세가 크게 다투어가는 듯하고, 그 모습이 크게 미친 듯하다'
바위를 만나 더듬거리던 물줄기가 출구를 찾아내자 다투어 다발로
묶인 듯 흘러간다고 채제공이 묘사한 폭포를 보며 계곡을 따라 내
려왔다.

물길이 낮아질수록 물소리가 작아지더니 이내 고요해졌다. 물길이
땅을 파헤치고 모조리 땅속으로 스며들어버린 모양이었다. 회룡사가
보인 건 바로 그때였다. 텃밭을 거느린 약사전을 먼저 만났다. 등산객
으로 북적댔던 산 위에서와 달리 휴일의 절집은 이상하게 잠잠했다.
그 알 수 없는 적요 때문인지 햇빛이 쨍쨍한데도 텃밭 고랑들이 어두
워 보였다.

우리나라 절은 그 절반 이상을 원효와 의상, 도선이 지었다. 절을
소개하는 안내문만을 읽으면 분명히 그렇다. 그러나 그 많은 절을 세
스님이 창건했다는 사실에 고개를 갸웃하지 않을 수 없다. 회룡사도
의상대사가 창건했다고 적혀 있지만 그걸 입증할 문헌이나 비문은 보
이지 않는다. 동진, 혜거 같은 고승이 절을 중창했다는 이야기도 다만
이야기에 그칠 뿐이다. 고승의 이름을 언급할수록 권위가 서리란 생
각이 출처불문의 이야기를 양산한 것으로 보인다.

그렇지만 조선 건국에 관여한 무학이 회룡사에 어떤 영향력을 미

친 것은 사실로 짐작된다. 조선 전기에 편찬된 '신증동국여지승람' 권11의 양주목 불우조^{佛宇條}에 망월사·영국사와 함께 도봉산에 있는 절로 회룡사를 소개했다. 무학이 망월사에 거처했을 근거가, 무학의 오랜 동지인 이성계가 회룡사에 왕래했을 개연성과 함께 충분하다. 이방원을 미워하여 멀리 함흥으로 떠났던 이성계가 도성인 한양으로 돌아오면서 들렀을 수도 있다. 적어도 절 이름이 회룡사니 말이다.

회룡사가 꼽는 성보 가운데 으뜸은 돌확이라고도 부르는 석조^{石槽}이다. 서산 보원사지 석조에 버금가는 대형 물그릇으로 물론 돌로 만든 것이다. 절에 가면 저마다 다른 이름을 현판으로 내건 전각들이 보인다. 대웅전이나 관음전처럼 불보살을 모신 전각에는 전^殿자를 붙인다. 산신각이나 칠성당처럼 불보살과는 다른 신격체를 모신 건물에는 각^閣이나 당^堂자를 붙인다. 옛 스님들은 우물이나 약수에도 전각을 지어 수각이라 불렀다. 물 또한 불성이 깃들었으므로 경배해야 할 대상이라는 스님들의 자연관이다.

서울시 도봉구와 경기도 의정부시와 양주시, 세 도시가 경계를 이루는 도봉산은 잘 알려진 우리나라의 명산으로, 등산객들은 너나없이 이 봉우리와 저 봉우리를 넘나든다. 그러나 불법에 의지해서

사는 사람이라면 망월사와 회룡사를 축으로 한나절에 부처께 다가가는, 깨달음의 동선動線을 그려볼 수도 있다. 들머리와 날머리가 한 구간의 도시철도로 연결된 이 산길을 불자들에게 기꺼이 추천한다. ◉

걷는 길 망월사역 ⋯⋯▸ 엄홍길 생가터 ⋯⋯▸ 덕재샘 ⋯⋯▸ 망월사 ⋯⋯▸ 포대능선 ⋯⋯▸ 사패능선 ⋯⋯▸
산불감시초소 ⋯⋯▸ 안말능선 ⋯⋯▸ 숨은폭포 ⋯⋯▸ 회룡사 ⋯⋯▸ 회룡역

거리와 시간 7km 정도, 3시간 예상

경기도의
절길

지도를 보는 것과
아는 것은 다르다.
아는 것도 직접
걸어보는 것과는
또 다르다.

11

도둑과 미륵이 함께 쓰는 일기

칠장사 가는 길

내가 도둑이 된 이유를 감추고 싶지는 않다. 가장 근본적인 이유는 먹고살아야 했기 때문이다. 어쨌든 나의 선택 속에 반항, 괴로움, 분노, 혹은 그와 유사한 어떤 감정은 하나도 들어 있지 않다. 사랑을 나누기 위해 침실이나 방이 필요하듯, 나는 편집광적인 격정, 이를테면 '질투 섞인 격정'과 함께 나의 모험을 준비했다. 즉 나는 섹스 때문이 아니라 범죄 때문에 발기했다.

칠장산을 오르면서 나는 장 주네가 쓴 '도둑일기'를 생각했다. 그는 절도, 무임승차, 부랑죄, 남창 등 밑바닥을 전전하다가 교도소에서 글을 쓰기 시작한 프랑스의 작가이다.

장 주네가 떠오른 것은 이 산에 기대앉은 칠장사 七長寺 가 우리나라의 유명한 도둑 '임꺽정'을 이야기하기 때문이다. 그러나 임꺽정은 장 주네의 도둑과 달리 역사적 인물로 포장된다. 경기도 양주의 백정출신인 그는 명종 10년 전라도에서 왜구를 물리치는 데 큰 공을 세웠다. 그러나 백정이라는 신분 때문에 무공을 인정받지 못해 탐관오리에 맞서는 의적으로 변했다고 기록은 전한다.

위로는 평안도, 아래로는 충청도에 이르는 그의 세력은 지방관아를 유린하고 문정왕후에게 진상하는 봉물을 탈취하기에 이른다. 그런 그가 이곳 칠장사와 관계를 맺은 건 병해대사와의 인연때문이다.

병해대사는 당대의 개혁주의자 조광조와 의기투합하는 사이였으나, 조광조가 권력에서 멀어지자 그도 또한 칠장사에 은거한다. 본래 출신이 갖바치였던 그는 칠장사에서 가죽신 만드는 법을 가르쳐 한동안 안성 가죽신이 지역의 명물이었다. 그는 의기 있는 사람이었고 마을 사람들은 그런 그를 '생불'이라 칭송했다. 임꺽정도 그를 받들어 스승으로 모시고 자주 칠장사를 드나들었다. 그때까지 말을 타본 적 없던 임꺽정이 스승에게서 기마술을 배운 곳이 칠장사이다. 병해가

임꺽정이 봉안한 칠장사 극락전의 목불

임꺽정은 칠장사 병해대사를 스승으로 모시고
자주 칠장사를 드나들었다.
그때까지 말을 타본 적 없던 임꺽정이
스승에게서 기마술을 배운 곳이 칠장사이다.
병해가 85살을 일기로 세상을 떠나자
49재 때 찾아온 임꺽정은 목놓아 울면서 목불을 봉안했다.

85살을 일기로 세상을 떠나자 49재 때 찾아온 임꺽정은 목놓아 울면서 목불을 봉안했다.

칠장사가 있는 안성에는 임꺽정보다 더 크고 흉흉한 도둑이 출몰했으니, 미륵을 자처한 궁예였다. 안성의 국사봉國師峰이라는 산에는 지금도 궁예미륵이 있다. 정상이 가까운 암자에 있는 3기의 미륵불상이 그것이다. 삼존불로 세워진 이 미륵불은 어찌 보면 사람의 모습에 가까운데, 가운데가 궁예이고, 궁예의 아들인 청광보살과 신광보살이 왼쪽과 오른쪽에 있다.

칠장사에는 어린 궁예가 활을 쏘았다는 활터가 있어, 명부전 벽화에 그 모습을 담았다. 부근에는 궁예의 아들이 태어났다는 태자리, 궁예의 부인 강씨의 성을 따서 붙인 강씨골 같은 지명이 남아있다.

안성은 미륵의 고을이다. 궁예미륵 말고도 국사암에서 가까운 기솔리 쌍미륵, 매산리 태평미륵, 아양동 미륵, 대농리 미륵 등 세상에 알려졌거나 알려지지 않은 미륵들이 남아있다. 미륵은 새 시대를 갈망하는 사람들이 만들어낸 부처이다. 현실이 고달픈 사람들의 유일한 희망이 미래불인 미륵이었으니, 그만큼 안성 사람들의 삶이 힘들었다는 방증이다. 신라 말기 이곳을 거점으로 시대를 어지럽힌 기훤, 후삼국 태봉을 세워 삼남 통일을 꿈꾼 궁예, 억압받는 천민들의 대변자 임

국사암의 궁예미륵

안성은 미륵의 땅이다.
미륵은 지금으로부터 56억 7천만 년 후 하늘에서 내려와
모두가 잘사는 용화세계를 실현하지만,
안성 국사암의 미륵삼존불은 어느 날 땅에서 솟아 오른 듯
두 발을 땅에 묻은 채 서 있다.
이 미륵불은 어찌 보면 사람의 모습에 가까운데,
그 가운데가 궁예이고,
궁예의 아들인 청광보살과 신광보살이 왼쪽과 오른쪽에 있다.

꺽정, 청룡사 남사당 광대 출신이었던 장길산……. 모두가 불온한 시대의 도둑이자 성스러운 미륵이었다.

그토록 살기 어려운 땅에 붙어살아온 백성의 삶은 또 얼마나 힘들었겠는가. '읍 밖이 평지라 해도 살기殺氣가 있어서 살 만 곳이 못 된다'고 이중환은 택리지에 썼다.

칠장사를 품고 있는 칠장산은 한때 '개산介山'이라고 불렀다. 칠장산의 산줄기를 보고 지은 이름이다. 속리산에서 뻗어온 한남금북정맥은 칠장산에 이르러 비로소 두 갈래로 갈라진다. 칠장산은 두 정맥을 나누어주는 중개산仲介山인 것이다. 더 재미있는 건, '介'자를 뜯어보니 큰 산 아래 산줄기 2개가 갈려져 나오는 모양이다. 옛 사람들의 절묘한 이름 짓기 아닌가.

칠장산은 해발 492m에 불과하지만, 이 산의 개울물들이 흘러 한강을 만들고 안성천을 만들고 금강으로 흘러간다. 산길에서 내려다보면 산자락을 깔고 앉은 안성 뜰이 드넓다.

칠장사는 신라 선덕여왕 때 자장율사가 창건했는데 칠장산을 아미산으로 불렀을 때다. 고려의 고승 혜소국사가 지금의 비전碑殿 자리인 홍제관 암자에 주석했을 때 이 절은 대가람으로서 면모를 갖춘다. 그때 일곱 명의 도둑이 절을 털러 침입했다가 혜소의 불법을 듣고 크게 뉘우처 현인賢人으로 거듭났다. 그때는 그래서 산 이름을 칠현산七賢山이라고 불렀다. 절 이름을 칠장사로 부르기 시작한 연유이다.

칠장사에 있는 칠장사사적비에는 일곱 명의 도둑에 대한 또 다른 기록이 있다. 그릇을 파는 천민 일곱 명이 칠장사에 들렀다가 우물가에서 금으로 만든 표주박을 발견하고는 몰래 훔쳤다. 그런데 그다음 날 보니 금표주박이 보이지 않았다. 도둑들이 궁금증을 참지 못해 표주막을 훔친 우물가로 갔더니 거기 있는 게 아닌가. 물론 그들은 표주박을 다시 훔쳐서 내려왔는데, 다음날 또 사라졌다. 그들은 우물가로 갔고, 금표주박이 거기에 또 있었다. 그제야 그들은 부처의 뜻임을 알고 출가하여 일곱 명 모두 스님이 되었다는 이야기다.

도둑에 관한 이야기로 칠장사의 보물인 혜소국사비를 빼놓을 수 없다. 임진왜란 때, 적장 가토오 기요마사가 이 절에 와서 행패를 부리자 한 노승이 나타나 크게 꾸짖었다. 화가 난 가토오가 칼을 빼들어 베니, 노승은 홀연히 사라지고 갈라진 비석에서 피가 흘러나왔다. 이에 큰 도둑 가토오는 질겁해서 도망쳤다.

칠장사에는 도둑에 관한 기록과 더불어 유물도 전해 오는데, 혜소국사비 맞은편에 앉아있는 나한전이 그것이다. 나한전에 모신 일곱 나한은 칠현산에 있던 여러 암자가 폐사되면서 옮겨온 것으로, 출가득도했

칠장사 혜소국사비

도둑에 관한 이야기로 칠장사의 보물인 혜소국사비를 빼놓을 수 없다.
임진왜란 때, 적장 가토오 기요마사가 이 절에 와서 행패를 부리자
한 노승이 나타나 크게 꾸짖었다.
화가 난 가토오가 칼을 빼들어 베니,
노승은 홀연히 사라지고 갈라진 비석에서 피가 흘러나왔다.
이에 큰 도둑 가토오는 질겁해서 도망쳤다.

다는 일곱 천민이라는 이야기와 병해대사의 제자인 임꺽정을 비롯한 청석골 7두령이란 이야기로 엇갈린다. 그런데 희한하다. 칠장사 나한전의 일곱 나한은 도둑의 얼굴이라기보다 순진무구한 동자童子에 가깝다. 그래선지 나한전의 공양물에는 유독 사탕과 과자가 많다.

칠장사에 가면 온통 도둑 이야기뿐인데, 30년 전 산신각에 도둑이 들어 산신탱화를 면도칼로 오려서 훔쳤고, 그때 떠난 산신은 여태 돌아오지 않았다. 언제부턴가 보이지 않는 원통전의 천수천안관음도 수상쩍다.

장 주네는 도둑질과 제의의 엄숙함이 서로 통한다고 주장했다. 도둑일기라는 참회록이 불경하면 할수록 역설적으로 더 성스러워지는 것은 그 때문인지 모른다. 칠장사에 도둑이 자주 드나든 까닭도 성속이 어우러진 절이기 때문일까. 금기의 위반 없이는, 즉 죄악 없이는 성스러움에 접근할 수도, 구원받을 수도 없다며 장 주네는 썼다.

꽃의 연약하고 섬세한 성질은 죄수의 거칠고 무감각한 성질과 본질적으로 똑같다. 나에게 죄수나 범죄자를 묘사하라면, 나는 그들이 완전히 보이지 않을 때까지 수많은 꽃으로 장식할 것이고, 그러면 그들은 다른 것들과 전혀 다른, 새롭고도 커다란 꽃으로 피어날 것이다. 나는 사랑 때문에 사람들이 악이라고 부르는 것을 향해 모험을 계속해 왔고, 그 때문에 감옥에까지 가게 되었다.

칠장사 명부전 벽화, 혜소국사와 7명의 도둑

일곱 명의 도둑이 절을 털러 침입했다가
혜소의 불법을 듣고 크게 뉘우쳐 현인賢人으로 거듭났다.
그때는 그래서 산 이름을 칠현산七賢山이라고 불렀다.
절 이름을 칠장사로 부르기 시작한 연유이다.

주네의 도둑일기를 읽으면 부처 시대의 사문이 떠오른다. 그중 마가다국 라즈기르에서 유행한 뿌라나깟사빠는 베다 성전에 근거한 제사의 공덕과 도덕, 브라만의 권위를 부정하면서 '살생이나 사음, 음주, 강도는 악업이 아니며, 악업에 의한 과보도 존재하지 않는다'고 주장했다. 장 주네처럼 그 또한 사회악이라고도 할 수 있는 온갖 더럽고 위험한 것들, 당혹스럽고 충격적인 일들을 성스러움에 이르는 단계로 보았다. 결국 이처럼 성스럽게 재창조된 악의 논리는 사회의 가치관에 대항하는 또 다른 신성성을 만들어낸다는 게 두 사람의 주장이다.

장 주네나 뿌라나깟사빠 같은 사상가가 왜 태어났을까? 다시 안성을 돌아보지 않을 수 없다. 안성이야말로 일체개고一切皆苦, 세상을 사는 것이 슬프고 어려웠던 땅이었다. 미륵불이 나타나서 아직 살아보지 못한 미래만큼은 행복하고 평화롭기를 간절히 소망했던 안성 사람들은 칠장사, 석남사, 청룡사를 세워 미래의 용화세계에 대비했다. 이러한 안성의 꿈을 우리 가운데 누군가 꿈꾸고 있지는 않을까? 있다면, 과연 그는 언제 다시 미륵의 이름으로 이 세상에 등장할 것인가? ◉

걷는 길 녹배고개 ⋯▸ 도덕산 ⋯▸ 관재봉 ⋯▸ 칠장산 정상 ⋯▸ 칠장산 헬기장 ⋯▸ 칠장사
거리와 시간 7km 정도, 3시간 예상

저절로 이루어지게 해주소서

보문사 가는 길

인간에겐 각자 믿는 바가 있다. 자기를 믿든 타
인을 믿든, 과학을 믿든 미신을 믿든, 사람은 믿지 않고는 못 배기는
존재이다. 어떤 종교는 꽤 철학적이기도 하지만 믿음만큼 대단히 중
요하진 않다.

알랭 드 보통은 '무신론자를 위한 종교'라는 책에, 무신론자일지라
도 가치 있는 신앙의 측면을 간과해서는 안 된다고 썼다. 부처의 무아
론은 신의 전지전능을 부정하지만, 신을 갈망하는 사람들에 의해 무
상해지고 말았다. 신을 갈망하는 사람들의 힘이 관세음보살을 등장시

켰으니 말이다. 대승경전 법화경은 관세음보살을 찬탄하는 글로 일관한다. 관세음보살을 끊임없이 염불하면 불이 나도 타지 않지 않으며, 홍수에도 떠내려가지 않으며, 악귀의 괴롭힘에도 태연히 견딜 수 있다. 칼과 몽둥이는 부러지고, 수갑과 족쇄는 끊어진다는 것이 법화경 관세음보살의 위신력이다.

강화도 외포리 선착장에는 이른 아침부터 관세음보살을 친견하려는 사람들이 배를 기다린다. 외포리에서 바다를 건너 석모도로 가는 배는, 폭풍주의보로 주문도나 교동도 가는 배가 뜨지 않을 때도 종종 시동이 걸려 있다. 관세음보살이 보우하사 그토록 배짱이 커진 게 아니라, 관세음보살이 있는 보문사普門寺로 가는 사람이 여전히 많기에 생겨난 배짱이다.

그들이 모두 절에 가는 사람이라고 단정할 순 없다. 그러나 그들은 갈매기들에게 새우깡을 보시하는 것으로 이미 배 안에서 차안에서 피안으로 간다. 철부선이 움직이자마자 갈매기들은 날개를 퍼덕이며 날아와 사람의 손에서 새우깡을 채간다. 누군가에게서 구원받으려면 누군가를 구원해야 한다는, 일종의 공정 거래가 언제부터 생겼을까? 더 궁금하기로는 순례자와 갈매기 사이에서 검은돈이 된 새우깡이다. 그

건 또 언제부터였지?

하나라도 더 먹으려고 경쟁하는 갈매기들의 끽끽 소리에 석모도 바닷길은 금세 저잣거리로 변한다. 야성을 잃은 갈매기에게 동냥의 이유를 묻는 것은 무의미하다. 부처가 쉬라바스티의 기원정사에 있을 때였다. 공양 문제로 다투는 비구들을 부처는 꾸짖었다.

"비구여, 그대들이 발우를 들고 집집을 돌아야 하는 이유는 과연 무엇인가? 비구여, 출가했을 때의 결심을 잊어버려 세간에 있을 때와 같다면 그땐 재가자가 누릴 수 있는 행복은 물론, 출가자가 얻을 수 있는 행복마저 놓치는 것이다."

철부선이 석모도에 닿는 오 분 남짓이다. 승객들은 복잡하게 생각할 일이 뭐 있겠냐면서 새우깡을 나눠 주던 손을 탁탁 털며 배에서 내린다. 얻어먹는 '거지갈매기'를 탓할 일이 아니다. 사실은 그런 갈매기에게 아무렇지도 않게 새우깡을 건네는 사람도 문제이다. 적어도 절에 가는 사람이라면 탁발과 보시의 의미를 새겨볼 일이지 않은가.

부처의 상좌 마하가섭은 무덤에서 주운 분소의를 걸치고 걸식한 음식만으로 살았다. 언젠가 라즈기르 거리에서 걸식할 때였다. 상처와 고름을 더러운 천으로 가린 한 나병환자가 양지바른 곳에서 밥을 먹고 있었다. 그는 마하가섭을 보고는 동료 의식에선지 자신의 깨진

보문사 갈매기

하나라도 더 먹으려고 경쟁하는 갈매기들의 끽끽 소리에
석모도 바닷길은 금세 저잣거리로 변한다.
야성을 잃은 갈매기에게
동냥을 베푸는 까닭이 무엇인지 묻는 것은
무의미하다.
갈매기들은 이미 유리걸식의 묘법을 터득한 지 오래고,
그래선지 순례자들을 태운 철부선보다
갈매기들이 먼저 석모도에 와 있었다.

발우를 내밀었다.

"이보시오, 이거라도 좀 드시겠소?"

마하가섭은 그러겠노라고 공손히 합장했다. 나병 환자는 환하게 웃으며 자신의 밥을 한 움큼 집어 마하가섭의 발우에 담아주었다. 그때 시커멓게 썩은 손가락이 음식과 함께 뚝 떨어졌다. 거리를 벗어나 한적한 우물가에 자리한 마하가섭은 발우에서 손가락을 가려내고 그 밥을 먹었다.

배에서 내린 순례자들은 관세음보살을 급한 마음으로 친견하려는 듯 서둘러 보문사 가는 버스를 탄다. 물론 나와 도반들도 그 버스를 탔지만, 다른 손님처럼 종점까지 가서 내리지 않고 중간에서 내렸다. 해명산과 낙가산을 넘어서 보문사에 가려고 계획했기 때문이다. 버스를 타지 않으려면 30분가량 걸어야 한다.

들머리인 전득이 고개에서 숲을 파고든 가파른 산길에 올라붙은 지 10분이나 됐나, 갑자기 시야가 탁 트인다. 도반들에게서 짧은 탄성이 터져 나온다. 검은 개펄을 쓰다듬는 바다와 올망졸망한 섬들을 드러낸 서해 특유의 풍경 때문이다.

능선길이 순해서 내내 해찰하듯 걷다가 해명산 정상이 가까워서야 안전로프를 잡고 슬랩을 올랐다. 낙가산 너머로 솟구친 상봉산 봉우리가 제법 힘차 보인다. 정상 표지석을 지나니 너럭바위 지대이다. 다리에 힘이 들어가지만 이 바윗길을 지나면서 내려다보는 조망의 즐거움도 배를 타고 바다를 건너온 보람이다.

이윽고 새가리 고개를 넘자 보문사 풍경이 밟히고 바다가 한층 가까워진 느낌에 마음이 넉넉해진다. 너럭바위 바로 아래가 그 유명한 해수관세음보살을 모신 눈썹바위지만, 낙가산 정상에서 거기로 이어진 능선은 철조망에 막혀 있다. 보문사로 들어가는 무단 출입자를 막기 위해 설치했으리라.

보문사 해수관음상, 다른 이름으로 마애석불좌상은 몸 전체가 눈이다. 눈썹 아래 있기 때문이다. 실은 눈썹이 아니고 눈썹바위지만 잠시도 한눈팔지 않고 바다를 내려다보기에 몸 전체가 눈이 돼버렸다. 보문사가 우리나라의 대표적인 관음도량으로 대접받는 건 마애불의 그런 간절한 눈길 덕분이 아닐까.

관세음보살은 칭념하면 어떠한 고난이나 재액에도 끄떡없을뿐더러 소원을 성취할 수도 있다. 칭념을 통해서 관세음보살과 중생이 하나가 되고, 하나된 세계에서 자비원력이 작동한다. 하물며 금산의 보리암, 낙산사 홍련암, 여수의 향일암과 함께 4대 해수관음기도처에 드는 보문사라면 그 '기도빨'을 의심할 여지가 없다.

화엄경을 보면, 남인도의 바닷가 광명산光明山이 관세음보살의 상주처이다. 티베트에서는 석모도 낙가산과 비슷한 이름인 보타낙가산이 상주처이며, 포탈라궁은 보타낙가산을 본뜬 궁전이고, 달라이 라마를 관세음보살의 현신으로 여긴다. 관세음보살을 믿는 신앙을 관음신앙이라 부르는데, 미륵신앙, 지장신앙, 정토신앙 등과 함께 불교의 대표적 타력신앙이다.

　불교가 어려운 건 혼자서 깨달아야 하기 때문이다. 내 안에 부처가 있어 마땅히 그 부처와 잘 소통할 수 있다면 내가 지닌 번뇌와 고통이 없어지겠지만, 웬일인지 그 가까운 곳에 있는 부처와의 간격이 별과 별 사이의 좁혀지지 않는 거리처럼 멀게만 느껴진다. 나를 대신해 부처에게 가까이 다가가는 방법을 갈구하다 생긴 신앙, 그게 바로 타력신앙 아닌가. 관세음보살뿐 아니라 어찌 보면 절에 있는 모든 불상이 타력 신앙을 조형화한 것인지도 모른다.

　연꽃 위에 좌정하여 감로수 병을 든 보문사 해수관음상 앞에는 수많은 연등이 걸려 있다. 연등마다 명패가 걸렸는데, 명패는 소망을 담은 말들로 가득하다. 가족건강, 학업성취, 사업번창, 업장소멸, 결혼성사…… 이것들은 모두 자기 힘만으로는 얻을 수 없는 것이라 그 성취에도 기약이 없다. 사람들은 끊임없이 관음기도처를 찾아다닐 수밖에 없는 이유이다.

　배를 타고 바다 건너 해수관음상을 친견하는 사람에게는, 마음으로는 가까이 갈 수 없으니, 몸이라도 먼저 부처님 가까이 다가가고 싶은 간절함이 배어 있다. 1928년, 금강산 표훈사 주지 이화응과 보문사 주지 배선주는 중생들의 그런 마음을 헤아려 낙가산 중턱 눈썹 바위에 보문사에 해수관음상을 새겨 넣었다.

　보문사의 해수관음상을 친견하려면 영험하다는 기도처들이 대체로 그러하듯 일주문을 지나 가람에서 가장 외지거나 높은 곳, 언덕 끝자락이나 산 중턱으로 올라야 한다. 드물지만 우리처럼 산정을 지나 내리막길에서 찾아가는 사람들도 있다. 땀 흘려 어렵사리 기도처를 찾는 사람은 그런 과정이 없는 사람과 사뭇 다르다. 남들보다 힘든 과정을 거치는 동안 몸과 마음이 저절로 씻기어 관세음보살에게 소망하려는 것의 반은 성취하게 된다. 저 절로 가는 길에서 저절로 뜻이 이루어지는 셈이다. ✽

걷는 길　전득이길 ⋯⋯ 해명산 ⋯⋯ 방게고개 ⋯⋯ 새가리 고개 ⋯⋯ 낙가산 ⋯⋯ 보문사
거리와 시간　8km 정도, 3시간 예상

13

누가 용을 보았는가?

신륵사 가는 길

택시는 앞뒤, 옆의 차들에 갇혀 오도 가도 못했다. 참다못한 택시운전사가 유리창을 내려 하늘에 대고 긴 한숨을 쉰다. 차도 바람도 막혀버린 한남대교에 운무가 가득했다. 서울 전체가 안개의 병 속에 들어가 있었다. 세상의 꼭대기를 병뚜껑으로 봉쇄하고도 모자라 코르크 마개를 채워 넣은 자 누구인가. 극심한 교통체증을 유발한 날씨에 항의하려는지 여기저기서 경적소리가 났다. 뒷자리에 앉은 내 갑갑증도 택시운전사 못지않았다. 스마트폰에 온 스팸문자를 모조리 지우는 동안에도 택시는 단 한 바퀴도 움직이지 않았다.

다리 아래로 과부하에 걸린 속도의 문명을 비웃듯 한강이 유유히 흐르고 있었다. 강물을 거스르던 내 눈길 또한 멀리 가 닿지 못했다. 강줄기를 거대한 안개가 삼키고 있기 때문이었다. 그때였다. 자욱한 안개 너머로 무언가 거무스름한 것이 꿈틀거리고, 나는 이내 알아차렸다. 안개를 헤쳐 강을 건너는 거무스름한 그것이 한강에 오래도록 살아온 용임을.

안개경보는 다음 날에야 해제됐다. 신륵사에 가려고 동서울터미널에서 버스를 탔다. 남한강에 이르는 동안 창문 틈서리로 들어오는 봄바람의 온도는 적당했다. 유난히 춥고 을씨년스러워서 참으로 봄이 요원했던 지난겨울이 언제인가 싶었다. 동장군이 맹위를 떨치는 건 기이하게도 지구온난화 때문이라고 했다. 얼핏 들어 이해할 수 없지만 북극을 차지한 더운 공기에 내쫓긴 추운 공기가 한반도를 통과하면서 그리도 유래 없이 추웠다는 것이다. 안방을 빼앗긴 추위가 추운 거리를 배회하자 수많은 집들의 수도관이 터지고 유리창이 깨지고 백 년 만에 부산 앞바다가 얼지 않았던가. 참으로 안심할 수 없는 것이 자연이다. 한남대교 위의 안개와 지난겨울의 추위뿐 아니라 지금 나를 졸음에 빠뜨리는 봄바람도 믿을 수 없다. 차창 밖에 해가 잠깐 나왔다가 구름 뒤에 숨었다.

　여주 버스터미널에서 내려 우만리 가는 버스를 탔다. 우만리 정자나무 옆에 버스는 나를 내려준다. 그 사이 비가 살짝 내린 오락가락하는 날씨였다.

　모내기를 마친 논 위로 아지랑이가 뱀처럼 꾸물거렸다. 마른풀 타는 냄새가 바람에 실려 왔다. 제비꽃과 할미꽃이 우만리 나루터로 가는 길가에서 파르르 바람에 떤다. 봄이 완연하게 남한강 일대에 머물고 있었지만 나는 여전히 내 옆에 서 있는 병꽃나무를 믿을 수 없었다. 조팝나무와 고광나무에서 흰빛을 터뜨리는 저 꽃들, 그러나 나는 벌써 꽃들이 있던 나뭇가지의 텅 빈 하늘을 보고, 텅 빈 하늘을 채울 내년 봄의 꽃들을 본다. 꽃들은 끊임없이 생멸하므로 꽃이 지는 것과 마찬가지로 꽃이 피는 것도 무상하다.

　우만리나루터의 거대한 느티나무가 멀리서도 보였다. 그 모습을 보니 대번에 남한강을 지키는 수호신장임을 알 수 있다. 우만리는 '우만이'라는 조선시대의 장수가 태어난 동네로 이 느티나무가 우만이 장수의 현생인지도 모른다. 수령 300년인 이 울울한 느티나무는 신륵사 전탑과 마찬가지로 일종의 등대 역할을 했다.

　우만리 사람들은 음력 정월 보름이면 남한강물을 떠다가 밥을 지어 날이 밝기 전에 강으로 흘려보냈다. 남한강에 사는 용을 배불리 먹여 사고를 막고자 하는 액땜이었다는 이 이야기는 잠시 후 내가 도착할 신륵사에서도 이어진다.

느티나무 곁에 다가가자 교복 입은 학생들이 보이는 듯했다. 1972년 홍수로 나루가 없어지기 전까지 이곳에는 아침이면 여주읍으로 통학하는 학생들은 배에서 내렸다. 그들은 또 저녁이면 날이 어둡기 전에 강 건넛집으로 가기 위해 서둘러 배에 올라탔다.

배가 드나드는 나루에 선 사람에게는 강을 건너야 할 어떤 이유가 있다. 아주 오래전 부처에게도 그래야 하는 이유가 있었다. 갠지스강 건너편에 있는 바라나시를 바라보던 부처도 나루에서 배를 타려 했지만 사공은 뱃삯이 없는 부처를 거절했다. 부처는 하늘을 날아 갠지스강을 건넜다.

부처는 바라나시의 동북쪽 외곽에 있는 사르나트로 갔다. 부처가 강을 건너야 했던 이유는 당신의 보호관찰자이자 도반이었던 다섯 명에게 깨달음의 기쁨을 나눠 주기 위해서였다.

사르나트에서 다섯 도반을 만난 부처는 먼저 당신이 유미죽을 먹은 이유를 이해시키기 위해 중도를 이야기하지 않았을까. 이어서 사성제와 무아와 12연기법을 차례차례 가르쳤으리라.

신륵사 가는 길

우만리 나루터에서 부라우나루터로 가는 길에도 이정표가 있다.
옛사람은 산에서 길을 잃으면 나뭇잎 모양을 보고 길을 찾았다고 한다.
바다에서 길을 잃은 뱃사람에게는
별이 길잡이란 이야기를 어느 동화에선가 읽은 것도 같다.
우리는 지금 이정표가 너무 많은 세상을 살고 있다.
그렇다 보니 이정표의 고마움을 모르고 산다.
이정표의 고마움을 모르니 우리에게 최초로 길을 안내했던
나뭇잎과 별의 고마움도 모를 수밖에.

다섯 명 가운데 먼저 콘단야가 알아차렸다. 콘단야가 울면서 기뻐했지만 부처 또한 기쁨이 넘쳤다. 아마도 당신이 깨달았을 때보다 기뻐했으리라고 나는 추측한다.

"에히 빅쿠!"

부처가 콘단야에게 '이리 오너라' 소리친 것은 당신의 깨우침이 타인의 깨우침이 될 수 있다는 사실에 감동했기 때문이다. 에히 비쿠의 중국말은 선래비구善來比丘이다. 영어로는 매우 감동해서 소리치는 'Come On'에 해당하지 않을까? 요컨대 불법이란 전하는 사람과 듣는 사람 사이에서 감동이 오가야 한다.

우만리 나루터에서 파란 리본이 나뭇가지에 달린 길을 따라 부라우나루터를 향해 갔다. 해가 구름 사이로 나타났다가는 금세 사라졌다. 비를 품은 구름이 하늘과 강에서 동시에 떠다녔다. 강가의 숲은 생명력으로 넘쳤다. 잠시 내린 비가 파놓은 물웅덩이에 풀씨가 날아들어 둥둥 떠다녔다. 강가에 물억새가 우우우 피었다. 개와 고라니가 유채꽃이 핀 숲길에 똥을 싸서 그 위에 파리가 맴돌았다.

붉은 바위란 뜻의 부라우나루터는 여주읍 단현리와 여강 건너편의 강천면 가야리를 잇는 나루였다. 부라우나루터는 마을과 고개 하나 사이를 두고 급경사를 이룬 강가에 있다. 강가에 돌출한 바위가 거센 물결을 막았지만 홍수가 나면 나루터 주변 집들이 속수무책 잠겨버렸다.

언제부터 남한강에서 나루는 물론 나루터도 사라지기 시작했을까. 물론 다리가 생기면서다. 다리가 놓인 곳들이 대개 나루터가 있던 자리라고 보면 된다. 큰길은 나루터로 이어졌고, 길을 따라 다리가 놓였으니 나루터 자리에 자연스레 다리가 건설된 것이다.

남한강은 얼마 전만 해도 강기슭을 혀로 핥듯 느릿느릿 흐르던 사행천이었다. 지금은 준설 공사로 수심이 높아져 꽤 여러 기슭이 물에 잠겼다. 남한강의 명물이었던 은모래금모래 대신 제방이 들어섰다. 강물이 범람할 염려는 줄어들었지만 아름다운 토사퇴적물을 잃었다. 그러나 어찌 한 치 앞을 알까. 다시 제방이 헐리고 어디선가 은모래금모래를 구해 와선 강가에 뿌릴지도 모른다.

부라우나루터를 나와 영월루로 가는 강변을 걷는다. 강이 봄 햇살을 튕기며 느리게 몸을 트는데 어디로 흐르는지 짐작하기 어렵다. 강의 그런 속도가 내 발걸음의 속도에도 영향을 미친다. 그러나 나는 저 강의 고요도 믿을 수 없다. 남한강은 홍수와 범람이 잦았다. 강이 미친 듯 날뛰면서 주변을 도탄에 빠뜨릴 때 옛사람들은 강에 사나운 용이 산다고 믿었다. 용의 기세를 잠재우려면 신통력을 지닌 스님이 필요했다. 고려 때의 스님인 나옹이 적임자였다. 그는 즉각 신통력神을 발휘해 간단히 용을 제압勒했다.

영월루에 오르자 강 건너 전탑을 수호신장처럼 세운 신륵사가 보인다. 한눈에 보기에도 절이 있는 봉미산 기슭을 남한강의 또 다른 이름인 여강驪江이 둘러싼 모습이었다. 봉미산과 여강, 한글로 풀자면 용의 꼬리와 검은 말이 묘하게 상치하는 곳에 신륵사가 있다. 신륵사 부근에 용마가 자주 출몰했다는 오랜 전설은 바늘과 실의 관계이리라.

용을 잠재운 신통력의 소유자 나옹도 왕명을 받아 양주 회암사에서 밀양 영원사로 가는 유배길인 신륵사에서 입적했다. 나옹의 문도는 즉시 신륵사에 사리탑을 세웠다. 비를 세울 대리석과 화강암을 구하고 석종을 만들었다. 비문은 당대의 문장가 이색이 썼다. 이색은 당시 신진 사대부인 유학자면서도 대장경을 출간하였고, 지금은 사라졌지만 1382년 2층의 장경각을 지어 대장경을 봉안한 인물이다.

그렇게 보아서 그런지, 절 안에는 용들이 침범했던 흔적이 뚜렷했다. 문화재급 보물인 석종 앞 석등과 대장각기비각, 다층석탑에 용들의 돋을새김이 유난히 눈에 띈다.

고려 말부터 움튼 배불은 조선에 이르러선 아예 노골화되었다. 술취한 유생이 절에 가서 스님을 폭행하거나 불을 지르기 일쑤인데도 관가에서는 아무런 조치도 취하지 못했다. 조선의 문인 김병익이 쓴

남한강은 홍수와 범람이 잦았다.
강이 미친 듯 날뛰면서 주변을 도탄에 빠뜨릴 때
옛사람들은 강에 사나운 용이 산다고 믿었다.
용의 기세를 잠재우려면 신통력을 지닌 스님이 필요했다.
고려 때의 스님인 나옹이 적임자였다.
그는 즉각 신통력神을 발휘해 간단히 용을 제압勒했다.
용을 잠재운 신통력의 소유자 나옹도 왕명을 받아
양주 회암사에서 밀양 영원사로 가는 유배길인 신륵사에서 입적했다.

신륵사 가는 길

회암사에서 중창불사를 성공시키고 낙성문수회를 열었던 나옹은
왜 갑자기 유배라는 왕명을 받았을까?
그 시기가 불과 한 달이다.
다비를 마친 신륵사 스님 달여는 꿈에 용이 나타나서
강월헌을 불태우고 홀연히 여강으로 사라지더라 했다.

용은 어디에 있을까. 강월헌에 앉아 강을 내려다본다.
용이 등장할 기미는 어디에도 없었다.

어느새 해가 이울어 강은 더 조용해진 느낌이었다.
지독하게 안개라도 끼지 않는다면 뜬눈으로는 절대로 용을 보지 못할 것 같았다.

신륵사중수기는 얼핏 신륵사를 예찬하는 글로 보이지만, 그 이면에는 숭유억불이 돌이킬 수 없는 대세임을 드러내고 있다.

절을 폐하고 일으키는 것이 세상의 가르침과 관계없고 유자儒者로서 힘쓸 바 아니고, 또한 폐하지 못하는 까닭은 그 고적이 명승지로 천명된 바이기 때문이다.

세종의 영릉을 여주로 옮기면서 그 원찰로서 신륵사를 다시 중건하자는 김병익의 상소는, 세조의 왕비인 정희왕후가 배경이었기에 가능했다. 정희왕후는 한명회를 권력의 전면에 배치하면서 예종과 성종을 섭정했던 실권자였다. 신륵사를 보은사라 개칭했던 건 정희왕후의 비호 아래 대규모 중창불사를 이룩한 시기였다. 정희왕후가 실권하자 사대부들은 왕릉을 외호한다는 명분으로 생긴 원찰들을 폐지하거나 금지하는 상소를 관철했다. 보은사는 다시 신륵사로 돌아왔다.

신륵사는 안쪽보다 바깥쪽이 더 의미 있는 절이다. 이것은 전탑과 강월헌을 둘러보고 나서 결론 비슷하게 내린 내 생각이다. 흙으로 구운 벽돌로 차곡차곡 쌓은 전탑은 그 체감률이 매우 안정적인데, 신라의 전탑과 달리 몸돌에 비해 지붕탑이 얇은, 전형적인 고려의 전탑이다. 그런데 왜 남한강이 훤히 굽어 보이는 곳에 전탑을 쌓았을까. 아무래도 수운水運이 활발했던 남한강과 관련해서 그 이유를 생각하지 않을 수 없다. 경기도와 충청도와 강원도에서 흘러온 물이 한물로 합치는 남한강에는 곡식이나 소금, 그 밖의 생필품을 나르는 배들이 많았는데, 신륵사 전탑은 그 배들에게 방향을 알리는 일종의 등대 역할을 했다. 신륵사를 벽사, 벽절로 부르는 데는 신륵사 전탑이 그만큼 중요했기 때문이다.

전탑에서 나옹의 당호를 따서 지은 강월헌江月軒으로 내려선다. 동대라고 부르는 바위에 삼층석탑이 있는데, 그 곁에 정으로 팠음직한 움푹한 구멍이 발에 걸린다. 다비장임을 알리는 소대가 틀림없다. 회암사에서 중창불사를 성공시키고 낙성문수회를 열었던 나옹은 왜 갑자기 유배라는 왕명을 받았을까? 그 시기가 불과 한 달이다. 다비를 마친 신륵사 스님 달여는 꿈에 용이 나타나서 강월헌을 불태우고 홀연히 여강으로 사라지더라 했다.

용은 어디에 있을까. 강월헌에 앉아 강을 내려다본다. 용이 등장할 기미는 어디에도 없었다. 어느새 해가 이울어 강은 더 조용해진 느낌이었다. 지독하게 안개라도 끼지 않는다면 뜬눈으로는 절대로 용을 보지 못할 것 같았다. 눈을 지그시 감아보았다. 환상에 사로잡히려고 그러는 게 아니다. 용이 있다는 생각도 용이 없다는 생각도 하기 싫었다. 오히려 환상에서 벗어나야 진짜 용을 바라보게 되지 않을까란 밑도 끝도 없는 생각에 잠겨 오랫동안 강월헌에 앉아 있었다. 자리에서 일어서자 내 머리는 텅 비어버린 느낌이었다.

시간이란 무엇인가. 과거는 이미 흘러가버렸고, 미래는 아직 오지 않았다. 현재 또한 현재라고 말하는 순간 사라져버리므로 과거·현재·미래가 모두 존재하지 않는데, 과연 시간이란 게 존재하긴 하는 것일까. ◉

걷는 길 우만리 나루터 ⋯▸ 남한강 대교 ⋯▸ 부라우 나루터 ⋯▸ 금은모래강변 ⋯▸ 영월루 ⋯▸ 신륵사

거리와 시간 8.5km 정도, 4시간 예상

14

죽음이 삶을 내려다보는 집

수종사 가는 길

"죽음 쪽에서 보면 우리의 삶은 조금씩 죽어가고 있는 게 아니더냐."

생전의 법정스님이 곧잘 했던 이 말을 되새기면 어김없이 정약용의 집이 떠오른다. 정약용은 태어난 집에 묻혔으며, 그가 누운 뒷동산의 무덤은 매우 반듯한 자세로 살던 집을 내려다보고 있다. '집을 내려다보는 무덤'이 어디 정약용의 무덤뿐이겠냐만, 정약용의 양수리 생가에 가보면 저절로 고개가 끄덕여진다. 태어난 집과 무덤이 한 담장 안에 있기 때문이다.

쉰여섯의 다산은 18년의 한 맺힌 강진 유배를 마치고 북한강변 능내리 본가로 돌아왔다. 정약용이 태어나 어린 시절을 보낸 고향이다.

고향집 여유당에서 보면 가깝고도 먼 곳에 운길산이 있었다. 그러나 그 운길산은 어릴 적의 운길산이 아니었다.

다리에 힘이 빠진 다산은 운길산에 오를 엄두가 나지 않았다. 늙은 다산은 수종사水鐘寺가 있는 운길산을 올려다보며 삶의 허무를 노래했다.

운길산의 수종사 옛날엔 우리 집 정원
마음만 내키면 훌쩍 가서 절문에 이르렀네
이제 보니 갑자기 높아 주군처럼 뾰족하니
하늘 높이 치솟아 묘연하여 붙들기 어렵네

개혁의 군주 정조가 죽자 정약용은 1801년 신유박해에서 모진 고문을 당한다. 정약용은 경상북도 장기로 유배됐다가 '교황의 나라가 조선을 쳐주기 바란다'는 내용의 황사영 백서 사건으로 더 남쪽인 강진으로 내려간다. 그의 형 정약전은 정약용보다 더 오지인 전라남도 신지도에 유배됐으며, 황사영 백서사건 이후로는 오지 중의 오지인 흑산도에 갇혔다.

귀양이라는 더없이 고단한 나날에도 형제는 지식인의 본분인 연구와 저술에 몰두했다. 특히 정약용은 조선의 위기를 객관적으로 관찰하고 그 위기를 극복할 새로운 대안을 모색했다. 정약전도 섬에서 수산생물 155종에 대한 연구서이자 우리나라에선 희귀한 자연과학서인 자산어보를 썼으나 순조 때인 1816년 흑산도에서 숨을 거뒀다.

팔당 전철역에서 내려 버스로 갈아탔을 때였다. 서울을 떠날 때부터 하늘이 심상찮더니 이내 빗방울이 기별한다. 능내역이 가까운 정류장에서 내리면서 나는 우산을 폈다. 철길과 자전거 도로가 함께 젖어가고 있었다. 전엔 기찻길만 뻗어 있어 그 위를 차단기가 오르내리면서 딸랑딸랑, 기차 지나간다고 경고음을 내던 길이다. 양수리, 혹은 두물머리라고도 부르는 이곳을 나는 시간 날 때마다 왔다. 한동안은 젊은 역무원이 오래된 간이역을 지키고 있었다. 근무복에 넥타이를 단정하게 매고 우두커니 혼자 앉아 있던 그는 어디로 갔나? 빈 대합실은 강이라기보다는 호수처럼 보이는 북한강을 닮아 적막했다.

대합실 창문에서 물안개 스멀거리는 강을 내려다보는데 빗줄기가 굵어진다. 강가에서 놀던 물오리 떼가 그 서슬에 놀라 후두둑 날아올랐다. 나는 다시 우산을 폈다. 유배지에서 돌아오면서 다산이 걸었을 길을 나도 걷기 위해서였다.

유배지에서 늙고 병들어서 돌아왔으나 다산은 당대의 실권자 김매순에게 편지를 써서 삶에 대한 의욕을 솔직하게 드러낸다.

박복한 목숨 죽지 않고 살아서 돌아왔습니다. 이제 죽을 날도 멀지 않은 때에 이러한 편지를 받고 보니 처음으로 더 살아보고 싶은 생각이 듭니다.

북한강은 마을로 깊숙이 들어와서 잠시 호숫가 되어 머문다. 능내역에서 호수를 끼고 강가로 걸어가니 토끼섬이 빗줄기 너머에서 흐릿했다. 한 쌍의 폐선이 늪으로 변해가는 물가에서 언제나처럼 오도 가도 못했다. 늪과 운명을 함께하는 모습이어서 늘 처연했는데 오늘은 비까지 맞고 있었다. 서울에서 낮은 구름을 쳐다보며 망설였지만 "아, 여기 오길 잘했다", 토끼섬과 뭍을 연결하는, 풀들이 길게 자란 오솔길을 걸으며 나는 중얼거렸고, 정약용의 편지를 떠올렸다. '처음으로 더 살아보고 싶은 생각이 듭니다.' 토끼섬을 커다란 물웅덩이가 막고 있어 나는 풀 비린내를 몸에 지닌 채 되돌아 나왔다.

숲을 향해 걸어가니 강으로부터 멀어지고 어느새 마재리 언덕에 이르렀다. 숲의 나뭇잎들과 내가 받쳐 든 우산에 동시에 떨어지는 비가 나와 숲을 한데 섞여 흐르게 했다. 숲이 내 몸속으로 들어오고 빗줄기도 스며들었다. 나뭇가지며 나뭇잎에 흐르는 빗줄기가 내 몸의 장기들 사이에도 흘렀다. 정약용이 도롱이도 걸치지 않은 몸으로 저만치 걸어가고 있었다. 언덕을 오르는 발걸음이 무거웠다. 집이 가까울수록 드러눕고 싶은지 뒷모습이 더 힘겨워보였다.

정약용은 실학의 집대성자로 알려진 사람이다. 그가 살아생전 저술한 책이 500권이 넘는다. 그 경지는 정치와 경제와 문화를 아우르며, 종교·문학·역사학·지리학·언어학·풍속학·의학을 덧붙인다. 경세유표와 목민심서와 흠흠심서, 이 세 권은 다산의 정신세계를 대표한다. 이 세 권의 책을 유배 말년과 해배 직후에 저술했다. 후세 사람들이 이 세 권을 통해 그를 주목하는 것은 실학자인 그가 어떻게 세상을 개혁하려 했는지 궁금해서이다.

마재리 언덕을 넘자 잠시 숨었던 강이 다시 나타난다. 고개를 넘기 전보다 빗소리의 볼륨이 높아져 있었다. 자세히 보니 강가를 온통 뒤덮은 초록색 쟁반 같은 연잎에 수직으로 비 떨어지는 소리였다. 연꽃이 피는 늦여름, 이 강가는 한밤중에도 탁탁 꽃잎 벌어지는 소리로 소란스럽다. 가을에서 겨울 사이에는 연꽃과 연잎과 연대가 차례로 쓰러지는데, 피카레스크식으로 변하는 폐허의 아름다움이

대합실 창문에서 물안개 스멀거리는 강을 내려다보는데
빗줄기가 굵어진다.
강가에서 놀던 물오리 떼가
그 서슬에 놀라 후두둑 날아올랐다.
나는 다시 우산을 폈다.
유배지에서 돌아오면서 다산이 걸었을 길을
나도 걷기 위해서였다.
북한강은 마을로 깊숙이 들어와서
잠시 호숫가 되어 머문다.
능내역에서 호수를 끼고 강가로 걸어가니
토끼섬이 빗줄기 너머에서 흐릿했다.
한 쌍의 폐선이 늪으로 변해가는 물가에서
언제나처럼 오도 가도 못했다.

수종사

여행자의 발길을 잡는다.

그러나 뭐니 뭐니 해도 북한강 마현리에 발길을 잡아매는 건 안개이다. 특히 새벽안개. 강가에서 보면 물안개가 발 없는 귀신들처럼 강위에 쓸고 다니는데, 그 귀기 어린 풍경을 오래 바라보면 저도 모르게 강을 향해 걸음이 옮겨진다. 두물머리에서 이따금 자살하는 사람이 생기는 까닭일 것이다.

비경을 좇아 길을 찾는 사람들에게 나는 마현리 연꽃늪지에서 정약용 생가로 가는 길을 귀띔한다.

집으로 가는 길이 이처럼 몽환적이지만 정약용은 현실적이고 이성적인 생활철학, 실사구시를 슬로건으로 내건 개혁사상가였다. 정약용 생가로 들어서는 길에 조성한 기중기를 보면 그 사실을 입증한다. 실학은 1789년 한강 배다리 준공과 1793년 수원성 설계에서 현실적인 모습으로 나타난다. 수원성 축성의 공사 기간을 1/4로 줄인 기중기는 뛰어난 건축공학자로서의 다산을 보여준다.

그러나 다산의 생가인 여유당 안으로 들어서면, 조선시대를 통틀어 가장 뛰어난 자연과학자의 집이 뜻밖에 검박한 데 놀라지 않을 수 없다. 창고 벽에 걸린 낫이며 쟁기, 외양간의 플라스틱 소는 유배지에서 돌아와 능내의 고향집에 근신했던 다산의 만년을 고증한 것이라기엔 너무 작위적이다. 전형적인 농가인 그곳은 임금의 총애를 받던 선비로서의 삶을 온전히 생략해버렸다.

다산의 생가가 있는 조안鳥安은 새소리가 듣기 좋다고 붙인 이름이다. 2010년 11월 30일 국제슬로시티연맹은 조안을 슬로시티로 공식 지정했다. 슬로시티엔 대형 마트나 패스트푸드점이 없다. 느리게 살아야 새소리도 들린다.

새소리만 들리는 게 아니다. 조안에서 하룻밤을 묵은 나는 문명이 지워버린 소리들을 차례로 들으면서 잠에서 깨어난 적이 있다. 동이 터오자 먼저 닭들이 회를 치며 울었고, 그 소리를 시작으로 마을의 개들이 컹컹컹 짖어댔다. 닭 우는 소리와 개 짖는 소리 사이로 강가의 물오리들이 땅을 차고 하늘로 올랐다. 미셸 세르느는 현대문명을 '너무 많은 소음, 너무 적은 리듬, 전혀 없는 멜로디'라는 구절로 요약한 적이 있다. 소리를 지워버린 것은 소리이다. 조안의 새벽녘 내가 들은 소리는 도시가 망각해버린 자연의 리듬과 멜로디를 상기시키는 음악이었다. 다산이 살았던 시대에는 더 멀리 수종사에서 울려오는 종소리도 들렸으리라.

여유당 처마에서 떨어지는 빗줄기가 파놓은 물웅덩이들이 일직선을 그으면서도 소리는 피어나고 있었다. 처마 밑을 나와 뒷동산에 오

수종사 불이문 앞 은행나무

수종사는 앞문과 뒷문을 구별하기 어렵다.
수종사역에서 올라온 방문자 대부분은
문으로 이르는 거리가 짧아 보이는 계단을 통해
경내로 들어서지만,
세조가 심은 은행나무 두 그루 뒤에 있는
불이문不二門 이 앞문이다.
세조의 내면을 흔든 소리도
이 문을 통해 마을로 내려왔다.
불이문은 진리로 통하는 문이
둘이 아니고 하나라는 뜻이다.

르니 그 유명한 다산의 무덤이 생가를 내려다보고 있었다. 물론 다산의 생사관이 깃든 유언에 따른 조치였다.

여유당을 나서자 빗줄기가 잦아든 대신 안개가 자욱했다. 안개가 강으로부터 밀려오고 있었다. 운길산은 흐린 구름에 가려 보이지 않았다. 운길산이 있는 곳으로 짐작되는 방향으로 무작정 걸음을 옮겼더니 기찻길을 따라 난 자전거 도로였다.

두물머리 물안개가 나를 따라오고 있었다. 느린 속도지만 왠지 곧 안개에 포위당할 것 같았다. 안개에 갇혀 미로 속을 헤매지 않을까 조바심 났다. 안개가 스멀스멀 자전거도로를 지우고, 길가의 가로수를 먹고, 땅과 하늘을 하나로 뭉개버리며 다가오고 있었다. 조안은 안개주의보가 자주 발령되는 동네다. 운길산역을 지나 진중리 굴다리를 통해 운길산에 올라서도 앞이 보이지 않아 허둥댈 때가 많다.

수종사는 신라 때 지은 옛 절이다. 절에는 샘이 있어 돌 틈으로 흘렀다. 그 샘물이 땅에 떨어질 때 종소리를 내므로 수종사란 이름이 붙었다.

운길산은 다산의 뒷동산이고 수종사는 안마당이었다. 1783년 봄 스물한 살 때 진사과에 합격해서 자축연을 벌인 곳도 수종사이다. 다산은 유배기간과 엇비슷한 18년을 양수리에서 살다가 죽었다.

'수종사에서 노닐다'란 시에서 그는 '종소리는 메아리 져서 깊은 숲속으로 흘러나간다'고 썼다.

종소리는 멀리서 들을수록 아름답다. 그 소리가 지옥에 닿아 지옥에 사는 중생을 제도할 때도 있다. 지옥에서 고통스러워하는 중생들도 종소리를 듣는 순간만큼은 마음이 평안해진다.

수종사 종소리는 남한강에 배를 대고 내린 세조의 귀에도 닿았다. 동순東巡을 마무리하고 서울로 돌아오던 어느 봄날 저녁이었다. 어두운 산에서 들려오는 종소리에 그는 숙연해졌다. 절대권력을 위해서라면 숙청과 유배, 살인을 마다치 않았고 심지어 어린 조카까지 교살했던 그의 현생은 이미 지옥이었다. 그에게 들리는 종소리는 바로 죄지은 자의 마음에서 울려 나오는 속죄의 소리였다.

세조는 이튿날 산을 더듬어 종소리가 울린 자리를 찾아냈다. 놀랍게도 그 소리는 폐사지의 바위굴에서 떨어지는 물소리였다. 그 자리에 절을 세우고 은행나무를 심었으니, 수종사 중창에 얽힌 이야기이다.

수종사는 앞문과 뒷문을 구별하기 어렵다. 수종사역에서 올라온 방문자 대부분은 문으로 이르는 거리가 짧아 보이는 계단을 통해 경내로 들어서지만, 세조가 심은 은행나무 두 그루 뒤에 있는 불이문不二門이 앞문이다. 세조의 내면을 흔든 소리도 이 문을 통해 마을로 내려왔다.

불이문은 진리로 통하는 문이 둘이 아니고 하나라는 뜻이다. 얼마 전 금봉암 고우스님은 법석에서 장삼을 걷어 손을 내밀었다.

"나를 잘 바라봐야 해요. 반야심경에 나오는 오온, 이 오온이 공하다는 걸 알면 내가 보입니다. 손등과 손바닥이 한 데 붙어 있듯이, 오온은 분리할 수 없으며, 공 또한 분리할 수 없는 겁니다. 육체가 썩어서 공이 아니라 살아있어서 공이지요."

고우스님의 법문대로라면 유교와 불교도 손등과 손바닥처럼 한 데 붙어 있어야 한다. 다산을 찾아 불원천리 해남에서 수종사로 온 초의도 이걸 알고 불이문으로 들어섰을까?

초의가 오던 날 다산은 석간수를 뜬다. 그가 시를 써서 하늘에서 내린 물이라고 극찬한 수종사 물이다. 그 물로 차를 우려내어 초의와 마시며 두물머리를 간간이 내려다보았을 다산을 생각한다. 그때 당신은, 당신의 집 쪽에도 눈길을 주었겠지. 그때 당신의 집에, 당신의 무덤은 없었겠지.

분명 안개를 뿌리치고 왔는데도 어느 순간 나를 앞질러 온 안개가 수종사 일대를 뿌옇게 감쌌다. 세조가 심은 은행나무의 새파란 나뭇잎도, 불이문에 새로 칠한 단청도 안갯속에서는 그저 컴컴할 뿐이었다. 옛 절 수종사도 다산의 집을 감싼 담장처럼 안개에 둘러싸였다. 나는 수종사 종루 위에 섰다. 부질없는 일인지 알면서도 나의 눈길은 안개 자욱한 두물머리를 쓰다듬었다. 다산의 집에서처럼 죽음은 삶을 내려다보고, 삶은 죽음을 올려다보고 있었다. ✺

걷는 길 능내역 ···▸ 토끼섬 ···▸ 마재리 고개 ···▸ 세미원 ···▸ 정약용 생가 ···▸
조안면(운길산역 가는 버스 승차) ···▸ 운길산역 하차 ···▸ 수종사

거리와 시간 10km 정도, 4시간 예상

15

나무 곁을 지나다

봉선사 가는 길

     나는 무심코 나무 곁을 지난다. 나무 곁을 지날 때 대부분이 그렇다. 그러나 때로는 걸음을 멈추고 서서 나무를 물끄러미 바라본다. 나무가 오래되었거나 기묘한 형상을 띠어서가 아니다. 나무가 그 자리에서 있는 것 같지도 않게 살아가고 있기 때문이다. 나무는 한 번도 자리를 이탈한 적 없이 비와 눈보라, 바람과 구름을 그 자리에 선 자세로 견뎌낸다. 그런 나무를 바라보면 나무가 나이를 먹는 것이 아니라 시간이 나이를 먹는 느낌이다. 섬을 끼고 흐르는 강물의 시간도 아마 그러할 것이다. 그래서 나는 생각한다. 나무 어딘가에 눈이 달려있다면 나무 곁에서 계속해서 풍경이 흐르리라고. 나무가 많은 숲으로 들어설 때도 그렇거니와 내 눈에 보이는 풍경은 늘 정지돼 있지 않았던가. 풍경 속으로 내 몸이 들어서는 기분이지 않았던가. 그러나 나무의 눈으로는 바람과 안개와 사람……, 모든 풍경이 한시도 쉬지 않고 흐르고 있음이 틀림없다.

나무의 눈뿐 아니라 귀, 코, 입, 몸, 의식에 대해서도 유추해본다. 틀림없이 그것들도 나와는 다른 차원에 있으므로 다른 차원에서 사물을 보고, 다른 차원에서 사물의 이치를 깨달을 것이다. 그런 까닭에 종종 나는 나무를 껴안거나 나무에 귀를 댄다. 단순한 친근감의 표시가 아니라 나무의 내면까지도 알고 싶은, 보통 이상의 궁금증을 지녔기 때문이다.

나무의 생김새를 보라. 제멋대로 가지가 뻗어나 어느 하나 대칭을 이루는 것이 없다. 그 생김새는 왼쪽과 오른쪽으로 몸의 기관들이 나뉜 나 같은 사람과는 확연히 다르며, 개와 비둘기, 물고기와 잠자리하고도 다르다. 나는 나무의 그런 비대칭이야말로 사람으로서는 닿을 수 없는 나무만의 독특한 상상력을 유발하리라 추정한다.

어느 때 나무는 의자와도 같은 그늘을 내게 내어주면서 이야기를 건네기도 하지만, 나무의 상상력에 닿지 못하는 나는 그 친절함이 고

마울 뿐, 안타깝게도 무슨 이야기인지 잘 알아듣지 못한다.

봉선사奉先寺 가는 길, 광릉수목원의 울창한 숲을 지났을 때 뭔가 웅웅거렸다. 바람이 나무에 스치는 소리로 여기고 그냥 지나칠 수 있었지만, 나는 그때 미지의 세계를 탐험하는 소년의 눈으로 숲을 바라보았다. 풀잎 하나 바람에 흔들리지 않았고, 새나 다람쥐가 나뭇가지를 건드리고 도망치지도 않았지만 누가 거기에 있는 것 같았다.

부처가 나무 아래를 용맹정진의 자리로 삼았던 까닭은 웰까? 부처가 일생의 중요한 순간을 나무와 함께했다는 사실은 놀랍다. 룸비니 숲의 무우수 아래에서 태어나, 보드가야 숲의 보리수 아래에서 깨달음을 얻었다. 사르나트의 숲에서 처음으로 진리를 설했으며, 마침내 쿠시나가라 숲의 사라쌍수 아래에서 열반에 들었다. 현세의 부처님뿐이 아니다. 미래의 부처님인 미륵 역시 용화龍華 나무 아래서 위 없는 깨달음을 추구하고 있다.

부처님과 제자들은 본래 철저한 무소유자들이었다. 일정한 거처 없이 숲의 나무 밑이나 동굴을 찾아 유행하는 그들에게 왕족과 장자들은 머물 공간을 제공해주었는데, 그 또한 건축물이 아닌 숲園林이었다. 최초의 숲은 마가다 왕국의 빈비사라왕이 시주한 라즈기르의 숲이었다. 우리에게 왕사성으로 알려진 도시의 숲으로, 그 이름이 죽림정사였다. 초기불교에서는 그들을 가리켜 '아란냐카^{aranyaka}'라고 부르는데, 이는 '숲 속에 머무는 사람'이라는 뜻이다. 불상이 없던 시대에는 보리수가 부처님을 상징했다.

광릉수목원 지나는 길은 8.0km. 2시간 20분 정도 소요되는 거리지만, 나무박물관이라고 부르는 수목원 구경에 빠지면 그 이상도 걸린다.

누가 숲에 있었을까. 바로 알아듣지 못했지만 나는 이내 웅웅거리는 소리가 바람이 전하는 아난다의 말소리라는 것을 알았다. 부처를 가장 가까이서 모신 시자였다. 그의 입을 빌려 듣는 부처의 말은 바람처럼 인도 전역에 퍼졌고, 톈산산맥의 차마고도를 지나 중국과 우리나라까지 들렸다. 그 아난다가 나무의 형상으로 광릉수목원에 있으면서 내게 이야기를 전해온 것이었다. '이와 같이 나는 들었다.'라고 시작하는 이야기를.

이와 같이 나는 들었다. 아무리 밤낮을 가리지 않고 수행했지만 결과가 좋지 않은 한 비구가 있었다. 그의 마음 한구석에 회의가 찾아들 즈음 부처가 찾아왔다.

"그대가 속가에 있을 때 리라를 잘 연주했다고 들었네. 리라를 연주할 때 현을 팽팽하게 조이면 듣기 좋은 소리가 나던가?"

"좋지 않습니다."

"그럼, 지나치게 느슨하면 듣기 좋던가?"

"부처님, 리라를 연주할 때는 현의 완급을 적당히 조율해야 합니다. 그렇지 않으면 좋은 소리가 나지 않는 법이지요."

부처가 말했다.

"진리의 길을 걷는 것도 현을 조이는 것과 같다. 의욕이 지나쳐 너무 급하면 초조한 마음이 생기고, 열심히 하려는 뜻이 없으면 태만으로 흐른다. 그러니 극단적으로 생각지 말고 항상 가운데 길로 걸어라. 머지않아 이 속세의 미혹을 벗어나게 될 것이다."

2,600여 년 전의 숲 속에서 스승이 제자에게 전한 은유가 광릉수목원에서도 전혀 바래지 않았다. 빛나는 은유의 나뭇잎이 바람에 뒤집어지면서 햇빛을 털어낸다. 내가 아난다의 소리를 들은 건 수목원의 오래된 숲 때문이었고, 그런 숲으로 온전히 보호해준 광릉 때문이었다.

나무가 유일한 땔감이라 민둥산이 많았던 조선시대에도 광릉의 숲

봉선사 가는 광릉 옆 길

버스는 떠나고 낙엽만 남았다.
어느 가을 봉선사 가는 길에서
낙엽과 함께 길을 걸었다.
2,600여 년 전의 숲 속에서 스승이 제자에게 전한 은유가
광릉수목원에서도 전혀 바래지 않았다.
빛나는 은유의 나뭇잎이
바람에 뒤집어지면서 햇빛을 털어낸다.
내가 아난다의 소리를 들은 건
수목원의 오래된 숲 때문이었고,
그런 숲으로 온전히 보호해 준 광릉 때문이었다.

은 푸르렀으니, 사후에도 막강했던 세조와 그의 왕비 정희왕후의 권력이 숲을 푸르게 했다. 조정은 광릉을 지키려고 일반인의 출입을 엄금했으며, 사령 1명과 참봉 1명을 두어 관리했다.

광릉의 과거사를 짐작하게 하는 것으로 '산직山直'이라는 직책이 있다. 산직은 사하촌에 거주하며 산이나 묘를 지키는 말단관리이다. '산지기가 놀고 스님이 추렴한다'는 옛말이 있는데, 놀기는 산지기가 놀고, 놀이에 드는 돈은 엉뚱하게도 스님이 문다는 뜻이다. 산지기가 세도가의 힘만 믿고 절을 제집 드나들 듯 하며 스님들을 얕잡아보던 시절에 생긴 속담으로, 광릉에서 가까운 봉선사의 과거사를 짐작할 만하다.

봉선사는 세조의 원찰이다. 일주문으로 들어서 대웅전을 향해 곧장 걸어가면 커다란 느티나무 한 그루가 보인다. 정희왕후가 세조를 추모하려고 심은 500년 묵은 나무가 절집에 드는 모든 사람을 내려다본다. 과거가 현재를 내려다본다. 누구라도 이 나무 곁을 지나면 과거로 뒷걸음질 치거나 전생으로 들어선다. 나무 곁을 지나는 남녀노소 가운데 누구는 세조였을지 모르고, 누구는 정희왕후였을지 모른다. 스님이었을지도 모르고, 스님을 괴롭힌 산직이었을지도 모른다.

지금 느티나무 곁을 스님이 뒷짐을 지고 천천히 걷는다. 그 뒤를 템플스테이에 참여한 사람들이 따라 걷는다. 등산객이 걷고, 할머니가 지팡이를 짚고 걸으며, 걸음마를 겨우 배운 아이가 부모 사이에서 걷는다. 뒤에서 보니 모두가 모두 직선을 그리는 길을 걷는 것처럼 보인다. 그러나 우리가 직진한다고 절대적으로 확신한 빛이 대기권 밖에서 지구의 자장에 이끌려 휘어지듯이 그들도 조금씩 원을 그리고 있다. 결국, 우리 모두는 돌고 돌며, 그 원 안에 내가 있다.

어떤 스님이 나의 전생을 스님이라고 전했다. 조만간 봉선사 500년 묵은 나무에 다가가 물을 것이다. 그런데 왜 이생에서는 스님이 되지 못했냐고. ✸

걷는 길   의정부역 1번 출구(21번 버스 승차) ⋯→ 국립수목원 하차 ⋯→ 국립수목원 걷기 ⋯→
　　　　　광릉 걷기 ⋯→ 봉선사
거리와 시간   6km 정도, 2시간 30분 예상

충청도의 절길

경허의 제자 만공스님과 수월스님은
어느 날 같은 자리에 있었다.
수월이 느닷없이 숭늉 그릇을 내밀었다.
"이보게 만공, 이걸 숭늉 그릇이라고도 하지 말고,
숭늉 그릇이 아니라고도 하지 말고
한마디 똑바로 일러 보소."

16

산에서 바다를 찾다

일락사와 개심사, 보원사지,
서산마애삼존불 가는 길

　　　　　경허의 제자 만공스님과 수월스님은 어느 날 같은 자리에 있었다. 수월이 느닷없이 숭늉 그릇을 내밀었다.

　"이보게 만공, 이걸 숭늉 그릇이라고도 하지 말고, 숭늉 그릇이 아니라고도 하지 말고 한마디 똑바로 일러 보소."

　잠시 침묵했던 만공이 숭늉 그릇을 들고 일어났다. 방문을 열더니 다짜고짜 밖으로 내던졌다. 마당에 떨어진 그릇이 산산이 조각났지만 만공은 아무 일 없었다는 듯 자리에 앉았다. 그런 만공에게 수월은 합장하고 고개를 수그렸다.

옛 스님의 선문답을 보면 그 언행이 과격하지만 그 의미만을 곰곰이 따져보면 부처의 시대와 거의 상통한다. 그들의 괴팍한 성정 뒤에는 삶의 근원에 대한 새로운 차원의 접근법이 있다.

만공과 수월, 두 사람의 선문답은 바로 그 자리에서 우리를 향해 돌직구처럼 날아오는 질문이다.

"당신도 한마디 똑바로 일러 보소."

자, 어떻게 대답할 것인가. 당신의 의식이 늘 깨어 있다면 만공처럼 망설임 없이 응답하겠지만 기술과 통신, 교통과 정보의 시대에 살면서도 대부분은 입이 답답할 뿐이다. 아니, 무한경쟁시대에 사는 우리에게 이런 인문학적 질문은 차라리 사치에 가깝다.

"이것 봐요, 열심히 하는 거 잘 알지만, 열심히는 누구나 다하는 거잖아. 무조건 잘해야 하지 않아요?"

돌직구보다 훨씬 기분 나쁜 이런 변화구 같은 질문에 훨씬 더 스트레스가 쌓인다.

현대인에게 스트레스 없는 삶이 가능하기나 할까. 아무리 마음을 다잡으려 해도 직장에서 스트레스 없이 하루를 보낸다는 것은 불가능하다. 스트레스의 내막을 들춰보면 경쟁사와의 관계가 대표적이거니와, 자사 업무에서 오는 상사와 동료와의 불편한 경쟁 관계도 만만치 않다. 회사에서는 어제 대치했던 사람과도 인사를 나누면서 하루를 시작해야 한다. 바깥에서라면 물론 안 보면 그만인 사람이다. 이까짓 직장을 그만두면 된다는 단순한 해결책이 있긴 하지만, 새 직장을 바로 구할 수 있느냐는 문제가 따르고, 설사 직장을 어렵사리 구했더라도 바뀐 직장에서 똑 같은 문제가 반복되지 않으리란 보장은 없다. 결국 나 너 할 것 없이 타인과의 경쟁에서 이겨야만 살아남는다는 문제적 상황에 직면한다. 인류가 대물림해온 약육강식의 카테고리에서 한 발짝도 벗어나지 못하는 절대악의 문제인 것이다. 어떻게 해야 할까?

그 해법을 만공이 보여줬거니와, 더 거슬러 올라가자면 부처에까지 이른다. 부처의 나라 카빌라바스투는 강대국인 마가다와 코살라에 사이에 낀 나라였다. 부처는 저 어린 시절에 목격한 약육강식의 파종식이 상징하듯 언제 침략당할지 모를 약소국 왕자로서 고뇌할 수밖에 없었던 인물이다.

우리가 겪는 스트레스보다도 훨씬 거창한 문제로 고뇌할 수밖에 없었을 때 부처가 선택한 길은 출가라는 '그릇깨기'였다. 부처는 통치의 수레바퀴보다는 깨달음의 수레바퀴를 굴려 세상을 아예 새로운 차원으로 바꾸어버렸다. 그처럼 큰 그릇 앞에는 마가다도 코살라도 한갓 작은 나라, 작은 그릇에 지나지 않았다.

부처와 중생의 차이는 '무엇을 보느냐'이다. 부처는 눈에 보이지 않는 것을 보지만, 중생은 눈에 보이는 것만을 본다. 볼 뿐 아니라 집착한다. 우리 대부분 직장이라는 가시권 안에서 살아남아야 하는 문제로 경쟁한다. 경쟁할 뿐 아니라 집착한 나머지 종종 야비한 수법을 써서 남을 궁지에 몰아넣기도 한다.

부처와 만공은 '승늉 그릇이지도 승늉 그릇이 아니지도 않은' 세상의 모호하고도 비루한 그릇을 깨고 새로운 차원을 열었다. 그러려면 세상을 달리 보는 눈을 가져야 했다. 사실 우리가 직장에서 쩔쩔매는 까닭은 나와 내 직장이 설정해놓은 경쟁사, 내 이기심이 만든 상사와 동료 때문은 아닐까. 나를 자세히 들여다보라. 내 기준과 다른 것을 틀린다고 생각하는 지독한 편견과 그로 인한 집착이 나를 힘들게 한다는 사실이 보이지 않는가.

그렇다면 나를 바꾸는 일이야말로 세상을 바꾸기 위한 첫걸음임을 알아차릴 수 있다. 부처는 바로 나부터 바꿔야겠다는 마음가짐으로 공허한 신들의 공허한 위계질서와 다름없는 인간 사회의 구조적 모순을 차례차례 허물기 시작했다.

첫 혁명은 여인들에게서 시작됐다. 부처가 머문 바이샬리로 500여 명의 사카족 여인이 맨발로 찾아왔다. 아내 야소다라와 양모 마하프라자파티가 여인들을 이끌고 왔다. 모두 출가를 결심한 여인들이었다. 당시 인도에서 여성의 지위는 노예나 천민에 가까웠다. 여성 출가자를 받아들인 부처의 결단은 여성해방을 이뤄내기도 했지만, 신도 고치지 못한다는 카스트 제도를 뒤엎은 일대 혁명이었다. 여성이 수행자의 신분으로 격상하니 똥통을 짊어지고 길을 가다 부처의 옷자락을 더럽힌 불가촉천민 니디에게도, 제 어머니마저 죽음의 제물로 바치려 했던 살인자 앙굴리말라에게도 기회가 왔다. 이발사 우바리가 비구계를 받았을 때 부처는 나중에 출가한 왕족 출신들에게 말했다.

"바다는 수많은 강물을 모두 받아들이지요. 우리 승가도 신분을 가리지 않고 모두 받아들여야 합니다. 올바른 법과 율이 있을 뿐 승가는 평등합니다. 계를 받은 순서에 따라 예를 다할 뿐 신분과 귀천의 차별은 여기에 없지요."

바다, 부처가 밤낮없는 혁명정신으로써 일궈낸 또 다른 경작지이다. 부처의 평등심을 닮아 바다는 넓고 평평하다. 바다가 육지로 들어와서 생긴 내포문화숲길을 걸으면 그래선지 마음의 언덕이 한없이 낮아지고 너그러워진다.

내포, 말 그대로 '내륙에 들어앉은 포구'이다. 포구가 들어앉았으니 천수만과 아산만, 가로림만에 연결된 무한천, 삽교천 등 하천을 통해 바닷길도 따라 들어온다. 내포문화숲길은 가야산을 중심으로 서산, 당진, 태안, 홍성, 예산, 아산을 잇는 320km 길이다. 이 길에는 천장사, 일락사, 개심사, 보원사, 부석사, 수덕사 등의 절이 있는데, 나는 오늘 일락사日落寺를 출발점으로 삼아 걸을 수 있는 데까지 걸으려 한다.

일락사日樂寺는 가야산 줄기 일락산에 기대앉은 절이다. 가야산이 몸통이고 팔다리를 이루는 줄기산마다 절을 품었으니 상왕산에 개심사가 있고, 덕숭산에 수덕사가 있다. 그런데 정작 몸통인 가야산에 절이 보이지 않는 까닭은 무엇일까?

1846년, 구한말의 세도가 흥선대원군이 고려시대 나옹선사가 세운 가야사를 불태우고 그의 아버지 남연군 이구의 묘를 그 자리에 이장하는 바람에 빈자리가 생긴 것이다. 1868년, 독일 상인 에른스트 오페르트는 남연군묘를 도굴하려다 관을 에워싼 두껍고 단단한 회벽을 뚫지 못해 실패했다.

사라진 가야사를 생각하면서 걷다 보니 일락사로 가는 숲길 곳곳에서 기왓장 조각이 발에 채는 것 같다. 그런데 이상했다. 경주 남산을 거닐었을 때의 기대감과는 다른 감정이 길 위에 쌓인다. 그것은 쓸쓸함이었다. 경주 남산과 마찬가지로 가야산 기슭에도 절이 많았다고 한다. 그러나 모퉁이만 돌면 하다못해 목 없는 불상, 허물어진 탑이라

내포문화숲 길

사라진 가야사를 생각하면서 걷다 보니
일락사로 가는 숲길 곳곳에서
기왓장 조각이 발에 채는 것 같다.
그런데 이상했다.
경주 남산을 거닐었을 때의 기대감과는
다른 감정이 길 위에 쌓인다.
그것은 쓸쓸함이었다.
백제 불교는 잡초에 덮인 정도가 아니라,
두꺼운 지층 아래로 사라진 느낌이었다.

도 나타났던 경주 남산과는 사뭇 달랐다. 백제 불교는 잡초에 덮인 정도가 아니라 두꺼운 지층 아래로 사라진 느낌이었다. 절터와 탑이 있던 자리라고 고고학자들이 추측한 곳이 가야산 줄기에만 100개가 넘는데도 말이다.

"대적광전 뒤 언덕에 월락사 절터가 있어요. 한번 가보실까요?"

찻잔을 내려 놓고 일락사 주지 경학스님이 의향을 물었다. 사라진 백제의 절들 이야기를 주고받은 끝에 나온 말이었다. 월락사月樂寺라니? 스님을 따라 대적광전 뒤로 비스듬히 누워있는 언덕에 올라가니 우물, 주춧돌, 탑의 깨진 기단부……, 절터임이 분명한 흔적들이 보였다. 일락사와 월락사, 어쩐지 한 집에 사는 남매 이름 같다. 남매가 살았던 절이냐고 스님에게 물으니 빙긋 웃으며 아는 바가 없다고 한다. 신라 문무왕 때 의현선사가 세운 천년고찰 일락사는 천주교도들의 순교지 해미읍성의 객사를 중수하면서 함께 보수한 것으로 기록에 남아 있다.

일락사를 나와 개심사開心寺로 가는 내포문화숲길은 산수유나무가 길을 여는 숲길이다. 그 스님이 살았던 서세동점西勢東占의 세상에도 이 길에 산수유가 가득 차서 봄바람에 흔들렸을까. 등에 걸망을 메고

한손에 주장자를 쥔 육 척의 스님이 내 앞을 걷고 있다. 송동욱이란 속명으로 세상에 태어나서 박난주란 이름으로 세상을 떠난 선승 경허였다.

개심사에는 비승비속非僧非俗으로 세상을 살다간 경허의 궤적이 있다.

그가 누워있는 방에 혜월이라는 스님이 찾아와 다짜고짜 물었다.

"스님, 관음보살이 북으로 향한 뜻이 무엇입니까?"

"그것 말고, 또?"

졸고 있던 경허가 불상처럼 눈을 반개한 채 되물었다. 혜월이 방문 밖에서 한쪽 주먹을 높이 들었다. 경허가 부스럭 일어났다.

"들어와 앉으라."

만공과 수월에 이은 경허의 또 다른 제자인 혜월과의 사제관계는 이렇듯 돌장승이 아이를 낳는 묘리妙理로써 개심사에서 맺어졌다.

개심사는 마음의 문이 열리는 절이다. 그 문은 살아남고자 아등바등해야 열리는 문이 아니라 자신을 바꿔야만 스르륵 열리는 문이다. 마음을 바꾸면 모든 것이 걸림 없이 자연스러워진다. 그렇다면 개심사 심검당의 '구불구불한 기둥'은 열린 마음의 경지를 회화적으로 표현한 것이라고 생각해도 무방하다.

마음은 저절로 열리지 않는다. 마음은 열린 마음 앞에서만 열린다.

마음이 열려 있다면 개심사는 언제 가도 좋다. 내가 개심사에 갔을 때는 꽃 좋은 봄날이라 꽃과 함께 마음도 열리는 느낌이었다. 그러나 그것은 어디까지나 느낌일 뿐.

내포문화숲길임을 알리는 표지판을 따라가다 보니 개심사 주차장에 이르렀다. 세심동洗心洞, 마음을 닦는 골짜기란 뜻의 표석을 지나 일주문에 들어서니 야트막한 소나무길이 열리고, 그 길을 갈지之자로 돌아 올라가니 안양루가 나온다.

안양루 앞으로 장방형의 연못이 보인다. 백제계 연못의 전형으로, 일본의 동대사 부근에도 비슷한 연못이 있다. 개심사에 온 어린아이마다 놀이 삼아 이 연못에 걸린 외나무다리를 건넌다. 일주문에서 연못까지 오는 동안 마음이 잘 닦여져선지 나도 어린아이처럼 연못을 건너고 싶어졌다. 외나무다리를 건너는 내 어린 마음이 산벚나무와 매화나무와 배롱나무의 알록달록한 그림자 곁을 지난다.

상왕산 남쪽 기슭에 세운 개심사는 백제 의자왕 때 혜감스님이 창건했다. 우리나라의 사찰 중에 드물게 임진왜란의 전화를 입지 않아 옛 목조건물의 자태를 유지한 전각이 꽤 여러 채다.

이 절을 세상에 널리 알린 전각은 '심검당尋劍堂'이라는 현판을 단, 단청도 하지 않은 요사채다. 심검은 번뇌를 끊는 서슬 푸른 반야검인

개심사 연못 징검다리

개심사에 온 어린아이마다
놀이 삼아 이 연못에 걸린 외나무다리를 건넌다.
일주문에서 연못까지 오는 동안 마음이 잘 닦여져선지
나도 어린아이처럼 연못을 건너고 싶어졌다.
외나무다리를 건너는 내 어린 마음이
산벚나무와 매화나무와 배롱나무의
알록달록한 그림자 곁을 지난다.

데, 이 전각의 나무는 대패나 끌을 대지 않아 구불구불하거나 둥그스름하다. 현판의 글씨와 나무기둥의 묘한 부조화는 무엇을 의미할까? 부족한 자재로 절을 짓다 보니 그리 됐을 뿐 아무런 의미가 없을지도 모른다. 그러나 지혜의 칼을 찾는다는 의미로 심검을 보니 무딘 칼날이 외려 어울릴 듯도 싶다. 경허가 이 심검당에서 용맹정진했다는데, 혜월을 처음 맞이한 문제의 그 방인지도 궁금했다.

개심사에서 보원사지로 가려면 산신각을 끼고 도는 조붓한 언덕길을 올라야 한다. 누군가 '아라메길'이라고 쓴 노란 리본을 나뭇가지에 매달아 놓았다. 바다와 산이 만나는 길이라는 뜻인데, 개심사 뒤 언덕길은 내포문화숲길과 아라메길이 마주치는 길이었다.

아라메길이라는 합성어 때문인지 보원사지로 가는 길에선 어쩐지 지도에도 없는 바다를 만날 것 같았다. 그런 일이 생기진 않았지만 언덕길 꼭대기에서 보니 서해바다가 있음직한 곳에 구름이 내려와 앉았다. 구름이 걷히면 당진唐津이 그 옛날 그대로의 모습으로 등장하지 않을까? 항구에 정박한 돛단배들과 그 배에서 물건을 나르는 백제인 선원과 신라인 무역상, 경전을 옆구리 끼고 배에서 내리는 당나라 스님들을 상상하며 내려서는 길에서 갑자기 앞이 탁 트인다. 5층 석탑과 당간지주가 남아있을 뿐인 절터가 거대한 폐선처럼 나타났다. 보원사지였다.

보원사는 개심사와 서산마애삼존석불 사이에 놓인 절이었다. 백제의 절 강당사講堂寺가 보원사의 전신이라는 이야기와 삼국을 통일한 신라가 점령지 백제 땅에 세운 화엄 10찰의 하나라는 이야기가 엇갈리지만 정확한 기록은 없다.

눈에 띄는 건 보원사지 한 귀퉁이에 있는 자그마한 절집이었다. 지은 지 얼마 안 돼 보이는 이 절의 현판은 놀랍게도 보원사였다. 양주 회암사지 부근에도 회암사가 있듯이 복원을 꿈꾸는 절임을 잠시 후 알아차렸다.

새 보원사가 있는 곳에서 나는 다시 바다에 대한 기대에 차서 용현계곡이 흐르는 길로 향했다. 용현계곡에 비친 나무 그림자에 기우는 해가 걸려 있었다.

저녁 무렵 나는 이윽고 다리를 건너 '백제의 미소'로 우리에게 잘 알려진 서산마애삼존석불을 친견했다. 가운데 석가부처, 오른쪽에 미륵부처, 왼쪽에 제화갈라보살이 각각 현재와 미래와 과거의 시간을 가리키면서도 하나의 통일된 시간 속에 존재하고 있었다. 돌 속에 새겨진 것은 세 부처뿐 아니라 시간이었다. 몸은 각자였지만 시간이 같으니 세 부처가 한결같이 미소를 머금을 수밖에.

바다가 가깝다는 서산에서 나는 끝내 바다를 만나지 못하고 서울로 돌아와야 했다. 시간에 떠밀려 버스에 올라탄 나는 창문에 어른거리는 움베르토 에코의 문장을 보았다. 장미의 이름이라는 소설의 주인공 윌리엄 수도사가 나레이터에게 전했다는 말을 여기에 옮겨본다.

그때 사부님은, 우주라고 하는 것이 아름다운 까닭은, 다양한 가운데도 통일된 하나의 법칙이 있기 때문이기도 하겠지만 통일된 가운데에서도 다양하기 때문일 수도 있는 것이라고 대답했다. ◉

걷는 길　일락사 ···▸ 개심사 ···▸ 보원사지 ···▸ 서산마애삼존석불
거리와 시간　9km 정도, 4시간 예상

17

나라고 할 만한 게 없다

장곡사 가는 길

"구경꾼 놈들의 간덩이를 덜컹덜컹 놀라게 해 주란 말야. 재주를 좀 부려, 재주를."

어느 봄날, 출렁다리를 건널 때 이청준의 단편소설 '줄'이 생각났다. 그중 서커스 단장이 줄광대 허 노인을 나무라는 대사를 나는 중얼거렸다.

천장호 출렁다리는 우리나라에서 가장 길고 동양에서도 둘째가는 현수교라고 한다. 누구의 발상인지 다리 중간쯤에 구멍 숭숭 뚫린 철망을 깔아 천장호를 아찔하게 내려다보게 했다. 앞서가던 도반 하나가 손잡이 줄을 흔들어 뒤따르던 여성의 입에서 비명이 나왔다. 등산객들이 긴 다리를 건널 때 흔히 하는 장난이지만 변함없이 웃음을 유발한다.

1979년 담수를 시작한 천장호는 갈수기에도 바닥을 드러내는 일 없이 사시장철 잔잔한 물결을 이룬다. 농경지에 물을 대기 위해 인공으로 조성한 저수지가 칠갑산과 어우러져 한 폭의 풍경화를 그려낸 것이었다. 자연스레 구경꾼들이 몰려왔다.

물은 불과 공기, 바람과 더불어 고대로부터 우주만물을 구성하는 4가지 요소의 하나이다. 천장호가 생기면서 천장호의 환경과 그 주변에 살던 사람의 생활이 개선되었다는 건 사람과 자연이 조화를 이룬 본보기지만 그러려면 사람과 사람이 먼저 조화를 이뤄내야 한다.

그래야 하는 까닭을 부처의 시대에서도 찾아볼 수 있는데, 바로 사카족과 콜리야족의 물싸움이다.

로히니강을 사이에 둔 사카족과 콜리야족 땅에 가뭄이 든 건 어느 여름이었다. 농부들은 물 한 바가지라도 더 대려고 새벽부터 물을 날랐지만 논바닥은 타들어 가기만 했다.

바닥을 드러낸 로히니강처럼 두 부족의 오랜 친교와 인내심도 바닥을 드러냈다. 그들은 얼마 남지 않은 물을 서로 양보하라며 싸웠다. 언쟁으로 시작된 싸움은 주먹질로 변했고 급기야 두 부족이 전쟁을 벌일 태세로 급변했다. 칼과 창을 무기고에서 꺼냈을 뿐 아니라 기마 부대와 코끼리 부대까지 동원했다.

사카족과 콜리야족은 옥카카왕의 후손으로, 두 부족의 시조는 각각 옥카카의 왕자와 공주였다. 따지고 보면 친족이자 자매 사이라 강을 하나 사이에 두고도 서로 자기 영역을 지킬 수 있었다.

강을 사이에 두고 서로를 향해 창칼과 활을 겨누고, 술 취한 코끼리들과 재갈을 물린 말들이 금세라도 대열에서 뛰쳐나가려 앞발을 높이 쳐들었을 때였다. 부처가 강둑을 따라 전쟁터로 다가오고 있었다. 드높던 아우성과 먼지가 한순간 잦아들었다. 부처는 창칼을 내려 놓고 엎드린 양쪽 군사들을 번갈아 바라보았다.

"강물과 사람 중에 무엇이 더 소중합니까?"

그야 사람이 훨씬 소중하다고 모두 입을 맞추었다.

"그런데도 물을 위해 사람의 목숨을 버리겠다고요? 로히니 강바닥을 피로 채우렵니까?"

부처는 손을 들어 먼 히말라야를 가리켰다.

"저 히말라야의 숲은 거센 태풍이 불어도 온전합니다. 수많은 나무와 덤불과 잡초가 서로 뒤엉켰기에 무엇 하나 다치지 않지요. 하지만 넓은 들판에 홀로 선 나무를 보십시오. 지금은 무성한 잎을 자랑하지만 태풍이 휩쓸면 뿌리째 뽑히고 맙니다."

부처는 자연을 통해 사람과 사람이 조화를 이루어야 하는 섭리를 가르쳤다. 사람과 사람이 조화를 이뤄야만 사람과 자연이 또한 조화를 이룰 수 있는 관계이며, 사람과 사람과의 관계가 회복될 때라야만로히니 강의 메마른 바닥에도 물이 흐를 수 있는 관계였다. 모든 관계가 평화로이 공존하기를 부처는 소망한 것이었다.

다리를 건너와서 돌아보니 과연 최장의 현수교답게 다리가 시작되는 지점이 센 햇빛에 잠겨 있었다. 천장호 수면 위로 기슭의 언덕이며 정자가 데칼코마니를 이루었다. 뿌리째 뽑혀서 떠내려온 갈참나무 하나가 호수에 머리를 풀고 있었지만 그조차도 부처가 말한 자연의 어떤 섭리인 양 그리 흉해 보이지 않았다.

천장호는 칠갑산에 올라서도 한동안 시야를 떠나지 않았다. 철계단을 밟아 오르는데 알싸한 바람이 얼굴을 스치고 지나갔다. 멀리서 천장호를 내려다보니 물가에서 화르르 타오르는 꽃들이 초파일에 절을 둘러싼 연등 같았다. 산 아래뿐이 아니었다. 산 위에는 벌써 꽃이 피고 지고, 다시 피면서 봄이 행진하고 있었다. 조팝나무 꽃과 수수꽃다리가 파르르 바람에 흔들리고, 생강나무와 산수유나무는 져버린 꽃 대신 잎이 흔들렸다. 5월에 핀다는 병꽃나무와 고광나무도 미리 흔들리고 있었다. 꽃 피는 자리가 수시로 바뀐다. 전선 위에 앉아있던 새들이 공중에 날아올랐다가 다시 내려앉으면서 자리를 바꾸는 모양새다. 봄은 공중재편성의 시기이다. 내가 칠갑산에 갔을 때는 진달래꽃에서 개나리꽃으로 재편성되는 시기였다.

칠갑산은 아라비아숫자 7을 화두로 품은 산이다. 마야 왕비의 옆구리에서 태어난 부처는 일곱 걸음을 걸었다. 보리수 아래서 깨달은 후에도 부처는 일곱이란 숫자와 인연을 맺는다. 하루에 한 번씩 자리를 바꿔가며 보리수 곁에 있는 나무들 아래 앉았는데 모두 일곱 나무였다. 그때 이미 깨달음의 기쁨을 여러 나무, 여러 사람에게 나눠주기를 무의식이 소망했던 것 같다. 부처와 깨달음의 기쁨을 함께했던 나무는 보리수 말고도, 라자야타나나무, 리파나나무, 문린나무, 아유타라니구나무, 반얀나무, 가리륵나무이다.

얼마 전 지하철 광고에선가, 어울림이란 글자의 맨 끝에 한글 대신 林자를 써서 어울林으로 표기한 글자를 보았다. 숲이라는 생태계를 기막히게 표현했다는 생각이 들었다. 우리 시대에도 사카족과 콜리야족이 있어 그 옛날 부처가 그리했듯이 숲의 교훈을 통해 국민 화합을

봄이면 꽃 피는 자리가 수시로 바뀐다.
전선 위에 앉아있던 새들이
공중에 날아올랐다가 다시 내려앉으면서
자리를 바꾸는 모양새다.
봄은 공중 재편성의 시기이다.
장곡사는 칠갑산에 기대앉아
멀리 금강을 내려다보는
어엿한 모습과는 달리
수수께끼를 품은 절이다.
한 절에 대웅전이 둘이나 배치된
특이한 가람구조 때문이다.

장곡사

강조하려는 의도였다.

칠갑산 정상^{561m}에 오르는 숲길에도 기막힌 어울林이 있다. 바로 연리지와 연리근의 나무 군락지이다. 우연히 한둘 정도면 모르겠으되, 수십 그루 이상이 한군데 모여 있는 건 여태 본 적이 없었다.

칠갑산은 전형적인 육산이다. 등산을 해보면 작은 바위 하나가 나타나도 끔찍하게 꺼리는 사람이 종종 있는데, 칠갑산이라면 얼씨구, 춤을 추면서 능선을 오르내릴지도 모른다.

정상을 지나 S자로 구부러진 능선길을 몇 구비 돌면 장곡사^{長谷寺}로 내려서는 갈림길이 나온다. 키 큰 나무들이 빼곡히 들어찬 숲길을 지나자 상대웅전과 하대웅전을 가리키는 화살표가 보였다.

장곡사는 칠갑산에 기대앉아 멀리 금강을 내려다보는 어엿한 모습과는 달리 수수께끼를 품은 절이다. 한 절에 대웅전이 둘이나 배치된 특이한 가람구조 때문이다. 두 개의 대웅전을 둘러보다가 얼마 전 답사한 가야산 기슭의 일락사가 생각났다. 일락사 본전 바로 뒤에 월락사가 있었다 하니 그 비슷한 경우 아닐까. 상대웅전과 하대웅전, 두 전각이 방향까지 달리한다니 그럴 개연성이 농후했다.

각각의 대웅전을 살펴보면 수수께끼 절임이 더욱 실감 난다. 상대웅전이든 하대웅전이든 석가모니불을 안치해야 하는데도 상대웅전에

장곡사 하대웅전

장곡사 상대웅전과 하대웅전의 불상들 역시 전각과 마찬가지로
몸체와 광배가 다른 재질이거나 다른 연대의 것들이다.
석조광배가 달렸던 자리에 목조광배가 달렸고,
몸은 고려시대 양식이나 광배와 대좌는 조선시대 것을 붙이기도 했다.
부처가 일찍이 장곡사에 다녀갔었나?
장곡사의 전각과 불상들엔 나라고 할 만한 게 없었다.

는 비로자나불과 약사불, 하대웅전에는 약사여래불이 있으니 원칙에 어긋났다. 작은 절인데도 두 개의 국보와 네 개의 보물을 지녔다는 사실을 알면 놀라지 않을 수 없다. 상대웅전 기둥은 고려 시대의 양식이고, 기둥이 떠받친 지붕은 조선시대 양식이다. 두 구조물은 400여 년의 시간을 극복하여 별로 어색하지 않다. 보물 제162호이다.

상대웅전은 불상 셋이 법당을 가득 채우고 있다. 1777년의 '상대웅전 중수기'에 따르면 석불이 5불이나 있었다고 한다. 현재는 철조비로자나불과 철조약사불, 소조아미타불이 남았다. 보물 제174호이다. 그 오른쪽의 철조약사여래불도 광배, 대좌와 함께 국보 제58호로 지정돼 있다.

하대웅전은 그 자체가 보물 제181호이다. 법당 안에 들어서면 정면으로 금동약사여래가 앉아 있다. 몸길이는 88cm로, 법당에 비해 작고 빈약한 크기지만 보물 제337호이다.

상대웅전과 하대웅전의 불상들 역시 전각과 마찬가지로 몸체와 광배가 다른 재질이거나 다른 연대의 것들이다. 석조광배가 달렸던 자리에 목조광배가 달렸고, 몸은 고려시대 양식이나 광배와 대좌는 조선시대 것을 붙였다.

장곡사의 전각과 불상들을 보자 사르나트 녹야원에서 초전법륜을

굴리던 부처가 생각났다.

"에히 비쿠!"

다섯 비구에게 차례로 구족계를 내려주고서 부처는 말했다.

"비구여, 물질은 영원불변한 내가 아닌 까닭에 병들고, 물질은 자유자재한 내가 아닌 까닭에 내 뜻대로 되지 않는다. 물질은 영원한가, 무상한가?"

"무상합니다, 세존이시여."

"무상한 것은 괴로움인가, 즐거움인가?"

"괴로운 것입니다."

"무상하고 괴롭고 파괴되는 본성을 가진 그것들을 두고 과연 이것은 나다, 이것은 나의 것이다, 할 수 있는가?"

"그럴 수 없습니다."

부처가 일찍이 장곡사에 다녀갔었나? 장곡사의 전각과 불상들엔 나라고 할 만한 게 없었다. ◉

걷는 길 마치고개(천장리) ⋯▶ 천장호 ⋯▶ 출렁다리 ⋯▶ 칠갑산 정상 ⋯▶ 삼형제봉 갈림길 ⋯▶ 장곡사 상대웅전, 하대웅전 ⋯▶ 칠갑산 도립공원 주차장

거리와 시간 11km 정도, 4시간 예상

전라도의
절길

해는 구름이나
비에 가려 보이지
않을 때도 있으나,
부처의 청정법신인 비로자나불은
언제나 온 세상을 비춘다.

18

새해 일출을 보러 가다

향일암 가는 길

아주 먼 옛날에는 신이 남아돌아갈 정도로 많았나 보다. 지수화풍地水火風처럼 우리에게 꼭 필요한 자연물뿐 아니라 각종 동식물을 신격화했다. 일상의 요소요소에 신이 깃든다고 믿어 부엌을 지키는 조왕신을 섬겼으며, 다신교가 뿌리내린 일본에서는 심지어 도낏자루까지 섬긴다는 이야기도 들린다.

신은 또한 인간을 닮았으니, 신계神界를 보면 최고신과 최고신을 중심으로 구성된 신들의 위계질서가 있었다. 인간의 사회구조를 그대로 반영하는 것과 다름이 없다.

한때 부처가 신 중의 신으로 군림할 수 있었던 것도 인도인의 계급 의식이 빚어낸 산물이다. 인도인은, 부처가 자연계에서 가장 위대한 해에 버금가는 존재이기를 희망해서 그 이름에 바이로차나^{vairocana} 라 덧붙였다. 비로자나는 해의 광명을 뜻하는 바이로차나의 인도말 음사 이다. 한문으로 번역하면 대일여래이다.

사찰에서는 대적광전^{大寂光殿} 이라는 이름으로 비로자나불을 모시는 데, 크나큰 선정^寂 과 크나큰 지혜^光 를 품었다는 뜻이다.

부처를 해에 비유하기는 했으되, 그 차이점이 없지는 않다. 해는 구름이나 비에 가려 보이지 않을 때도 있으나, 부처의 청정법신인 비로자나불은 언제나 온 세상을 비춘다.

여수반도 최남단에 솟은 금오산^{323m} 에는 해의 형상으로 바다 위에 떠오르는 부처를 보러 사람들이 몰린다. 그들은 금오산 정상에 오르기도 하지만 대부분은 해안선을 따라 절벽을 이룬, 150여m 높이의 향일암^{向日庵} 에서 해를 맞이한다. 특히 해가 바뀌는 시기엔 하루에 30여 만의 인파로 발 디딜 틈이 없다.

일출 명소라지만 향일암에 막상 가보면 제대로 된 일출을 볼 수 없을 때가 많다. 그렇지만 바다를 물들이는 불그레한 햇빛만으로도 사람들은 기분 좋은 아침을 맞이한 듯 얼굴이 밝다. 언제 어느 때고 두루 세상을 비추는 비로자나불의 존재를 굳게 믿는 까닭이리라.

향일암은 동해의 낙산사 홍련암, 서해의 석모도 보문사와 더불어 3대 관음성지이다.

금오산에 올라 향일암에 가려면 세 가지 코스가 있다. 향일암 일주문에서 포장도로를 따라 올라가는 길, 율림치 주차장에서 '유인김해김씨묘'를 지나 능선을 타고 오르는 길, 죽포 삼거리를 기점으로 삼아 봉황산을 넘어오는 길. 이 가운데 첫째와 셋째는 너무 짧거나 긴 코스이다.

서울에서 밤버스를 타고 내려온 나와 도반들은 두 번째 코스 율림치를 들머리로 삼기로 했다. 버스에서 내린 우리는 한동안 제자리에서 하늘을 올려다보았다. 개밥바라기별이 총총 빛났으나 그믐달은 캄캄한 밤에 손톱을 박은 채 묵묵했다. 밤하늘을 올려다보는 얼굴들에서 일출을 볼 수 있으리란 의견과 그렇지 않으리란 의견이 갈렸으나 잠시뿐이었다. 우리는 이내 금오산 들머리를 찾아 걸었고, 헤드랜턴과 손전등 불빛이 어둠을 뚫고 능선과 골짜기 이곳저곳을 깨웠다. 불청객을 맞이한 나무와 바위와 흙들이 부스럭거린다. 겨울날의 새벽 추위는 남도라고 해서 비껴가지 않았다. 소백산이나 덕유산처럼 칼바

향일암에서 올려다 본 초승달

서울에서 밤버스를 타고 내려온 나와 도반들은
두 번째 코스 율림치를 들머리로 삼기로 했다.
버스에서 내린 우리는 한동안 제자리에서 하늘을 올려다보았다.
샛별이 총총 빛났으나
그믐달은 캄캄한 밤에 손톱을 박은 채 묵묵했다.

람이 불진 않았지만, 이따금 찬바람이 불었고 마른 나무들이 스산하게 울었다.

금오산 정상인 323m봉우리를 지난 우리는 예상보다 일찍 315m봉우리에 도착했다. 정상과 비슷한 높이로 겹쳐 있는 봉우리인데 금오산에서 가장 조망이 넓게 트이는 곳이었다. 날은 아직 어두웠다. 북쪽 하늘과 봉황산이 희미하게 경계를 이룰 뿐, 백야도, 횡간도, 화태도의 섬들과 멀리 있는 고흥반도의 팔영산이 새벽 어스름에 잠겨 적막했다.

능선에 부는 바람이 차서 우리는 몸을 잔뜩 움츠리고 걸었다. 그 모습이 줄지어 바다로 기어가는 거북이 무리 같았는데, 마침 우리가 오른 산이 바다로 기어가는 금거북이 형상이라는 금오산이었다. 250m봉우리를 향해 걷는 동안 먼바다의 수평선이 약간 동요하는 기색이었다. 250m봉에 닿자 바다와 하늘에 걸쳐있는 구름에 붉은빛이 살짝 감돌았다. 바다는 여전히 캄캄했으나 동이 터오는 하늘은 차고 새파랬다.

"수평선에 구름이 차오르는 걸 보니 오늘도 일출 보긴 어려울 거 같네."

"여기 와서 제대로 된 일출 본 게 딱 한 번이었나? 거북아 거북아,

어서 머리를 내놓아라. 내놓지 않으면 구워 먹으리."

주고받는 말끝에 누군가 삼국유사에 나오는 구지가龜旨歌를 읊조렸다.

향일암에서 우리가 서 있는 봉우리를 보면 영락없는 거북이다. 향일암의 본래 이름은 영구암靈龜庵이었다. 신령스러운 거북이산에 들어선 절이므로 그런 이름이 붙여졌음이 틀림없다. 거북은 옛사람의 의식 속으로 들어가 다양한 문화적 스펙트럼으로 나타났고, 산이 많은 우리나라에선 산악신앙으로 발전했다. 향일암과 금오산이 그 대표적인 본보기이다.

수평선과 나란히 주홍색 구름띠가 일자진을 펴기 시작했다. 그 아래 해가 잠복했을 테지만 정확히 어느 지점에서 떠오를지 오리무중이었다. 하늘은 검푸른 접시에 홍합을 까서 속을 내놓은 듯 알록달록했다. 다들 해무를 뚫고 둥근 해가 솟아오르기를 기대해서 목을 내놓고 바다를 내려다보는데 누군가 맥 빠진 소리를 했다.

"일출 보긴 글렀어."

그러나 실망은 잠시뿐, 꼭 둥근 해를 봐야만 일출을 본 것인가. 남도바다에서 세상이 깨어나는 원초적 풍경만으로도 도반들은 충분히 감격한 표정이었다. 삼라만상에 존재이유가 있듯이 아침 해가 구름 뒤에 숨은 것도 다 이유가 있으리라.

향일암

일출 명소라지만 향일암에 막상 가보면
제대로 된 일출을 볼 수 없을 때가 많다.
그렇지만 바다를 물들이는 불그레한 햇빛만으로도
사람들은 기분 좋은 아침을 맞이한 듯 얼굴이 밝다.
언제 어느 때고 두루 세상을 비추는
비로자나불의 존재를 굳게 믿는 까닭이리라.

다도해의 섬들을 붉게 물들인 햇빛이 점점 옅어지자 우리는 향일 암에 가려고 철제계단을 밟았다. 날이 훤해져 거북이 등껍질 무늬의 크고 작은 바위들이 모습을 드러냈다. 화산에서 분출한 용암이 식으 면서 육각형 또는 오각형의 주상절리가 생긴 것이지만, 그보다는 천 개의 거북이 천 개의 경전을 바다로 옮기는 중이라는 상상이 여기서 는 훨씬 그럴싸하지 않을까.

향일암에 들어가자 낯익은 전각들이 차례로 눈에 띄었다. 눈길을 더듬어 대웅전 뒤로 난 좁은 길을 찾아냈다. 거대한 암벽이 포개진 사 잇길을 따라 원효가 수도했다는 상관음전으로 갔다.

다시 망망대해가 펼쳐진다. 아침 햇살이 널리 퍼져서 먼바다의 섬 들이 깨어났고, 고기잡이배들은 벌써 해가 뜨는 쪽으로 나아가고 있 었다. 빛나는 생활의 풍경이었다.

상관음전은 향일암의 구조를 확실히 알고 일출을 보러 오는 사람 들이 찾는 장소지만, 대부분은 그저 관세음보살을 친견하러 왔다가 저도 모르게 명당터에 발을 디딘다. 나는 풍수지리에 대해 그리 호의 적이지는 않지만 마음의 상처가 깊은 사람이라면 향일암 상관음전을 찾아보라고 권하고 싶다. 어떤 소망이라도 들어준다는 관세음보살이 거기 있어서가 아니라, 마음을 치유하기에 알맞은 온도를 지니고 있

향일암 관음전

관세음보살은 칭념하면 어떠한 고난이나 재액에도 끄떡없을뿐더러
소원을 성취할 수도 있다.

칭념을 통해서 관세음보살과 중생이 하나가 되고,
하나가 된 세계에서 자비의 원력이 작동한다.

여수 향일암은 3대 관음기도처이다.

임포리로 내려서는 언덕길

향일암에서 임포리로 내려가는 언덕길에는
그 지역 명산물인 돌산갓과 홍합 파는 가게가 길가에 줄을 섰다.
해산물 곁에 일종의 옵션처럼
동동주 항아리를 좌판에 두어 지나는 사람들의 눈길을 끈다.
언덕길을 잠시 멈춰 서서 동동주 한잔에,
갓김치 한쪽 입에 넣어보라.
가슴이 무너지듯 뻥 뚫리는데,
어디 가슴뿐인가.
임포리에 정박한 배, 옆구리에 쓰인 글자까지 보일 정도로
눈이 밝아진다.

기 때문이다. 향일암 상관음전은 법당 안에 들어가지 않더라도 바깥에서부터 묘하게 훈풍이 감돈다. 따뜻한 공기에 싸인 몸에서 관세음보살의 손길이 느껴진다.

일출을 보러 향일암에 다녀오면 비로자나불이나 관세음보살 못지않게 생각나는 것이 일주문밖에서 임포리로 이어진 언덕길이다. 그 지역 명산물인 돌산갓과 홍합 파는 가게가 길가에 줄을 섰다. 해산물 곁에 일종의 옵션처럼 동동주 항아리를 좌판에 두어 지나는 사람들의 눈길을 끈다. 언덕길을 잠시 멈춰 서서 동동주 한잔에, 갓김치 한쪽 입에 넣어보라. 가슴이 무너지듯 뻥 뚫리는데, 어디 가슴뿐인가. 임포리에 정박한 배, 옆구리에 쓰인 글자까지 보일 정도로 눈이 밝아진다. ⊛

걷는 길 대율마을 ⋯▸ 율림치 ⋯▸ 정상 ⋯▸ 315m봉 ⋯▸ 250m봉 ⋯▸ 향일암 ⋯▸ 임포리
거리와 시간 4.5km 정도, 2시간 30분 예상

19

삶이 힘겨운 당신,
다산유배길을 걸으시라

다산유배길 걸어 백련사 가는 길

지구는 둥글고 사방의 땅은 평평하다. 그러니 내가 있는 곳보다 더 높은 곳은 세상에 없다.

다산의 이 글을 처음 보았을 때 내 관자놀이는 짜릿했다. 전남 강진군 도암면 만덕리 다산수련원 앞에서였다. 팻말에 쓰인 다산의 글에서 유배지에서의 비탄이나 적막감, 언제 죽을지 모른다는 불안감은 찾을 길 없이 당당했다.

이것이 실학이구나! 다산 정약용에 꽤 심취한 편이지만 이것만큼

실사구시를 제대로 응축한 문장은 읽지 못했다. 한참을 읽고 또 읽으니 불교에 관한 다산의 알음알이도 범상한 단계를 훨씬 넘어선 듯했다. 수처작주입처개진隨處作主立處皆眞, '지금 있는 그곳이 바로 진리의 세계이니, 머무는 곳마다 주인이 되어라'라는 임제선사의 문장이 다산을 통해서 다시 변주되고 있었다.

아니, 다산의 글은 외려 선어禪語의 모호함을 뛰어넘어 자연과학에 버금가는 명징성에 모던한 감각까지 획득하고 있었다. 간단한 그림 하나 그려 보겠다. 지구는 둥그니까 둥글게 원을 그리고, 그 위에 서 있는 사람을 그려 놓는다. 내가 서 있는 땅이 비록 평평하지만 지구는 본래 둥글어, 어디에 있든 높은 곳에 있는 셈이란 것이 다산의 도형적 생각이다. 동화에 가까운 상상력이지만 놀랍게도 진리가 아닌가.

다산이 당신 사상을 꽃피운 건 유배지 강진에서였다. 1801년 음력 11월 신유사옥에 연루된 다산에게 내려진 형벌은 유배였다. 세례명 아우구스티노인 셋째 형 정약종은 서울에서 참수됐고, 서울에서 나주까지 아우 정약용과 함께 걸어온 둘째 형 정약전은 흑산도로, 정약용은 강진으로 헤어졌다. 그의 나이 마흔 살 겨울이었으니, 유배지에서 풀려난 쉰일곱 살 가을까지 강진에서 정확히 16년 9개월을 울분과 치

백련사 다산유배길

대나무 숲을 지나 언덕길부터는
정호승 시인이 시를 지어 찬탄한 '뿌리의 길'이었다.
땅 위로 툭툭 불거져 나온 나무뿌리를 밟아야
오를 수 있는 길이었는데, 절묘했다.
**세상에서 내팽개쳐진 정약용이란 사람의 인생을
바닥부터 생각해보란 의미는 아닐까.**

욕으로 보냈다. 이 시기 놀랍게도 그의 학문은 일생에서 가장 불타오른다. 저 유명한 목민심서, 경세유표, 흠흠신서 같은 동백꽃이 나락의 땅에서도 훨훨 피어났으니 말이다.

동백꽃은 봄이 올 때 진다. 아니, 꽃이 지니까 봄이 온다. 동백꽃은 봉오리째 땅에 져서도 붉게 타오른다. 유배의 겨울에 피어난 실학의 꽃은 마치 불멸인 양 차가운 땅을 버텨낸다. 겨우내 머뭇거리던 봄도 그제야 비로소 완연해지니, 꽃이 진다고 계절을 탓할 일도 아니다.

다산수련원 뜨락에서부터 동백나무가 타오르고 있었다. 물론 동백나무를 피워 올린 땅도 붉은빛으로 흥건하게 젖었다. 다산초당으로 가는 길을 알리느라 '정약용남도유배길'이라 적힌 노란리본이 나무에 매달려 있었지만, 굳이 그걸 보지 않아도 땅에 떨어진 동백꽃을 따라가면 될 성 싶었다.

다산수련원을 나서자 자작나무의 수피처럼 희고 창백한 두충나무 숲이 길을 열었다. 대나무 숲을 지나 언덕길부터는 정호승 시인이 시를 지어 찬탄한 '뿌리의 길'이었다. 땅 위로 툭툭 불거져 나온 나무뿌리를 밟아야 오를 수 있는 길이었는데, 절묘했다. 세상에서 내팽개쳐진 정약용이란 사람의 인생을 바닥부터 생각해보란 뜻은 아닐까.

돌계단에 올라서니 빽빽하게 들어선 대나무와 편백나무 가지 사이로 다산초당이 보였다. 사람들의 발길이 잦은 관광명소지만 한때는 다산의 고단한 삶이 배어있는 거처였다. 옛날 이 집은 지붕이랍시고 다 말라붙은 풀더미였으며 흙벽은 허물어지고 구멍이 나서 비바람이 들이쳤으리라. 강진에 온 다산은 강진 동문밖에 있는 밥집 쪽방에서 4년을 버텼다가 강진 선비 이학래의 집에 거처를 옮겼다. 그 3년 후인 1808년 봄 만덕산 기슭의 초가에 자리 잡았는데, 바로 유배가 끝날 때까지 머무른 다산초당이다.

다산은 초당 동쪽에 동암을 지어 기거했다. 물을 끌어다 인공연못을 만들어 물고기를 길렀으며, 텃밭을 일궈 남새도 길렀다. 앞마당의 평평한 바윗돌은 숯불을 피워 초당 뒤편의 약천에서 길어온 물로 차를 달이던 부뚜막이다. 곳곳에서 생활의 냄새가 난다. 동암 오른편에 천일각이 있다. 다산 시절에는 없던 것이지만, 다산은 이 자리에서 이즈음이면 봄빛이 자글자글 끓는 구강포를 내려다봤으리라. 초당 뒤쪽 바위벽에 새긴 정석 丁石 이라는 글씨는 비록 몸은 유배지에 있지만 사대부로서의 결기를 잃지 않으려는 마음가짐을 담았다.

다산초당에서 백련사 白蓮寺 가는, 이른바 '다산오솔길'은 다산과 혜장선사가 길을 오가며 교분을 나눴던 길이다. 다산은 열 살 아래인 백련사 혜장선사와 스승이자 제자, 벗으로서 우정을 쌓았다. 그 우정이 얼마나 깊었는지 컴컴한 밤에 횃불을 켜들고 두 사람이 오고 갈 정도였단다. 그 길에서 비로소 나는 알았다. 다산의 글에서 임제의 촌철살인이 풍기는 까닭을. '부처를 만나면 부처를 죽이고, 조사를 만나면 조사를 죽여라.' 새로운 세상을 꿈꿨던 개혁가로서 선의 검객 임제는 피할 수 없는 길이었음이 틀림없다. 다산오솔길은 결국 유교와 불교가 드높은 경지에서 만나는 길이었다.

다산초당에서 백련사로 가는 길에도 동백꽃이 지천이었다. 땅에 흩뿌려진 꽃들이 워낙 많아 가려서 발을 놓아야 했지만, 조심해야 할 것은 또 있었다. 동백이 툭 툭, 땅에 자진하듯 지는 소리가 들리면 말소리는 물론 숨소리조차 멈춰야 할 것 같았다.

해월루에 올라 아침 햇살이 그득한 강진만을 보고 내려와서는 탁트인 차밭을 만난다. 차밭의 짙푸른 색은 오른쪽, 푸르기는 하되 붉은 꽃송이가 수없이 매달린 동백숲은 만덕산 쪽으로 기울어져 왼쪽. 그 사잇길로 걸어가면 어디에 눈을 둬야 할지 몰라 차라리 눈을 감는 게 낫다. 보호구역이라 출입금지 표지가 붙은 동백숲에는 천연기념물 151호로 등재된 약 7,000여 그루의 동백나무가 들어찼다.

동백숲 그늘을 지나고 한 기의 부도를 지나면 배롱나무와 비자

백련사로 가는 다산 오솔길

동백꽃이 신호등인 양 내 머리 위에서 깜빡였다.
다산초당에서 백련사로 가는 길에도 동백꽃이 지천이었다.
땅에 흩뿌려진 꽃들이 워낙 많아 가려서 발을 놓아야 했지만,
조심해야 할 것은 또 있었다.
동백이 툭툭, 땅에 자진하듯 지는 소리가 들리면
말소리는 물론 숨소리조차 멈춰야 할 것 같았다.

나무 사이로 백련사가 보인다. 절집에 들어서면 대웅전부터 찾아보는 것이 내 습관인데 절집 뜨락, 붉디붉은 명자나무에 먼저 눈길을 뺏겼다. 봄날의 백련사에는 꽃들이 다투어 피고 있었지만, 동백꽃길을 걸어 백련사까지 오느라고 취할 만큼 취했으므로 눈앞이 몽롱했다.

단청이 벗겨진 대웅전은 수수하지만, 이 절은 고려 때 백성이 주인이 되는 불교로 거듭나자고 개혁 운동을 주도했던 백련결사의 현장이다. 대웅전 기단을 쌓은 돌들에 특이하게도 철이 산화돼 주홍빛을 띠고 있었다. 어쩐지 그 기단 위에서 백련사를 찾아온 다산을 맞으러 혜장스님이 서 있는 것 같았다.

다산이 유배지에서 정말로 고통스러워했던 건 무엇이었을까. 유배지에서보다 유배를 떠나기 전 천주교를 배교하고 셋째 형 정약종과 천주교 신자를 밀고한 일이었으리란 이야기에 어쩐지 나는 더 수긍이 간다.

단군 이래 최고로 잘사는 시대라면서도 이상하게도 삶이 힘들다. 최고의 이혼율, 최고의 자살률, 최고의 실업률……. 혹시 당신도 이 최고 앞에서 사는 것이 힘들진 않은가. 그렇다면 당신만큼 힘이 들었지만 죽을힘을 다해 살았던 200년 전의 사람 다산, 그가 걸었던 유배길

다산 오솔길에 떨어진 동백

동백꽃은 봄이 올 때 진다.
아니, 꽃이 지니까 봄이 온다.
동백꽃은 봉오리째 땅에 져서도 붉게 타오른다.
유배의 겨울에 피어난 실학의 꽃은 마치 불멸인 양 차가운 땅을 버텨낸다.
겨우내 머뭇거리던 봄도 그제야 비로소 완연해지니,
꽃이 진다고 계절을 탓할 일도 아니다.

을 걸어보라. 그 길에서 어쩌면 희망이 보일지도 모르니.◉

걷는 길　다산수련원(큰길) ⋯▶ 뿌리의 길 ⋯▶ 다산초당 ⋯▶ 해월루 ⋯▶ 백련사 ⋯▶
　　　　　백련사 입구(큰길)

거리와 시간　4km 정도, 2시간 예상

20

질마재길에서 피어오르는 신화

선운사 가는 길

예로부터 삼천포로 빠진 이야기가 하나 있어 지금껏 회자되니, 동백꽃 보러 선운사禪雲寺에 갔다가 허탕 치고는 술집 작부의 육자배기에 빠진 이야기이다. 시인 서정주는 그녀의 목 쉰 가락에서 동백꽃을 본다.

"선운사 동구에 나오는 그 주막집 지금은 없나요?"

내가 시인에게 물었다.

"주막집 없어진 지 꽤 오래됐어. 육이오 때 빨치산들이 식량 얻으러 내려와선 불질러 버렸지."

시인의 대답이다. 그러나 나와 말을 주고받는 시인은 서정주가 아닌 그의 동생 서정태라는, 형보다는 훨씬 덜 알려진 시인이다. 그는 살아 있고, 그를 찾는 사람들의 용건은 대부분 죽은 그의 형 서정주이기에 그는 항상 말을 전하는 사람의 위치로 비켜 있을 터였다. 서정태는 최근 '내 빈자리'라는 시를 썼다고 한다. 그렇지만 사람들은 그 빈자리에 어른거리는 서정주를 동생을 통해 기억하려고 애쓸 것이고, 서정태는 그만큼 고독해질 수밖에 없다.

1923년에 태어난 서정태는 형과 8살 터울이라고 했다. 올해 아흔이니 죽음을 건너다 볼 나이다. 그때가 되면 좋고 나쁨의 분별심이 사라져 착해지거나 노망이 든다고 얼마 전 불교사회연구소장 법안스님이 말했다.

"거 손 한번 잡아봅시다."

그래선가 나와 헤어질 때 서정태 시인이 불쑥 악수를 청해왔다. 따듯했다. '아내도 피붙이도 하나님도 부처도 다 떼버리니 홀가분하고 자유롭다'란 평소의 말과 달리 그의 손은 세상과의 이별을 아쉬워하고 있었다.

노시인 서정태는 방문만 열어도 형 내외와 부모, 할머니 할아버지 묘가 보이는 집에 살고 있다. 일종의 시묘살이를 하는 셈인데, 팔짜려니 생각하니 은근히 즐겁다고 했다. 미당 생가와 담 하나를 사이에 두고 홀로 산다.

"한번은 미당이 서울서 내려오자마자 나더러 선운사에 가자고 했어. 형제는 바닷가 길을 따라 선운사로 갔지. 물이 차면 배를 타고도 갔던 길이야."

선운사로 가는 길이 질마재뿐이 아니라는 말에 나는 솔깃했다.

"그 길은 지금 없어. 길도 사람이나 꽃과 마찬가지로 태어났다가는 사라지지."

여러 해 이 길 저 길 다녀본 내가 그걸 모를 리 없다. 길도 사람이나 꽃과 마찬가지로 태어났다가는 사라진다. 그리고 어디선가에서 다시 태어난다. 길이 윤회하는지는 알 수 없어도 내가 죽은 후에도 수많은 길이 태어날 것이다.

서울에서 내려온 서정주가 다짜고짜 동생에게 바닷가를 걸어 선운사에 가자고 했던 이유를 나는 조금은 알고 있었다. '바닷물이 마당에 몰려 들어오는 것을 보고도 외할머니는 웬일인지 한 마디도 말을 않고 바다 쪽만 멍하니 넘어다보고 서 있었다'라고 서정주의 산문시 '해일'은 쓰고 있을뿐더러, 할머니의 그리움에 대해서도 덧붙인다. '외할아버지는 배를 타고 먼 바다로 고기잡이 다니시던 어부로, 내가 생겨

나기 전 어느 해 겨울의 모진 바람에 어느 바다에선지 휘말려 빠져 버리곤 영영 돌아오지 못했다'

'질마재 신화'는 1975년 무렵 나온 시집이다. 바다 쪽만 멍하니 넘어다보는 외할머니의 눈길을 통해 미당은 할아버지와 그 자신을 동시에 보았으리라. 이미 '자화상'이란 시에서 언급했듯이, '갑오년이라든가 바다에 나가서는 돌아오지 않는다 하는 외할아버지의 숱 많은 머리털과 그 크다란 눈이 나는 닮았기' 때문이다.

미당이 동생 서정태와 함께 갔던 바닷가 길에 '좌치나루터'가 있음을 표지판은 알리고 있다. 그 반대쪽, 미당시 문학관으로 가는 길에 질마재길은 잇닿는다.

질마재. 전라북도 고창군 부안면 선운리에서 산구비를 따라 구불구불 길게 뻗은, 소나 말의 안장을 닮았다는 언덕이다. 미당은 이 언덕 마을에 전해져 내려오는 농경사회의 민담과 설화를 '질마재 신화'란, 한편의 기나긴 판소리 같은 산문시집에 담았다.

마당에 보이는 우물에 자꾸 눈길이 갔다. 내가 한때 좋아했던 '상가수上歌手의 소리'란 시를 기억해서였다. 이 우물에도 별과 달이 빠졌을 테지만 궁상맞고 기괴하기 짝이 없는 똥오줌 항아리와 어찌 비교할 수 있겠는가.

질마재 상가수 ^{上歌手}의 노랫소리는 답답하면 열두 발 상무를 젓고, 따분하면 어깨에 고깔 쓴 중을 세우고, 또 상여면 상여머리에 뙤약볕 같은 놋쇠 요령 흔들며, 이승과 저승에 뻗쳤습니다.

그렇지만, 그 소리를 안 하는 어느 아침에 보니까 상가수는 뒤깐 똥오줌 항아리에서 똥오줌 거름을 옮겨 내고 있었는데요, 왜, 거, 있지 않아, 하늘의 별과 달도 언제나 잘 비치는 우리네 똥오줌 항아리, 비가 오나 눈이 오나 지붕도 앗세 작파해 버린 우리네 그 참 재미있는 똥오줌 항아리, 거길 명경 ^{明鏡}으로 해 망건 밑에 염발질을 열심히 하고 서 있었습니다. 망건 밑으로 흘러내린 머리털들을 망건 속으로 보기좋게 밀어 넣어 올리는 쇠뿔 염발질을 점잖하게 하고 있어요.

명경도 이만큼은 특별나고 기름져서 이승 저승에 두루 무성하던 그 노랫소리는 나온 것 아닐까요?

질마재에서 가장 노래를 잘 부르는 상가수가 하늘의 별과 달이 비치는 똥오줌 항아리를 거울삼아 망건 밑으로 흘러내린 머리털을 망건 속으로 밀어 넣었다는 것이 이 시의 줄거리이다. '쇠뿔 염발질'이란 손가락에 침을 묻혀 흐트러진 머릿결을 다듬는, 일종의 멋부림이다. 시인은 이 절묘한 표현으로 삶의 세목을 포착해낸다. 질마재를 신화로 엮어내는 미당 시의 미학이다. '명경'이란 단어에 이르러서는 우주적인 농담으로 비상한다. 똥오줌이 걸러져서 생겨난 거울에 하늘의 별과 달이 내려와 비치니, 땅이라는 이승에 하늘이라는 저승이 어울린 셈이다. 이쯤이면 상가수가 아니라 이승과 저승을 회통시키는 제사장에 속한다.

질마재에서라면 어떤 궁상맞은 삶도, 심지어 속물근성까지도 용서받는다. 똥오줌 항아리를 내려다보며 멋을 부리는 상가수는 성속을 초월한 인물이다. 질마라는 노동의 도구와 신화가 잘 어울릴 뿐 아니라, 신선과 구름이 어우러지면서 생겨난 선운리란 동네 이름도 낯설지 않다. 질마재가 흐르도록 내버려둔 소요산도 샤머니즘의 신화를 덧씌운, 매우 그럴싸한 무대장치처럼 보였다.

미당 시 문학관에서 지프차를 얻어 타고 소요사逍遙寺로 향했다. 소요사는 선운사로 가는 질마재 길에 있지만 해발 442m 소요산을 올라야 하므로 인연이 닿아야만 찾아갈 수 있는 절이다. 오산 저수지가 가까운 곳에 소요사라는 표지판이 솟아 있다. 표지판이 가리키는 가파른 포장도로를 따라 소요산으로 올랐다.

차에서 내리자 해를 등지고 벼랑 위에 선 전각이 부신 눈에 보였는데, 언덕길과 계단을 밟고 올라 가까이 다가가서야 그게 범종각인 것

시인 서정태

나와 말을 주고받는 시인은 서정주가 아닌
그의 동생 서정태라는, 형보다는 훨씬 덜 알려진 시인이다.
그는 살아있고,
그를 찾는 사람들의 용건은 대부분
죽은 그의 형 서정주이기에
그는 항상 말을 전하는 사람의 위치로 비켜 있을 터였다.

을 알았다. 오산 호수가 아득히 내려다보였다. 흐린 날씨만 아니라면 범종각에서 오산 호수까지가 그리 멀리 느껴지지 않았을 것이다. 대웅전이며 산신각, 오층석탑을 돌며 바삐 풍경을 담았지만, 언뜻 보면 재개발지역 공청회 건물처럼 느껴지는 요사채에는 차마 카메라를 들이댈 수 없었다. 츄리닝을 입은 중년여자가 그 건물 밖으로 나와서 웃었다.

"뭐 그리 찍을 게 있대유?"

공양주 보살인 모양이었다. 공양주에게 주지 스님을 묻자 묵언수행 중이라고 했다. 사찰 유래를 물을 요량이었던 나는 계단을 밟아 주차장으로 되돌아갈 수밖에 없었다. 그때였다. 공양주의 목소리가 등을 두드렸다.

"올라오시라네요."

필담을 나누려고 김금성金金性이란 태고종 스님과 마주앉았다. 내가 묻고 스님이 글로 써서 답하였다. 앉은뱅이 다탁 위로 준비된 A4 크기의 모조지가 이런 필담을 익숙하게 준비하고 있었다.

"소요사란 소요하다, 여기저기 돌아다닌다는 뜻에서 생긴 절 이름입니까?"

스님은 고개를 끄덕이며 펜을 잡았다.

신선과 동승이 노니는 산에 들어앉은 절이라 소요사입니다.

"절을 누가 처음 지었나요?"

인도에서 서해를 건너온 연기조사가 지은 절입니다.

스님이 거침없이 글로 썼지만 나는 알고 있었다. 이 절은 백제 위덕왕 때 소요 逍遙 라는 스님이 창건했다는 이야기와 신라 경덕왕 때 황용사 스님이었던 연기 烟起 가 인근에 연기사 烟起寺 를 세우고 현재의 소요사 자리에 부속 암자를 달았다는 이야기, 금성 스님의 전언처럼 인도에서 서해를 건너온 연기조사 緣起祖師 가 세운 절이라는 이야기. 그러나 그 모두가 이야기일 뿐, 현재까지 어떤 기록이나 고고학도 이 절의 기원을 밝히지 않는다.

"연기사는 왜 없어졌나요?"

연기사가 있던 자리가 호랑이 터인데 맞은편 산이 사자 형상입니다. 호랑이와 사자가 서로 다투니 그 자리가 폐사지로 변하고 병이 창궐하고 자손의 대가 끊겼던 거지요.

나는 잠시 스님의 숱 많은 눈썹을 쳐다보았다. 조선조의 억불, 임진왜란, 육이오 전쟁 등 불교 쇠락에 관련한 역사는 차치하고 풍수적 견해에서 폐사 이유를 설명하는 스님 또한 질마재 신화에 나오는 또 다른 인물은 아닐까?

김금성 스님 필담

"연기사는 왜 없어졌나요?"

연기사가 있던 자리가 호랑이 터인데 맞은편 산이 사자 형상입니다.
호랑이와 사자가 서로 다투니
그 자리가 폐사지로 변하고
병이 창궐하고 자손의 대가 끊겼던 거지요.
김금성 스님은 막힘없이 필담을 이어갔다.

내가 잠시 말을 잇지 않는 사이 스님은 뭔가 통한다고 생각했는지 자신만만하게 다시 썼다.

소요사는 우리나라의 4대 불교성지입니다. 서해 용이 승천하기 전에 잠시 머물렀다 가는 곳이지요.

재개발지역 공청회관 같은 건물이라 해서 용이 피해 가고 신령이 외면하지는 않나 보다. 삶의 비루함과 가난 속에 깃든 어떤 숭고한 의미를 '질마재 신화'는 노래하고 있다지 않은가. 여기서는 우리가 별개라고 생각해온 것들이 아무렇지도 않게 하나로 포개진다. 원효가 꽃 피운 원융圓融이 이 같은 정신이지 않은가.

이곳 바위를 보시오. 서해 용이 머물다 갔기에 바위가 온통 유황을 머금고 있지요. 이곳에서 부처님이 나실 징조이기에 용이 머무는 겁니다. 바위가 점점 금빛을 띠고 있어요. 함께 가봅시다.

나는 스님을 따라 일어났다. 밖으로 나와 스님이 손가락으로 가리키는 곳을 보니 바위의 한 켠이 노랗게 물들고 있었다. 그때 나는 건성 고개를 끄덕이고 있었다. 그것이 정말 부처의 현현인지, 소요사가 우리나라 불교 4대 성지인지 따지는 일은 내게 무의미했다. 우리나라 어디에도 용이 출현하지 않은 땅은 없다. 바다와 강은 물론 시냇물과 우물에서도 용이 나고, 산은 물론 숲 속과 마을 정자나무에서도 용이 난다.

선운사 만세루

선운사 만세루는 파란색이거나 하늘색이라고 할 수 있는 색이다.
물론 옅은 파란색이거나 짙은 하늘색이라고 할 수 있고,
어디에도 속하지 않는 색이라고도 할 수 있다.
그러나 나는 만세루를 장식한 이 묘한 색깔만으로도
화장세계를 짐작한다.
그 문이 열려 화장세계를 보이지 않더라도 말이다.

주차창에서 기다리던 기사에게서 전화가 와서 서둘러 스님과 일별했다. 기사는 연기사가 있던 자리에 나를 내려줬다. 다시 선운사로 가는 질마재 길이었다. 그 길에 동백꽃이 피고 지고, 어제처럼 저녁이 깃든 길을 나는 걷기 시작했다. ◉

걷는 길   미당생가 ⋯→ 선운 저수지 ⋯→ 서당 마을 ⋯→ 소요사 ⋯→ 연기 저수지(연기사 있던 자리) ⋯→
연기마을 ⋯→ 연기교 ⋯→ 선운사 관리소 ⋯→ 선운사

거리와 시간   10km 정도, 4시간 예상

21

누구나 이 절에서
한 소식 얻어 가리라

월명암에서 내소사 가는 길

전나무 기둥이 떠받치는 숲 속

검은 고딕 나무가 자라서

연등 천장의 내면이다

고딕 숲에서 내 목울대는 하늘거리는 풀처럼

검은색 너머 기웃기웃,

수사복 사내들의 뼈가

나무의 뼈라면

내 이야기의 시작은 주인공의 죽음/자살이다

누군가의 메마른 입술에서 나뭇잎이 꾸역꾸역 자랄 때

내 안에서도 밖에서도

열고 닫히는 새눗 아가미들의 연쇄반응들,

숲을 떠다니는 부레^族 나뭇잎을 만나도 놀랍지 않다

고딕 숲의 부력이 완성되었기 때문이다

어떤 관습들에서 열거되는 투니카와 쿠쿨라의

수도복 입은 발자국이 모여들겠다

오래된 불빛이 鬱鬱 침엽수를 밝히려 한다면

내 묵언은 천천히 닫아야 할 입이 너무 많다

내가 사모하는 송재학 시인의 '고딕 숲'의 전문이다. 절에 드는 전
나무 숲길에서 하필이면 중세 유럽의 기독교 건축 양식을 떠올렸을
까. 고딕 숲을 읽어선지 능가산^{楞伽山}을 넘어 내려오느라 가뜩이나 걸
음이 더뎌진 나는 600미터에 이른다는 전나무 숲을 만만하게 통과하
기 어려울 성 싶었다. 검은 수사복의 사내처럼 입을 닫아버린 채 나는
터덜터덜 일주문을 향해 걸었다.

내소사^{來蘇寺}는 절도 절이거니와, 절 입구를 이루는 전나무 숲이 아
름답기로 유명하다. 그 때문인지 내소사를 다녀온 사람들이 전나무

숲을 관행적으로 찬탄할 뿐인데 송재학 시인은 죽음을, 그것도 자살을 언급한다. 이미 나무의 뼈를 보았으므로 그로선 당연히 그렇게 말할 권리가 있겠지만, 가벼운 걸음으로 절에 가려던 사람에게는 섬뜩한 느낌이 아닐 수 없다. 죽음을 암시하는 전나무 숲의 견고한 침묵은 자살과 마찬가지로 자기 의지로 수행하는 묵언에 가깝다.

전나무 숲이 워낙 무거웠기 때문인지 일주문 가는 길에서 고개를 돌려 올려다본 능가산 관음봉이 가벼이 허공에 떠 있는 듯 보였다. 변산이라 부르는 이 산은 석가모니가 능가경을 전파했대서 능가산이다.

산 어디쯤에선가 이따금 곰소만이 은비늘을 털곤 했던 변산은, 산과 바다가 어우러지는 곳이다. 산줄기로 둘러싸인 반도의 중앙부는 내변산이다. 그 바깥의 해식단애를 따라서 채석강·적벽강·모항·변산 해수욕장이 병풍을 펼치는데 이것이 외변산이다. 한마디로 천의 얼굴을 가진 변산이므로 부처의 제행무상을 가르치는 능가산인 것이다.

나는 일부러 월명암月明庵을 거쳐 능가산 제1봉인 관음봉424m에 올랐고, 올랐던 길을 되돌아 나와 내소사로 내려왔다. 그러자니 직소폭포와 재백이고개를 거쳐야 했다. 아무리 내소사가 좋다고 해도 곧장 가기보다 재가불자가 아라한이 되었다는 월명암에 들러 그 연유를 담아 가고 싶었다.

월명암에 가자마자 나는 부설전을 찾았다. 그러나 보이지 않는다. 나중에야 알았지만 부설전殿이 아니라 부설전傳이었다. 부설거사에 관한 고문 필사본을 대웅전에 모셔 둔 절이었다. 인도의 유마거사, 중국의 방온거사와 함께 세계 3대 거사라는 부설거사. 거사란 산스크리트의 그리하파티grhapati의 역어로, 불도를 수행하는 속세의 남자를 이른다. 그중 웬만한 불자라면 모르는 이 없는 인도의 유마거사는 자주 칭병稱病하고 누웠는데, 문병 오는 불자들에게 '중생이 아프니 어찌 내가 아프지 않겠느냐'고 말했던 성자이다.

월명암 고문서를 보니 부설거사는 본래 스님이었다. 스님이었던 그가 환속하지 않을 수 없었던 건 여자와의 스캔들 때문이었지만, 거기에는 원효스님과 요석공주사이처럼 세속적인 판단을 쉽사리 내릴 수 없는 사연이 있다. 기록에는 재가자인 그가 도반인 영조스님보다 앞서 아라한과를 얻었음을 암시하고 있다.

부설거사의 딸 이름인 월명이 암자 이름으로 전해 내려오는 월명암은 내변산에 흐릿하게 배어 있는 운무 때문인지, 본래 그런 풍수 때문인지 유독 부드럽고 따스한 기운이 넘친다. 이곳이 우리나라에서 꼽는 산상수행처인 까닭을 알 것도 같았다.

직소폭포에서 관음봉과 내소사에 이르는 길에 잔돌이 많고, 돋아난

내소사來蘇寺는 절도 절이거니와,
절 입구를 이루는 전나무 숲이 아름답기로 유명하다.

내소사 전나무

바위는 곧 쪼개질 듯 날카롭고, 계곡은 가뭄을 벗어나지 못한 채 겨우 흐르고 있었지만 이내 우리는 내소사를 발아래 두고 능가산을 내려서고 있었다. 그때 함께 산행했던 도반이 '내려다보이는 절'이 좋아 산에 간다고 내게 건넸다. 나는 빙긋이 웃었다. 절을 찾아 산을 몇 구비 넘은 사람만이 느끼는 기쁨을 그렇게 표현할 수도 있겠구나.

내소사는 백제 무왕 때 혜구스님이 소래사蘇來寺라는 이름으로 창건했다. 소래사는 고려시대 정지상의 '제변산소래사'를 비롯한 시문들과 조선조 중종 25년에 간행된 '신증동국여지승람'에 등장한다. 김정호의 '대동지지'는 소래사와 내소사를 혼용하다가 숙종 26년 조성된 '영산회 괘불'부터 내소사란 이름으로만 기록한다.

소래사에서 내소사로 바뀐 데는 단순히 글자 순서를 바꾼 것 이상의 심오함이 있다. 내소사란, 이곳에 오는 모든 것이 다시 소생하기 바란다는 뜻이니, 절이 우리에게 어떤 의미의 공간인지 상징적으로 보여 준다.

내소사는 'ㅁ'자의 가람배치를 보여 주는데 그 중심에 대웅보전이 있다. 조선조 인조 때 지어 지금까지 원형이 보존된 전각으로 휴일이면 많은 여행객이 몰리는 전각이다. 물론 유홍준 교수가 '나의 문화유산 답사기'에서 극찬한 설선당의 구부러진 기둥과 서까래를 보러도 관광객들이 몰린다.

내소사 대웅전은 단청도 안 한 민낯이지만 주춧돌부터 기둥, 공포, 꽃살문에 이르기까지 그 건축양식이 매우 정교해서 내소사뿐 아니라 조선 중기 사찰을 대표하는 건축물이다.

언젠가 나는 대웅전 불단 뒤편에 그려진 백의관음보살좌상에 카메라를 들이댔다가 법당 보살한테 크게 꾸지람을 들은 적이 있다. 플래시가 터지면서 소중한 문화재에 손상을 입을까봐 그러려니 생각했지만, 그 당장은 기분이 나빴던 것도 사실이다.

초기 경전을 보면 절이 매우 실용적인 이유로 지어진 것임을 알 수 있다. 금강경에 나오는 기수급고독원은 거상 수닷따가 보시한 기원정사이다. 건축물로 된 이 절을 시주받으면서 부처는 숲 생활의 한계를 사부대중 앞에 언급한다.

"정사는 추위와 더위를 막아주고, 쇠파리·모기·전갈 따위 벌레를 함부로 들이지 않으며, 뱀과 사나운 짐승들도 막아줍니다. 정사는 또한 거센 폭풍우와 비바람과 뜨거운 햇볕도 막아줍니다."

그러면서 부처는, 절이 스님만의 전유물이 아니라 사부대중 모두가 진리를 도모하는 장소이며, 무엇보다 가난하고 고독한 사람의 집이어야 한다고 강조했다.

"어디야, 나무토막을 넣지 않았다는 빈 곳이? 단청이 빠졌다는 곳은?"

문 안쪽으로 상체만 들이민 사람들이 천장과 벽을 구석구석 살핀다. 공포에 끼워 넣을 나무토막 하나가 부정을 타서 빼놓고 지었다는 이야기를 관광객들은 알고 있었다. 파랑새가 입에 붓을 물고 단청을 했다가 비슷한 이유로 도리 중 하나에 단청을 넣지 못해 바닥뿐이라는 것도 알고 있었다. 인터넷은 그들을 웬만한 문화사학자의 경지에 오르게 했다.

내소사 대웅전은 호랑이의 화현인 대호선사가 중건했고, 파랑새로 화현한 관세음보살이 단청했다. 아주 복잡한 다포식 구조이지만 못을 쓴 흔적이라곤 찾아볼 수 없다. 순전히 나무로만 깎고 짜 맞춘 솜씨가 그야말로 구도의 경지이다.

문화해설사라는 중년여자가 서울에서 단체관광 왔다는 사람들을 데리고 왔다. 마이크를 손에 쥔 해설사의 설명은 막힘이 없었다.

"여러분! 천장을 보아주세요. 내소사 천장에도 문고리가 달려 있어요. 저 문고리를 당기면 극락으로 들어갈 수 있어요. 이 대웅보전 천장에는 극락에서 가장 아름다운 꽃이 피어 있고, 세상에서 가장 아름다운 새가 노래하며, 온갖 악기가 사방에 울려 퍼지고 있답니다. 저 천장은 바로 극락세계를 표현한 것이지요. 우리가 극락으로 가고자 염원

내소사 대웅전

내소사 대웅전은 호랑이의 화현인 대호선사가 중건했고,
파랑새로 화현한 관세음보살이 단청했다.
아주 복잡한 다포식 구조이지만
못을 쓴 흔적이라곤 찾아볼 수 없다.
순전히 나무로만 깎고 짜 맞춘 솜씨가
그야말로 구도의 경지이다.
내소사 대웅전은 단청도 안 한 민낯이지만 주춧돌부터 기둥, 공포, 꽃살문에 이르기까지
그 건축양식이 매우 정교해서 내소사뿐 아니라 조선 중기 사찰을 대표하는 건축물이다.

한다면 저 문고리부터 우선 잡아야 하겠지요."

문화해설사의 표현이 그럴싸해선지 천정에 들러붙은 사람들의 눈길이 좀체 떨어질 줄 몰랐다. 누구나 문고리만 잡아당겨도 극락으로 갈 수만 있다면 얼마나 좋을까! 극락을 향해 반짝 들린 얼굴들은 염원하는 듯했다.

그렇지만 대웅전 불상 앞에서 삼배도 하지 않는 관광객들이 극락을 알면 얼마나 알겠는가. 육도윤회에서 벗어나는 길을 최상으로 여기는 불교에서는 극락, 즉 천상도 괴로움의 하나일 뿐이라는 사실에 그들 대부분은 의아해할 것이다.

미래를 가리켜 희망을 얘기하던 시대는 지났다. 현재의 삶도 충분히 희망적임을 강조하는 프로그램이 이 세상엔 많다. 사람들이 점점 더 막장드라마와 인터넷게임과 패스트푸드에 빠져드는 것은 삶의 문제라기보다 일상의 문제이다. 일상의 고단한 관습과 제약을 잠시라도 벗어나고자 하는 염원이 사람들을 끊임없이 가상의 세계에 의탁하게 한다. 그리하여 거기에 있을 때는 모르되, 거기서 한 발짝이라도 나오면 헛헛하고 비루하기 짝이 없는 공황상태에 빠지고 만다. 극락에 갈 사람이 미리 겪는 내생 체험이 이 비슷하지 않을까.

내소사는 그 이름부터가 소생을 약속한 절이다. 누구라도 내소사에 다녀오면 다시 태어날 수 있다. 혹시 우리는 이성복 시인이 오래전에 진단한 '모두 병들었는데 아무도 아프지 않았다'는 이상한 병에 걸려 있지는 않을까.

윤회의 차원에서 본다면 소생은 지금의 상황만이 아니라 내생까지도 이어진다. 수행자가 아닌 나는 이생에서 깨우칠 자격도 없고 윤회를 벗어날 길도 없다. 어디로 가서 무엇으로 태어날지 모르겠지만, 기왕이면 사람으로 다시 태어나고 싶은 소망이 나에겐 있다. 사람으로 다시 태어나서 내가 후회했던 일들을 되풀이하지 않고 싶다.

내가 만일 사람으로 태어난다면 내생에서도 나는 내소사를 찾아 걸어갈 것이다. 그때 나는 관광객의 가벼운 걸음으로 내소사를 향해 걸을 것인가? 아니, 송재학 시인처럼 내소사로 가는 입구인 전나무 숲길에서부터 죽음의 무거움을 노래하겠다. 송재학은 내소사의 자연미가 무색할 정도로 기독교 사원의 엄격한 건축 양식을 숲에서 발견한다. 누구도 피할 수 없으므로 죽음은 본래 엄격하다. 고딕 숲으로 변한 전나무 숲길에 스님 대신 검은 옷을 입은 중세 유럽의 수사나 신부가 지나는 것은 시인만이 지니는 상상력의 특권이다.

나무 컬럼니스트인 고규홍은 송재학의 고딕 숲 못지않은 눈부신 글을 써서 시에 덧붙였다.

누구라도 이 숲에 들면 하늘 높이 뻗은 전나무의 기개 앞에 수도승
이 된다. 저잣거리에서 울긋불긋했던 의복도 하늘을 가린 전나무 그림
자에 덮여 투니카 양식의 검은 수도복으로 바뀐다. 자박자박 길을 걸으
면 세상의 모든 언어들이 우주의 침묵에 닿는다. 전나무 숲의 견고한
침묵은 죽음을 닮았지만, 우주의 온 생명을 시작하는 첫 발짝이다.

이미 남녀노소 모두가 걷고 있었다. 관광객뿐 아니라 스님이 걷
고 템플스테이에 참여한 사람들이 절복을 입고 걷는다. 등산객이 걷
고 지팡이를 짚은 할머니가 걷는다. 바퀴 달린 것이라곤 유모차뿐이
었다. ◉

걷는 길 남여치 ┈⟩ 월명암 ┈⟩ 직소폭포 ┈⟩ 자백이 고개 ┈⟩ 관음봉 ┈⟩ 내소사
거리와 시간 13km, 5시간

22

굴목재길을 걸어 서역에 가다

송광사에서 선암사 가는 길,
혹은 선암사에서 송광사 가는 길

바람이 불자 나뭇잎들이 쏴쏴 햇빛을 털어낸다. 그때마다 앞서 가는 사람의 등에서 햇빛과 그늘이 찰랑댄다. 소나무, 굴참나무, 노각나무, 합다리나무의 처진 나뭇가지들이 머리 위에서 서로 마주치면서 숲길은 일산日傘을 크게 펴놓았다. 울창한 숲이 굴을 닮았대서 굴목재라 부르는 이 길의 또 다른 느낌이다.

시냇물이 나무들 사이로 모습을 보였다간 사라진다. 시냇물이 보이지 않을 때도 졸졸졸 물소리가 나를 따라다니더니, 어느 순간 똑, 똑, 똑, 간헐적으로 도랑을 깨우는 목탁소리로 변한다.

버스를 타고 밤을 새워 그 나지막한 소리를 듣고자 남도의 절로 달려온 우리를 처음 맞이한 건 하늘에서 부서져 내려와 낮은 데서 반짝이는 별들이었다. 송광사松廣寺 주차장에 버스를 세우고 내려선 자리에서 우리는 아! 탄성을 뱉어냈다. 별들을 보러 굳이 하늘을 올려다볼 필요가 있을까. 별들이 지상에 내려온 만큼 나 또한 지구의 지붕 위에 올라선 느낌이었다. 내가 참배하려는 송광사도 먼 조계산 기슭이 아니라 가까운 금성이나 목성에 있을 것 같았다. 어느 별에선가 사르나트의 부처가 아라한이 된 61명의 제자에게 외친 전도선언의 시작 부분이 들려왔다.

　　"나는 하늘과 인간의 모든 그물을 벗어났다. 비구여, 그대들도 신과 인간의 모든 그물을 벗어났다!"

　　별들 사이를 지나 우리는 일주문을 지났다. 사천왕문을 넘자 도량석 목탁이 어둠을 흔들어 깨운다. 도량석이 잦아질 즈음 우리는 발소리를 죽여 종송이 흘러나오는 대웅전으로 들어갔다. 밖에서 법고소리가 들리더니 삼배를 올리고 자리에 앉자 법고와 더불어 범종, 목어, 운판의 사물이 어울린다.

　　송광사 새벽예불을 들을 때마다 생텍쥐페리가 쓴 야간비행이 생각난다. 전투기 조종사인 그는 별들이 군데군데 박힌 도시의 밤하늘을 난다. 조종석 창문으로 지상을 내려다본다. 모든 집이 소등했는데도 유독 불빛을 머금은 집이 있다. 새벽이 가까워지는데도 불이 꺼지지 않는 집. 조종사는 그 집이 작가의 집이리라 추측한다. 밤을 지키는 파수꾼들은 안다. 새벽은 이 세상을 정말로 사랑한 나머지 한순간이라도 소홀히 할 수 없는 사람의 몫이라는 것을.

꽃살문 너머로 먼동이 터오지만 노을이 물든 저녁답에서 하루를 닫는 시간처럼 송광사의 새벽예불은 경건했다. 엎드려 절하는 순간 들려오는 지심귀명례는 슬픔도 기쁨도 아닌 소리이고, 덜도 더도 아닌 결과로써 마무리되는 노동의 하루처럼 무덤덤했다. 대웅전의 차디찬 마루에 이마를 댄 채 나는 생각했다. 이거야말로 공의 소리가 아닌가. 이어서 들려오는 금강경 독송도 그 호흡이 느리고 둥글어, 낮은 데서 더 낮은 데로 흐르는 남도의 강물 소리를 닮아 있었다.

해인사를 비롯한 여느 교구 사찰들과는 새벽예불이 달랐다. 송광사 스님들은 새벽에 남도의 풍광과도 같은 목소리로 금강경을 독송했다. 그래선지 굴목재 숲길을 따라오는 물소리도 송광사 금강경 같았는데, 그 소리는 또한 계면조가 주조를 이루는 서편제에 가까웠다.

새벽공양으로 비빔밥에 시래깃국이 달려 나왔다. 고추장은 맵지 않았고 국은 간이 엷었다. 국물이 짜지 않아 망설이지 않고 밥을 말았다.

송광사 새벽 도량석

송광사 스님들은
새벽에 남도의 풍광과도 같은 목소리로
금강경을 독송했다.

송광사 새벽예불 법고

흙냄새 나는 국물과 살찐 밥알을 혀로 음미할 때 떠오른 논밭과 마을과 저잣거리는 그지없이 평온했다.

식사를 마치고 공양간을 나올 즈음에도 사위가 어슴푸레했다. 승보전 지붕 너머로 어둠이 걷히는 하늘은 푸르스름했다. 지장전 앞에서 밤새 추위에 떨었는지 배롱나무 아래 꽤 많은 나뭇잎이 떨어져 있었다.

굴목재길에 들어서기 전에 꼭 들러야 할 곳이 있어 우리는 두런두런 새벽길을 걸었다. 어느 구비에선가 불일암을 가리키는 화살표가 나타났다. 법정스님이 남긴 발자국만큼이나 선연한 이정표였는데, 정작 불일암으로 들어서는 입구는 대나무로 엮은 비좁은 쪽문이었다. 법정스님이 거기 살았다는 것으로도 동행한 여인네들은 흥분해서 말소리가 높았다. 그 기척에 방문을 열고 나타난 스님이 한쪽 손으로는 입을 가리고, 한쪽 손으로는 손사래를 쳐서 이방인들을 나무랐다. 나는 그가 길상사 주지였던 덕조스님임을 한눈에 알아차렸다. '덕조는 맏상좌로서 다른 생각하지 말고 결제 중에는 제방선원에서, 해제 중에는 불일암에서 10년간 오로지 수행에만 매진하라.' 법정스님의 유언장에 쓰였듯이 해제 중인가 보았다. 덕조스님은 이내 방문을 탁 닫아 안으로 들어갔고, 그때를 기다려 중생들은 법정

스님이 애용했다는 '빼삐용 의자' 옆에서 다들 사진 한 장씩을 얻어 갔다.

상사화가 핀 송광사 침계루 곁에서 열린 굴목재길은 시냇물 곁을 지나거나 건너가는 구불구불한 길이었다. 그렇게 시냇물을 간섭하고 시냇물에 간섭받다 보니 소리의 화두에 빠져들지 않을 수 없다.

사람의 감각 중에서 가장 총명하기로 청각을 꼽는다. 청각은 천 개의 손과 천 개의 눈으로도 닿을 수 없는 거리를 훌쩍 넘는 데다 관세음보살의 귀는 중생의 고통을 가장 먼저 알아차리기에 총명하다.

그러나 화두를 언어 이전의 소식이라고 일컫지 않는가. 육근이라고 하는, 눈·귀·코·혀·몸·생각이 허구이므로 귀가 대상과 접촉하면서 생기는 청각 또한 허구가 아닐 수 없다. 관세음. 소리가 보이는 경지이다. 들으려 하면 들리지 않고, 들리는 것에서 진실을 찾으면 찾아지지 않는, 오직 구도를 통해서만 들리는, 그래서 소리가 보이는 경지까지 이를 때가 관세음이다. 관세음은 궁극적으로 공의 소리이다.

그러고 보니 새벽에 들었던 목탁, 법고, 운판, 목어, 범종의 소리 또한 침묵을 지향하는 공성 아닌가. 듣는 이의 마음을 유혹하기보다 마음을 텅 비게 하며, 궁극적으로는 소리에 대한 애착을 끊으라는 소리

송광사 불일암

불일암으로 가는 길에 솟아오른 이정표만큼이나
한 은둔자의 흔적은 선연했다.
그의 맏상좌 덕조스님은 한 산승에게 편지를 전해 주러
하루에도 몇 번씩 시골우편배달부처럼
송광사와 불일암 사이 오솔길을 걸었다.
그가 열반에 들자 그 오솔길은 더 넓어졌다.
그에 대한 사람들의 그리움이 날로 커져
찾지 않고는 못 배길 정도였기 때문이다.
불일암은 1975년부터 2010년까지 한 문장가인 그가
홀로 지내며 글을 썼던 산중 암자이다.
그는 법정 스님이다.

아닌가. 생각이 여기에 이르면서 문득 허수경 시인이 젊은 날 쓴 문장이 떠오른다.

악기만 남고 주법은 소실되어버린 공후를 본다. 체^體만 남고 용^用은 사멸해버린 악기, 썩어 없어질 몸은 남고 썩지 않는다는 마음은 썩어버린 악기.

공후는 서양 악기인 하프를 닮은 현악기이다. 본래 서역 악기였던 공후는 중국을 통해 우리나라에 들어왔다. 국립국악원에서 공후를 보관하고 있으나 아무도 주법을 모르니 벙어리 악기인 셈이다. 허수경은 그 공후를 보면서 마음이 썩기를 희망한다. 몸만 남아 채취되지 않기를, 기록되지 않기를, 문서의 바깥이기를 바란다고 썼다.

허수경이 바라본 공후에게서 불자인 나는 공성을 본다. 공후에게도 불성이 깃들었다. 공성이 최고의 소리임을 깨달아 공후 스스로 소리를 멈춘 것은 아니었을까. 그러고 보니 산에서 시냇물 소리만큼 그 존재를 명징하게 알리는 것도 없다. 특히 밤에 그러하다. 밤의 숲 속에는 온전히 시냇물만 살아있다. 목탁이나 물고기처럼 항상 눈을 뜨고 있다.

새들이 일산 위에서 뛰논다. 여린 나뭇가지들이 흔들리고 몇 개의 나뭇잎이 체로 쳐낸 듯 결이 고운 늦여름 햇살을 건들면서 떨어진다. 푹신한 흙길이 산굽이를 돌아 평온해 보이지만 조계산은 겉모습과 달리 빨치산이 최후까지 항쟁하다 몰살당한 곳이다. 소설가 조정래가 '태백산맥'의 무대로 삼을 만큼 이데올로기로 얼룩진 산이다.

선암사로 가려고 우리가 걷는 굴목재길은 빨치산 총사령부가 이동하는 통로였다. 가는 길 곳곳에 검은 재가 비치는 숯가마터가 눈에 띈다. 굴목재길의 명소인 보리밥집도 오래전엔 숯가마터였다.

선암사와 송광사 중간 지점에 있는 보리밥집은 굴목재길을 걷는 사람에게 자연스레 쉼터가 되었다. 게다가 목적지의 반을 남겨 놓고 보리밥집까지만 왔을 뿐인데도 여간 힘이 들지 않는다. 그 사이 허기와 식욕을 동시에 불러오니 보리밥집이 문전성시를 이룬다.

송광사 공양간에서처럼 보리밥집에서도 비빔밥이 나왔는데, 반찬이 무려 12가지에 이른다. 들기름에 달달 볶은 도라지와 취나물이 번쩍 눈에 띈다. 넓적한 간장 종지에 자작하게 담긴 깻잎의 잎맥에서 남도의 산맥이며 강줄기가 아른거린다.

송광사 사찰음식이 잘 벼린 조선낫 같은 느낌이라면, 이곳 보리밥집에서 나온 음식은 각종 농기구를 마당에 부려 놓은 것처럼 다양하다. 낫으로 끊어낸 미나리, 호미로 긁어낸 취나물, 쟁기로 걷어낸 상

굴목재 보리밥집

선암사와 송광사 중간 지점에 있는 보리밥집은

굴목재길을 걷는 사람에게 자연스레 쉼터가 되었다.

송광사 사찰음식이 잘 벼린 조선낫 같은 느낌이라면,
이곳 보리밥집에서 나온 음식은 각종
농기구를 마당에 부려 놓은 것처럼 다양하다.

낫으로 끊어낸 미나리, 호미로 긁어낸 취나물,

쟁기로 걷어낸 상추는

덜어내고 빼낸 사찰음식과 달리

저잣거리의 풍경처럼 푸짐하다.

추는 덜어내고 빼낸 사찰음식과 달리 저잣거리의 풍경처럼 푸짐하다. 그런 넉넉함에 술이라면 젬병이라는 도반까지도 한잔 걸치고, 다들 풀어진 눈동자 속에서 큰 재를 하나 넘고 편백나무 숲을 지나야 닿을 수 있는 선암사仙巖寺 가는 길이 서역인 듯 멀고 아득했다.◉

걷는 길   송광사 ⋯→ 불일암 ⋯→ 홍골 ⋯→ 작은굴목재 ⋯→ 조계산 보리밥집 ⋯→ 큰굴목재 ⋯→
                 선암사 ⋯→ 선암사 입구

거리와 시간   8km 정도, 4시간 예상

23

그리움이 피워낸 길

불갑사에서 용천사 가는 길

심야버스가 법성포공용터미널에 닿았을 때, 꽃무릇은 지고 있었다.

그 지는 꽃무릇이라도 보려면 법성포에서 버스를 갈아타고 한 시간
은 족히 가야 했다. 서울에서 출발할 때부터 공연히 마음이 갈급했다.
꽃 때문에, 그것도 지는 꽃 때문에 마음이 급해지다니. 태어나서 처음
겪는 감정에 버스 유리창을 비춘 얼굴에서 슬며시 웃음이 떠올랐다.

꽃무릇의 개화기는 9월 중순이나 말부터이다. 그때부터 보름 동안
꽃으로서 세상이라는 무대에 선다. 왜 그런지 다른 꽃에 비해 공연시
간이 짧은 편이다. 그 시기가 지나면 화장을 지운 여배우처럼 시들하

게 꽃대 위에 서 있다가 마침내 땅에 지고 만다. 늦가을 꽃대까지 쓰러진 꽃무릇을 보면 과연 저것이 꽃이었는지조차 의심스럽다. 잎은 그때 난다. 하필이면 꽃 진 자리를 더듬듯 바닥에 엎드린 자세여서 애처롭기 짝이 없다. 이 모습을 보고 누군가 '꽃은 잎을 보지 못하고 잎은 꽃을 보지 못한다'는 상사화의 게송을 만들어 냈다.

불갑사佛甲寺 가는 버스를 기다리는 동안 법성포를 둘러보았다. 법성포 가는 길에 가게들이 줄을 섰다. 동네가 동네인 만큼 문밖에 영광 굴비를 걸어 놓은 가게가 많았다. 고려 인종 때 이곳에 유배된 이자겸은 비록 귀양살이하는 몸이지만 결코 비굴하게 살지 않기로 맹세했다. 영광의 조기를 굴비屈非라 부르기 시작한 유래이다.

법성포에 사는 사람들은 법성포의 법은 불교를, 성은 인도에서 온 성인 마라난타를 의미한다고 믿고 있다. 마라난타가 중국의 동진을 거쳐 우리나라로 올 때 법성포에 상륙하여 불갑사를 짓고, 나주에서는 불회사를 지은 후 서울로 갔다면서 불교의 해로유입설을 설명한다.

전성기가 지난 항구라고는 하나 법성포에는 여전히 고기잡이배들이 드나들었다. 해안선 구릉지에는 아미타대불과 간다라 미술전시관이 세워져 서해를 바라보고 있었다. 백제불교 성역화 사업이 진행 중인 거기까지 다녀오려다 시간에 쫓겨 터미널로 다시 돌아왔다.

법성포 재래시장

법성포공용터미널 옆 재래시장은
이른 아침부터 흥청댔다.
시장 어디쯤에선가 플라스틱 함지에 가득 담긴 꽃게를 팔았다.
바다가 가까운 절의 주춧돌이나 부도에 새겨진 그 꽃게였다.
시장아줌마가 꽃게의 한쪽 발을 가볍게 들자,
관 밖으로 빠져나와 마하가섭에게 보인
부처의 맨발이 생각났다.

터미널 시장은 이른 아침부터 흥청댔다. 서울의 재래시장처럼 과일 가게와 어물전, 일용할 물건을 파는 만물상이 들어섰고 각종 해산물과 산나물을 길가 좌판에서 팔았다. 꽃가게도 있었지만, 꽃무릇은 눈에 띄지 않았다.

꽃으로 다시 피어나기까지 꽃무릇은 기나긴 잎의 시간을 지낸다. 남도의 그 흔한 산비탈이나 담장 아래서 남의 눈에 띌듯 말듯 푸릇한 색으로 겨울과 봄을 나다가 초여름에 갈색으로 말라죽는다.

꽃이 피지 않는다면 잡초나 다름없는 풀이다. 열매를 맺지도 않으며 잎이나 뿌리는 쓰임새가 별로 없다. 단지 뿌리에 깃든 독성을 정제해서 기침 가래약에 첨가하거나 단청이나 탱화를 그릴 때 쓰는 물감에 탄다. 그림에 곰팡이가 슬까 봐서 미리 조치하는 것이다. 상용의 범위가 넓지 않은지 애써 키우는 농부는 거의 없다.

아무래도 꽃무릇의 쓰임새는 관상용이다. 절집에서 소규모로 키웠던 것이 사람들의 눈길을 끌고 소문이 퍼져 본격적인 식재로 이어졌음이 틀림없다.

초가을, 잎이 죽은 자리에서 꽃대가 올라오고, 꽃대의 끝에 꽃망울이 생기면서 꽃무릇은 다시 보름간의 공연을 준비한다. 전라도 영광시나 고창시 문화예술부, 꽃무릇으로 유명한 불갑사, 용천사, 선운사 같은 절은 초가을부터 꽃무릇 소식을 묻는 전화에 시달린다.

상사화의 계송과 달리 상사화와 꽃무릇은 다른 꽃이다. 엄연히 상사화란 이름의 꽃이 있고 생김새나 색깔이 전혀 딴판이다. 상사화는 분홍색이고, 6월경 꽃대가 올라와서 꽃을 피워낸다. 9월 중순이나 시월에 피는 꽃무릇보다 3개월이나 일찍 핀다. 중국이 원산지인 귀화식물이다.

이에 비해 꽃무릇의 원산지는 중국과 일본으로 나뉘는데, 나로서는 일본 쪽이 더 유력해 보인다. 꽃무릇이 주로 피는 곳이 서해의 짠바람이 불어오는 전라도의 해안마을 아닌가. 뱃길로 들어온 일본인과 접촉하면서 들어온 꽃으로 추측된다.

불갑사에 도착하니 듣던 대로 꽃은 절정을 지나고 있었다. 한마디로 잔치 끝물이었으나 흥건한 기운이 완전히 가신 건 아니었다. 꽃무릇은 절집 담장 밑에 자란다더니 불갑사 담장 곁에도 수십 송이가 지각생처럼 손을 들고 서 있다.

불갑사는 동트는 하늘에서 돌아앉아 서쪽을 향하고 있었다. 서방정토를 그리는 아미타 사상이 그 밑그림이지만, 서해를 건너 백제로 온 마라난타를 기리는 마음에서 그렇게 배치한 것으로도 전한다. 마라난타가 지은 첫 절이라 해서 부처 불^佛에 으뜸 갑^甲을 붙였지만 정작 이 절의 창건주가 누구인지 아무도 모른다. 돌계단을 오르면 천왕문과 만나는데, 그 안에서 목조 사천왕상이 눈을 부릅뜨고 서 있다. 전북 흥덕 연기사에 있던 사천왕을 고종 7년에 설두선사가 불갑사에 옮겨온 걸작이다.

보물인 대웅전과 고려 공민왕 8년에 이달충이 세운 진각국사비가 경내 볼거리이고, 절 밖에서는 천연기념물로 지정된 참식나무가 눈길을 끈다. 녹나무과에 속하는 난대 수종으로 가을이면 암꽃과 수꽃이 각각 다른 그루에서 피는 이 특이한 나무에도 상사화 못지않은 애틋한 전설이 오래전부터 내려온다.

역시 인도 이야기였다. 신라의 경운스님이 인도에 유학 갔을 때였다. 스님의 학식과 외모에 인도 공주 진희수는 마음을 빼앗기고 말았다. 공주는 스님을 사모한 나머지 평민이 입고 다니는 사리를 입고 몰래 절을 찾기도 했다. 스님 또한 진희수를 사랑해서 모시로 짠 가사와 미영으로 물들인 천을 선물했다. 그러나 공주의 부왕이 두 사람의 사랑을 극구 반대하여 경운스님을 추방하기에 이르렀다. 진희수는 서럽게 울면서 스님을 배웅했다. 고국으로 떠나는 경운스님에게 진희수는 내세의 인연을 기약하는 증표로 작은 참식나무가 든 화분을 이별의 선물로 주었다.

불갑사로 돌아온 경운스님은 참식나무를 정성껏 심었다. 세월이 흘러 노승이 된 경운스님은 참식나무 그늘에 앉아 '같이 있어도 같이하지 못하듯, 함께하지 않아도 같이 있음'을 되뇌면서 열반에 들었다. 그러자 스님이 좌정했던 참식나무에서 꽃이 피어올랐다.

"당신이 주신 가사로 사리를 만들었어요. 그걸 입은 나를 보러 언제 이곳에 오시나요?"

마치 진희수가 꽃으로 피어나서 스님에게 읊조리는 것 같았다. 그때 사람들은 스님의 열반송과 홀연히 꽃이 핀 이유를 알지 못했다.

불갑사 참식나무 숲은 내세에서의 사랑이 결실을 본 듯 무성하다. 꽃무릇 보러 왔다가 참식나무 숲에 붙들린 자리에 서서 나는 그리움에 대해 생각했다. 문득 며칠 전에 지하철에서 본 어느 결혼정보회사의 홍보문구가 기억났다. '누구나 결혼할 수 있으나 누구나 잘할 수는 없다' 나는 한동안 멍했었다. '잘'이란 부사어에 함축된 극도의 이기심 보았기 때문이었다. 경운스님과 진희수 사이의 그리움을 우리 사회에 복원할 방도는 없을까. 남자와 여자 사이의 간격을 출신과 학력과 재력과 용모로 압축해버리는 요즘 같은 정보화 세상에서 인간성 회복을 위한 사회적 생산력으로 그리움을 작동시킬 수만 있다면 얼마나 좋을까.

참식나무 숲을 나오면서 나는 등산화 끈을 조였다. 불갑산 연실봉 516m 에 올랐다가 용천사로 내려갈 요량이었다. 동백골로 들어서는 길에 커다란 담수호가 있었다. 카메라를 멘 사람들이 허리를 굽힌 채 호숫가를 거닐었다. 삼각대를 받쳐놓고 카메라 렌즈로 땅을 탐사하는 무리도 보였다. 물안개 핀 호수 위로 아침 햇살이 번지는 시간이었다. 물안개가 걷히는 물가에서 늦게 피어난 꽃무릇이 그림자를 호수에 드리운 채 물속에서도 빨간 꽃을 피워냈다. 그 곁에서 몇몇 사람들이 신명이 나서 꽃무릇을 찍어댔다.

사진작가들 곁에서 나 또한 꽃무릇을 가까이서 들여다보았다. 군락을 이루지 않고 호숫가에 불쑥 피어난 꽃무릇은 저 홀로 요염했다. 이파리 한 장 없는 꽃대 위에서 꽃잎은 추어올린 속눈썹처럼 여러 갈래로 뻗었는데, 그 한가운데서 가늘고 구부러진 바늘들인 양 꽃술이 떨고 있었다. 화려한 외양과 달리 향내를 거의 풍기지 않는 꽃이었다. 밤새 호숫가에서 떨었을 것이다. 선홍색 꽃잎에 찬 서리가 껴선지 짠한 애틋함마저 전해온다. 꽃무릇을 오래 내려다보다가 나는 머리를 흔들어 깨어났다.

호수를 따라난 길은 동백골로 이어지고, 거기서 산길을 따라 구불구불 올랐다. 얼마 전까지만 해도 꽃무릇이 덮고도 남았을 산기슭이

푸른색으로 착 가라앉아 있었다. 정상이 가까운 산기슭에서 불갑사의 산내 암자인 해불암이 나타났다. 낙조를 전망하는 곳으로 유명한 암자이다. 칠산七山 바다를 붉은빛으로 물들이며 지는 해를 이곳 사람들은 우리나라 으뜸으로 친다.

연실봉 정상에 서니 사방이 트여 영광과 함평, 나주의 평야지대가 시원하게 펼쳐졌다. 멀리는 동쪽의 고창 방장산과 그 뒤로 아스라한 정읍 입암산, 서쪽 산 너머로는 칠산바다의 올망졸망한 섬들, 그리고 동남쪽으로는 광주 무등산의 둥글고 웅장한 모습과 함평벌 너머로 삐죽삐죽 솟은 영암 월출산이 모두 시야에 들어온다.

내리막길인 구수재 능선을 사이에 두고 불갑사와 용천사가 있다. 구수재는 두 절의 스님들이 오가는 길로, 영광 불갑산과 함평 모악산 사이를 가로지르는 고개이다.

꽃무릇을 다시 만난 곳은 서해안에서 가장 오래된 절이라는 용천사였다. 대웅전 층계 앞에 있는 용천龍泉이라는 샘에서 유래한 절 이름이다. 이 샘에 용이 살다가 승천했다. 현재의 사찰은 6·25전쟁 때 불에 타 중창한 것이지만, 그 이전에도 몇 차례의 전란이 휩쓸고 지나간 흔적이 있다. 정유재란의 화마에서 벗어나지 못해 선조 때 중창했고, 인조와 숙종 때도 중건과 중수를 거듭한다. 문화재로 지정된 용천

불갑사 꽃무릇

군락을 이루지 않고 호숫가에 불쑥 피어난 꽃무릇은
저 홀로 요염했다.
이파리 한 장 없는 꽃대 위에서
꽃잎은 추어올린 속눈썹처럼 여러 갈래로 뻗었는데,
그 한가운데서 가늘고 구부러진 바늘들인 양 꽃술이 떨고 있었다.
화려한 외양과 달리 향내를 거의 풍기지 않는 꽃이었다.
밤새 호숫가에서 떨었을 것이다.
선홍색 꽃잎에 찬 서리가 껴선지 짠한 애틋함마저 전해온다.

사 석등과 해시계가 볼거리지만 용천사 역시 꽃무릇 피는 시기에 절 정기를 맞는다.

사랑하는 사람은 못 만나서 괴롭다. 부처는 이 애별리고愛別離苦 가 거역할 수 없는 현실임을 직시하라고 했다. 불교에서 우연은 없다. 어떤 우연한 만남도 인연 때문에 생기는데, 가혹하게도 이 세상에서 맺어진 모든 인연은 헤어짐이란 필연을 겪어야 한다. 꽃무릇이나 참식나무에 대한 연민은 궁극적으로 만남과 헤어짐 사이에 가로놓인 그리움이다.◉

걷는 길 불갑사 ⋯▸ 동백골 ⋯▸ 해불암 ⋯▸ 구수재 ⋯▸ 용봉 ⋯▸ 용천사

거리와 시간 6km정도, 5시간 예상

24

달마가 도솔암에 간 까닭은?

미황사에서 도솔암 가는 길

　　미황사^{美黃寺}에 가면 대웅전 주춧돌부터 먼저
보라. 불교가 바다를 건너온 역사를 게와 거북의 돌을새김이 전하고
있다. 대웅전 천정에도 '옴마니반메훔'의 산스크리스트어가 문양을
이루고 있다. 최근 미황사 앞길에 '천 년 숲길'이 생겼다. 1,200여 년
전, 조선조 숙종 때 세웠다는 부도사적비가 그 길에 있는데, 거기서도
불교의 해양전래설을 뒷받침한다.

　　어느 해 사자포에 돌배가 한 척 나타났다. 의조대사가 제자들과

함께 배에 오르니 금인金人이 노를 잡고 있었고, 화엄경과 법화경, 비로자나불과 문수보살과 보현보살을 비롯한 53선지식의 경상經像이 실려 있었다. 의조대사 일행은 그 모두를 배에서 내려 봉안할 곳을 물색했다. 그날 밤 의조대사의 꿈에 금인이 나타났다.

"나는 우전국 왕이다. 금강산에 경상을 모시려다가 이 산에 일만불佛이 있어 여기에 배를 세웠다. 소에 경상을 싣고 나가 소가 누워 일어나지 않는 곳에 봉안하라."

의조대사가 깨어보니 검은 소가 나타났다.

미황사는 그래서 생긴 절이다. 미美자는 소 울음을 음사한 소리이며, 황黃은 금인을 뜻한다. 우전국은 현장의 '대당서역기'에 등장하는 나라로, 중국의 신장위구르 자치구이다. 금인은 황면노사黃面老師라고도 부르는 부처이다. 금인을 인도의 왕이거나 아유다국의 공주 허황옥으로 확대해석하는 사람도 있다. 허황옥은 훗날 김수로 왕의 왕비가 된다.

이 땅의 불교가 옛 고구려 땅을 거쳐 왔다고는 하나, 서울 대성사, 고창 선운사, 영광 불갑사, 김해 장유사에서는 서해와 남해를 건너왔다는 해양전래설이 떠돈다. 신라 남해왕 때 인도 월씨국의 불교가 동

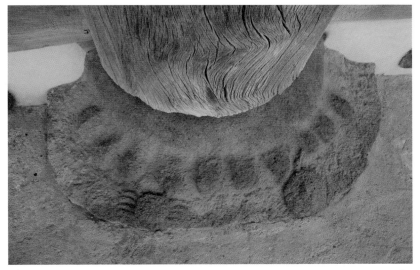

미황사 주춧돌

미황사에 가면
대웅전 주춧돌부터 먼저 보라.
불교가 바다를 건너온 역사를
게와 거북의 돋을새김이 전하고 있다.

達摩山 美黃寺

어느 해 사자포에 돌배가 한 척 나타났다.
의조대사가 제자들과 함께 배에 오르니
금인金人이 노를 잡고 있었고,
화엄경과 법화경, 비로자나불과 문수보살과
보현보살을 비롯한 53선지식의 경상經像이
실려 있었다.
의조대사 일행은 그 모두를 배에서 내려
봉안할 곳을 물색했다.
그날 밤 의조대사의 꿈에 금인이 나타났다.
"나는 우전국 왕이다.
금강산에 경상을 모시려다가
이 산에 일만 불佛이 있어 여기에 배를 세웠다.
소에 경상을 싣고 나가
소가 누워 일어나지 않는 곳에 봉안하라."
의조대사가 깨어보니 검은 소가 나타났다.

미황사는 그래서 생긴 절이다.
미美자는 소 울음을 음사한 소리이며,
황黃은 금인을 뜻한다.

해로도 들어왔다는 이야기도 있다.

　미황사는 한반도에서 가장 남쪽에 있는 절이다. 달마산^{489m}에 해가 뜨는 반대편 기슭에 있어서 아침볕이 늦다. 카메라로 대웅전을 찍지만 달마산 그늘이 오래 머무르고 있어 자꾸 흔들린다.

　카메라 렌즈에 대웅전뿐 아니라 뾰족뾰족한 뒷산 봉우리들이 들어온다. 언뜻 보면 병장기를 세워 둔 무기고 같은 모습의 달마산이다.

　새벽예불을 마치고 나서 스님에게 도솔암 가는 길을 물으니 둘레길인 '천 년 숲길'을 즉시 권장한다. 그러다가 내 나이를 가늠하려는지 아래위를 훑는다.

　"산을 타려면 부도전에서 올라가는 게 수월하고요. 미황사에서 바로 올라가는 길이 있긴 한데요…….."

　끝말을 입속에 넣고 우물거렸다. 그에게 반배하고 자리를 뜬 젊지도 늙지도 않은 나는 무슨 심사에선지 험로를 택해 걸었다.

　가파르긴 했지만 30여 년 꾸준히 산행해온 몸이 뒤에서 밀어주고 있었다. 오를수록 멀어져가는 미황사를 집 나온 아이처럼 뒤돌아보았다. 아침햇살이 미황사 기와지붕보다 먼저 남해바다에 닿아 쪽빛 물결을 반짝였다. 능선에 오르니 풍경이 하나 더 생겼다. 산등성이 너머로 해남벌판이 기름진 햇빛을 머금고 번들거렸다.

눈길을 거두어 능선의 앞뒤를 보자 소문으로 듣던 대로 칼산이다. 칼산지옥 제가 가면 칼산 절로 꺾여지고…… 천수경의 신통한 문장이 떠올랐으나 내가 거기 갔기 때문이라기보다 진도, 완도, 보길도, 어룡도, 백일도, 흑일도, 당일도, 장구도…… 아주 쾌청한 날에는 제주도까지 보이는, 바다와 하늘 사이에 쉼표처럼 떠 있는 섬들에 세상은 그지없이 평온해 보였다. 지옥도 달마산 봉우리 같다면 한 번쯤 갈만하지 않을까.

동국여지승람은 '달마대사의 법신이 늘 상주하는 곳'이라고 해남 달마산을 단 한 줄로 소개한다. 달마는 선종 초조 달마대사의 이름이지만 '진리'라는 뜻으로 산스크리트어 다르마Dharma에서 왔다. 미황사 대웅전을 카메라에 담을 때 보았듯이 달마산은 뾰족한 바위투성이인데, 그 옛날 우전국 왕자 금인의 눈에 비친 1만 불상이다.

봉우리들의 높낮이에 따라 내 몸도 오르락내리락했다. 피안으로 가는 배가 파도에 출렁거리는 기분이다. 어지러웠다. 출렁거리는 배 말고도 고가도로를 달리는 차들처럼 구름이 내 머리 위를 빠르게 지나고 있었다. 구름의 그림자도 능선의 바위와 흙을 훑으며 빠르게 지나갔다.

지독한 너덜길이었다. 미황사 스님의 흐린 말끝을 이제야 알 것 같

봉우리들의 높낮이에 따라 내 몸도 오르락내리락했다.
피안으로 가는 배가 파도에 출렁거리는 기분이다.
어지러웠다.

도솔암

출렁거리는 배 말고도 고가도로를 달리는 차들처럼
구름이 내 머리 위를 빠르게 지나고 있었다.
구름의 그림자도 능선의 바위와 흙을 훑으며 빠르게 지나갔다.

왔다. 그때 배가 암초에 걸렸는지 기우뚱했다. 사실은 내가 바위에 걸려 넘어진 것이었다. 칼산이 절로 꺾여지기는커녕 통증이 와서 몸을 제대로 가누기도 어려웠다. 나와 함께 나둥그러진 배낭을 주워 약품함을 열었다. 압박붕대로 발목을 칭칭 감는 동안 부처를 몹시 시기했던 사촌 데와닷따가 생각났다.

데와닷따는 살해를 결행하려고 영취산 산마루에서 부처가 오기를 기다렸다. 부처는 굴러오는 바위를 피해 겨우 죽음을 모면했지만 발을 심하게 다쳤다. 주치의 지바카가 부처의 다친 발에 칼을 대어 치료했다.

"부처님, 통증이 심하신가요?"

"지바카, 나 여래는 윤회라는 긴긴 여행의 종착점에 도착했느니라. 모든 번뇌와 방해와 핍박에서 벗어났느니라. 그러나 몸의 통증만큼은 어쩔 수 없구나."

부처가 신통술을 부려 다친 발쯤은 너끈히 낫게 하려니 생각한 사람들은 이 대목에서 매우 놀랄 것이다. 부처의 신통력에 대한 의문은 이밖에도 더 있었다. 부처가 춘다의 상한 음식공양으로 식중독에 걸렸을 때였다. 아픈 몸을 이끌고 마지막 유행지인 쿠시나가르로 향하는 부처에게 어떤 비구가 물었다.

"부처님께서는 이 세상에서 가장 존귀하신데 왜 하늘나라 약으로 병을 치료하지 않으십니까?"

부처는 웃음을 머금었다.

"집은 오래되면 허물어지지만 땅은 변함없이 평온하단다. 나의 마음은 땅과 같아 평온하지만 내 몸은 헌 집과 같구나."

내 몸도 헌집 대문처럼 덜컹거렸다. 다행히도 발을 삐었을 뿐 심하게 다친 건 아니어서, 스틱을 짚고 대밭삼거리까지 올 수 있었다. 미황사 스님이 수월한 길이라 했던 부도전에서 올랐다면 대밭삼거리를 훨씬 지났겠지만 후회하지는 않았다. 도솔암이 있으니까 도솔천이 열리는 세계이리라. 사람의 몸으로 감히 도솔천에 오르는데 이만한 고생은 사서라도 해야 하는 게 아닌가.

여전히 머리 위로 구름이 지나다니고 발아래서 바다가 번쩍거렸다. 구름을 머리에 이고 능선을 걸을 때 나는 하늘의 시간을 통과한다. 그 시간은 지상에서의 시간보다 빨라서 어떤 거리든 단축하게 된다. 옛사람들 중 어떤 이는 축지법을 쓴다고도 했다. 아마도 능선을 잘 이용하여 거리는 물론 시간을 단축하는 능력이 뛰어났다는 뜻이리라.

하숙골재를 지나 떡봉에 올랐다. 이쯤이면 피안의 세계인 도솔암이 보일 차례이기에 연신 주위를 두리번거리며 걸었다. 마침내 도솔암을 가리키는 표지가 나타났지만, 내 눈에 띈 건 놀랍게도 차안의 세계에서 흔히 보는 컨테이너박스였다. 한 스님이 거기서 나왔는데 그도 놀란 얼굴이었다. 어찌 그 다리로 예까지 왔느냐는 눈길이었다.

잠시 후에야 알았지만 도솔암은 컨테이너박스가 기대앉은 봉우리, 그 건너편에서 바다를 내려다보고 있었다. 내가 본 박스집은 도솔암 암주 법조스님이 기거하는 일종의 요사채였다.

법조스님은 해남이 고향이란다. 산 위에서 고향을 내려다보며 수행한다는 이야기에 어떤 기구한 사연이 배어있는 것 같았다. 하지만 출가자에게 그 연유를 물을 수는 없었다. 법조스님뿐 아니라 스님의 과거란 대개가 검게 칠해진 금기의 시간이므로 오래 이야기를 나눠도 절름발이 대화로 그치는 경우가 많다. 수백 년 동안 폐사지였던 도솔암을 법조스님이 복원하여 11년째에 이른다고 했다.

"이제 고만 산 아래로 내려가야제. 장기집권은 곤란한 법이여."

너털웃음을 터뜨리는 스님을 뒤로하고 요사채를 나왔다. 봉우리 곁을 돌아 내려가는 길에서 소문으로만 듣던 도솔암이 보였다. 새의 둥지, 높다란 바위 틈새에 낀 도솔암은 영락없는 그것이었다. 지나던 새도 날갯짓을 멈추고 바라볼 것 같았다. 아니, 우리 집을 어찌 날개 없는 인간이 지었지?

도솔암

봉우리 곁을 돌아서 내려가는 길에서 소문으로만 듣던 도솔암이 보였다.
새의 둥지, 높다란 바위 틈새에 낀 도솔암은
영락없는 그것이었다.
지나던 새도 날갯짓을 멈추고 바라볼 것 같았다.
아니, 우리 집을 어찌 날개 없는 인간이 지었지?

도솔암에서 내려다보니 바다는 여전히 푸르렀고 섬들은 또렷했다. 진도 쪽으로 배 한 척이 가고 있었다. 날이 서도록 햇살이 쨍쨍한데 이상하게도 피안과 차안을 구분하는 일은 여전히 힘들었다. ⊛

걷는 길 미황사 ⋯▸ 대밭삼거리 ⋯▸ 하숙골재 ⋯▸ 떡봉 ⋯▸ 도솔암
거리와 시간 5km정도, 4시간 예상

25

손오공도 덕유산을 넘었다

백련사 가는 길

곤돌라가 어디쯤 올랐을까. 갑자기 주변 풍경이 바뀐다. 세상이 확 뒤집혀버린 느낌이다. 스노보드나 스키를 즐기는 사람들도 오간 데 없다. 무주리조트의 곤돌라 탑승장에서는 아무리 봐도 눈이 드문드문 쌓인, 그저 그런 갈색 산이더니, 해발 1,200m를 지나면서 새하얀 설산으로 돌변한다. 굼뜨고 의심 많은 나의 감정이 이 상황에 적응하는 데는 극장문을 열고 들어가 어둠에 익숙해지는 시간만큼은 족히 걸렸으리라. 주변에서 탄성이 터져 나왔고, 나는 영화 자막 대신 엉겁결에 곤돌라 유리창을 쳐다보왔다. 나무들 위로 눈보라가 치고 무엇에 쫓기듯 새들이 빠르게 지나간다. 옷장문을 열면 '나니아'라는 마법의 세계도 동시에 열리는 애니메이션 영화를 보는 기분이었다. 세계를 꽁꽁 얼게 하는 마녀는 어디에 있을까?

곤돌라에서 내리니 설천봉이었다. 손오공이 근두운을 타고 하늘로 솟구치듯 800여m 높이를 단번에 올라온 셈이다. 눈보라와 안개 너머로 팔각정이, 아니 요괴가 사는 성이 흐릿하게 윤곽을 드러내고 있었다.

나와 도반들은 그 팔각정이 가까운 기상대에서 아이젠과 스패츠를 차고 스틱을 폈다. 몇몇은 마스크와 고글을 써서 눈보라를 막았고, 몇몇은 그저 눈을 감는 것 외엔 별 조치 없이 더듬더듬 돌풍과 안개를 뚫고 데크 계단 쪽으로 걸어갔다. 손오공과 그 일행은 톈산산맥과 타클라마칸 사막을 건넜지만 우리는 눈 내린 설원을 걸어 향적봉 입구로 향했다.

겨울 덕유산에는 눈이 많이 내리지만 그 밖의 계절엔 안개 낀 날이 많다. 임진왜란 때 왜군이 지나는 길에 짙은 안개가 드리워 산속으로 피란 나온 사람들을 숨겨 주었다는 이야기가 전해온다. 정감록도 십승지 十勝地 의 하나로 꼽은 은둔의 산이다.

눈길에서는 아무리 잘 걸어도 조금씩 뒤로 밀린다. 그만큼 힘이 들고, 같은 길을 걸어도 시간이 오래 걸린다. 핑계 없는 무덤이야 어디 있겠냐만, 명색이 등산을 하겠다면서 우리가 곤돌라를 탄 이유이다.

계단을 사이에 두고 길가 나무들이 새하얗게 얼어붙었다. 거기서 뻗어 나온 나뭇가지들이 공중에 얽혔는데 부러져 내릴 것 같은 상고대 Air Hoar 다. 모두들 이 상고대를 보고 환호하는데, 나만 김성동이 쓴 '만다라'의 한 장면을 기억해내고는 묵묵했다. 영화로도 만들었던 불교 소설이다. 토굴에서 꽁꽁 얼어붙은 지산 스님을 빼내는데 가부좌를 틀고 합장한 얼음덩어리였다. 얼어 죽은 스님을 뜨거운 장작불로 다비할 때 누군가 요령을 흔들었다. 그 소리를 수년 전 이 덕유산에서도 들었다. 철쭉과 산죽, 키 작은 나무들이 웅크린 어느 능선에선가 얼음꽃이 고드름처럼 매달려 딸랑 딸랑거렸다. 구슬픈 소리였지만 햇살이 수정처럼 쪼개지고 있어 눈이 부셨다.

상고대는 눈과 서리, 안개와 구름이 나뭇가지를 달라붙어 더께를 이룬 꽃이다. 이 눈꽃이 만발하면 덕유산에 있는 나무들은 모두 설산 수행하는 자세를 취한다. 보라, 저기 저 죽은 지 오래인 주목나무도 부처의 수제자 마하가섭인 양 가부좌를 틀고 있지 않은가.

만다라의 지산과 마하가섭을 닮은 상고대의 주목나무에도 불구하고 부처가 설산에서 고행했다는 건 믿을 수 없는 이야기이다. 부처가 마지막으로 깨달음을 얻으러 찾아간 곳은 눈 덮인 첩첩산중의 히말라야가 아니라 마가다국의 변방 가야였다. 부처가 그곳에서 깨달았으므로 훗날 보드가야Bodhgaya 가 된다. 가야에서 히말라야까지는 수백 킬로일뿐더러, 부처가 히말라야 설산에서 수행했다는 기록은 경전 어디에도 없다. 우리나라의 수많은 법당 외벽에 그려진 부처는 그런데도 히말라야의 맹렬한 추위를 겨우 왼쪽 어깨만을 걸친 얇은 가사로 버티고 있다. 물론 부처의 고행을 우리나라식으로 표현한 것이라 주장할 수도 있다. 종교적 상상력이란 때로 불경을 구하러 인도에 간 현장의 이야기를 서유기라는 기묘한 모험담으로 둔갑시키지 않았던가.

향적봉1614m 은 정상치고는 터가 널찍해서 마치 대웅전 앞마당 같았다. 설경을 즐기는 등산객들이 몰려들어 초파일이나 백중 때처럼 분주하다. 일부는 벼랑 쪽에서 등을 보이고 서 있다. 첩첩한 산줄기, 물결처럼 넘실대는 백두대간의 마루금에 한눈이 팔려 있는 것이다. 이 기분에 봉우리에 오른다. 낮은 데서 볼 수 없었던 풍경을 볼 수 있는 데서 오는 희열, 이 기분에 젖을 때마다 문득문득 궁금해지는 것은 법열이다. 수행자가 깨달음에 눈이 떠서 모든 번뇌가 끊어질 때 온다

백련사 대웅전

백련사로 하산하는 길에
희끗희끗 눈이 비쳤다.
백련사 일주문을 지나
대웅전 앞에 이르자 눈발이 굵어진다.
대웅전 앞에서는
만리초가 훨훨 타오르고
하늘에선 펑펑 함박눈이 내렸다.

는 환희지(歡喜地)는 어떤 기분일까?

북덕유산이라 부르는 향적봉은 백두대간에서 약간 벗어난 거리에 있다. 그 향적봉을 경계로 남덕유산이 시작되고, 남덕유산은 백두대간에 속해 있다. 향적봉에서 30여 분 걸리는 중봉은 북덕유산의 끝 봉우리로, 남덕유산과 갈라진다.

중봉에 올라 대간을 타는 등산객의 기나긴 행렬을 물끄러미 바라보다가 백련사(白蓮寺)로 하산길을 잡는다. 계곡물이 흐르는 습지라서 바윗길이 미끄럽다. 아이젠을 차고도 발목에 잔뜩 힘이 들어간다. 계곡은 단단히 얼어 있었지만 군데군데 얼음장을 깨고 맑은 물이 솟아난다. 정상과 달리 계곡에는 떡갈나무, 신갈나무, 졸참나무 등 키 큰 나무들이 즐비하다. 소나무와 리기다소나무에서 번갈이 눈뭉텅이가 뚝뚝 떨어진다. 얼마를 걸었을까. 흰 눈을 머리에 인 백련사 일주문이 나타났는데, 배가 고파선지 그 모습이 떡시루를 이고 언덕에 선 여인네 같다. 81가지의 난관을 헤쳐 가까스로 천축국에 도착한 손오공과 그 일행도 금강경보다는 떡이지 않았을까.

백련사는 신라 흥덕왕 때 무렴국사(無染國師)가 창건했다고 하지만, 덕유산에 은거한 백련선사(白蓮禪師)가 하얀 연꽃이 솟아나온 곳에 지었다는 이야기가 더 그럴싸하다. 절의 다른 이름이 구천동사九千洞寺 라든지, 구천동의 구불구불한 계곡에 9,000명의 스님이 머물렀다는 비현실적인 전설 때문일 것이다. 구천동은 옛 신라와 백제의 경계이자 관문이었던 나제통문羅濟通門 부터 덕유산 으뜸 봉우리인 향적봉까지 이어지는 길이다.

금강으로 흐르는 구천동 계곡은 길고도 아득하지만, 덕유산의 신령스러운 안개는 25km에 이르는 그 길이를 덮고도 남는다. 구천동 계곡에는 이런 소문이 떠돈다. '안개가 피어오르면 골짜기 문이 닫혔다가, 해가 떠오르면 스르르 문이 열린다.' 얼핏 환상적인 문장으로 보이지만 나름 논리를 갖췄다는 사실을 이내 알게 된다. 9,000명의 스님이 은둔하려면 그 정도는 돼야 하기에.🌀

걷는 길 무조리조트(케이블카 승차) ···▶ 설천봉 ···▶ 향적봉 ···▶ 중봉 ···▶ 오수자굴 ···▶ 백련사 ···▶ 구천폭포 ···▶ 신대 휴게소 ···▶ 구천동 탐방지원센터

거리와 시간 16km정도, 5시간 30분 예상(중봉 코스를 생략하면 10m 4시간 예상)

경상도의 절길

어느 날 소수서원을 나온 이황은
국망봉 아래 있는 석륜사를 찾아갔고,
소백산을 샅샅이 유람할 요량으로
거기서 사흘레 머물렀다.

26

꿈에서 깨어나 울다

쌍계사 가는 길

벚꽃이 눈부시다. 너무 눈부셔 눈을 감았는데도 내리는 벚꽃의 그림자가 눈꺼풀 너머에서 아른거린다. 눈을 뜨면 자칫 망막이 베일 것 같아 장님처럼 흰빛 속을 더듬어 간다.

벚꽃이 피고 지는 봄날, 쌍계사雙磎寺 가는 길은 한 걸음만 걸어도 현기증 나는 절벽이다. 사람들은 절벽 아래 흰빛의 계곡에 떨어지지 않으려고 조심조심 걷는다.

화개花開는 꽃이 핀다는 뜻이다. 비슷하지만 더 많이 쓰는 개화開花란 말이 있다. 그럴 리 있겠느냐만 경상남도 하동은 꽃이 잎보다 먼저 핀대서 화계란다. 꽃보다 잎이 먼저 피는 것이 정설이고, 세상 어디서나 늘 피고 지는 것이 꽃이거늘 왜 하동만 화계일까. 벚꽃 때문이다. 어느 날 하늘에서 와르르 쏟아지듯 벚꽃이 나타났다가 씻은 듯 사라지니 오직 벚꽃만을 기억할 뿐, 검은 나뭇가지와 푸른 잎은 금세 잊혀지고 마는 것이다. 특히 화개장터에서 쌍계사에 이르는 시오리 길은 3월 말부터 4월 초까지 멀미가 나도록 벚꽃이 피고 진다.

내가 도착한 날도 화개천을 따라 똬리를 튼 뱀처럼 이어진 길에 벚꽃이 내리고 있었다. 바람이 잔잔한 날인데도 추락을 멈추지 않았다. 벚꽃이 내리고 또 내려 길 양쪽의 산비탈, 동네의 집들과 담장 위, 노점상이 내놓은 좌판에 포개지고 있었다. 이처럼 왕창왕창 꽃이 지는데도 나무들마다 기름진 꽃들이 새로 피어난 듯 꽉 들어차 있었다. 며칠 후면 이 시오리 길이 바니타스 풍의 그림으로 변신할 텐데도 죽음의 불가피성과 속세의 덧없음을 애써 부인하다니. 그렇다면 내 눈에 비치는 이 길은 모두 거짓 풍경인가? 있어야 할 건 있고, 없을 건 없다는 조영남의 노래도 순전히 거짓말인가?

벚나무 아래서 노점상과 상춘객이 주고받았다.

"이거 얼맙니꺼?"

"아따, 말만 잘하모 공짜로도 드리지예."

말만 번지르르하지 상춘객을 쳐다보는 눈빛이 번득였다. 천막을 치고 음식을 파는 간이음식점의 차림판에는 가격이 적혀 있지 않았다. 흥정 뒤끝에 벌이는 말다툼 소리가 어디선가 흘러나오는 주현미의 낭창낭창한 노랫가락에 섞여 불협화음을 냈다.

벚꽃은 이곳 노점상을 유랑 인생으로 바꾸어놓는다. 벚꽃이 다 지고 거리가 텅 비면 천막 뒤에 세워둔 1톤짜리 트럭을 타고 타처로 흩어질 것이다.

심심풀이로 뻥튀기를 사서 뜯어먹으며 쌍계사를 향해 걷는데 머릿짐을 이고 타박타박 벚꽃비를 맞으며 걸어오는 아낙이 보인다. 작년 가을 저 세상으로 돌아가신 울 어머니, 벌써 이 세상에 돌아오셨나?

화개의 십리벚꽃길은 우리나라에서 가장 오래된 벚꽃길이다. 일제 강점기인 1931년 신작로가 생기면서 지역 유지들이 벚나무 1,200그루를 심어서 조성했다. 왜 하필 일본 국화인 벚꽃이었을까 궁금하다면 벚나무를 따라 굽이굽이 흐르는 화개천에 물을 일이다. 화개천은 섬진강으로 흐르고, 섬진강은 화개장터를 비롯하여 지리산 골짜기에 스민 역사와 애환을 모아 남해로 흘려보낸다.

벚꽃길이 거의 끝나가는 곳에서 다리를 건넜다. 사하촌인 음식점

쌍계사 벚꽃

어느 봄날, 제자인 만공이 경허에게 도道 란 무엇인지 물었다.
경허는 머뭇거리지 않았다.
"도란 꽃처럼 여기에도 있고, 저기에도 있지. 천지사방에 널린 꽃이 도다."
"천지사방에 도 아닌 게 없다고요?"
"그래, 꽃피는 것도 도고, 꽃이 지는 것도 도다.
그 오묘한 도리를 알면 부처를 볼 것이니라."
화개천을 따라 꽈리를 뜬 뱀처럼 이어진 길에 벚꽃이 내리고 있었다.
바람이 잔잔한 날인데도 추락을 멈추지 않았다.
꽃들이 왕창왕창 지는데도
나무들마다 기름진 꽃들이 새로 피어난 듯 꽉 들어차 있었다.

상가를 지나니 두 개의 큰 바위가 문처럼 나타난다. 최치원이 지팡이를 휘둘러 썼다는 쌍계^{雙溪}와 석문^{石門}이 양쪽 바위에 새겨 있다. 최치원의 글씨는 쌍계사 안에도 있는데, 중창자 진감선사를 기린 진감선사대공탑비가 그것이다.

일주문에 이르니 스님 몇 분이 사다리를 타거나 밑에서 붙들어 '금란방^{禁亂榜}'이라는 현수막을 걸고 있었다. 스님한테 그 뜻을 물었다.

"매년 이즘이면 보살계를 거행합니다. 우리 쌍계사에선 초파일 못지않은 큰 행사지요."

호계도량 쌍계사에서 보살계를 받는 날이면 그 어느 때보다 계행이 청정해야 하므로 금란방을 써 붙여 일주문에 잡귀가 드나드는 것을 막는다는 게 스님의 설명이었다.

꽃이 흐드러지기는 일주문 안도 마찬가지였다. 금강문이나 천왕문으로 오르는 계단에도, 팔영루와 대웅전 기와지붕 위에도, 꽃잎이 쌓여 있었고, 그 위로 계속해서 꽃잎이 날아들었다. 대웅전을 돌아내려오는 담에는 아예 사시장철 피어 있으라고 진흙꽃을 새겨 넣었고, 불일폭포 가는 길에 앉아 있는 금당의 편액에는 세계일화조종육엽^{世界一花祖宗六葉}, 추사의 글씨가 꽃말을 전하고 있었다. 벚꽃 일색인 문밖과 달리 동백꽃, 산수유꽃, 목련꽃, 매화꽃…… 이 꽃 저 꽃이 흐드러졌

쌍계사 일주문

일주문에 이르니 스님 몇 분이 사다리를 타거나
밑에서 붙들어 '금란방'이라는 현수막을 걸고 있었다.
스님한테 그 뜻을 물었더니 보살계를 받는 날이란다.
호계도량 쌍계사에서 보살계를 받는 날이면
그 어느 때보다 계행이 청정해야 하므로
금란방을 써 붙여
일주문에 잡귀가 드나드는 것을 방지한다.

다. 하긴 눈 내린 계곡, 칡꽃이 핀 자리가 쌍계사 아니더냐.

쌍계사 금당은 혜능조사의 두개골을 모신 특이한 전각인데, 바깥에 있어야 할 탑을 전각 안에 모신 것도 특이하다. 육조정상탑六祖頂相塔 이 그것인데, 혜능을 흠모한 신라 스님 삼법三法 의 이야기가 어려 있다.

혜능을 친견하는 것이 꿈이었던 스님은 입적 소식을 듣고 통탄한다. 삼법의 슬픔에는 다분히 엽기적인 데가 있었다. 혜능의 유골, 그 가운데 두개골을 다른 사람에게 뺏길지도 모른다는 생각으로 더 슬퍼했던 것이다. 혜능의 두개골을 신라로 가져와야 했다. 삼법이 그렇게 생각한 이유는 '육조단경'을 읽다가 '내가 입적하고 5,6년 후 동토에서 내 머리를 베어 가는 자가 있을 것'이라는 대목을 보았기 때문이었다. 삼법은 그 길로 당대의 권력자 김유신의 부인에게 달려가 당나라 체류비 2만 금을 얻어낸다.

삼법이 배를 타고 당나라로 들어간 것은 722년, 우리 불교역사에 최고의 기행이 벌어졌다. 마침내 소주 보림사 육조탑에서 혜능의 두개골을 탈취하는 데 성공했다. 믿거나 말거나지만 돌함에 봉안된 혜능의 두개골은 눈 내리는 지리산 계곡, 칡꽃이 핀 자리에 묻힌다. 삼법은 그 자리에 화개난야花開蘭若 라는 암자를 지어 수행한다. 쌍계사의 중창자 진감국사 혜소는 삼법이 죽고 화개난야가 화재로 소실된 자리에 육조영당을 세우고, 육조영당은 금당으로 이름이 바뀐다.

혜소가 주석했던 국사암으로 가는 길에서 나는 문득 쌍계사에 선승들이 와서 용맹정진하는 까닭이 꽃의 힘 아닐까 생각했다. 운수납자들이 설마하니 색이나 향에 유인당했을 리는 없다. 그보다는 꽃이 지닌 본래의 의미에 이끌려 쌍계사에 걸망을 내려놓는다고 봐야 한다. 쌍계사는 우리나라 절 중에서 가장 수행이 잘된다는 안거처이다.

운수행각의 도반이었던 경허와 만공도 꽃을 깨달음의 화두로 삼았다. 어느 봄날, 제자인 만공이 경허에게 도道란 무엇인지 물었다. 경허는 머뭇거리지 않았다.

"도란 꽃처럼 여기에도 있고, 저기에도 있지. 천지사방에 널린 꽃이 도다."

"천지사방에 도 아닌 게 없다고요?"

"그래, 꽃피는 것도 도고, 꽃이 지는 것도 도다. 그 오묘한 도리를 알면 부처를 볼 것이니라."

국사암 수각에도 꽃들이 들이쳤다. 돌거북의 입에서 떨어지는 약숫물의 파장에 꽃들이 돌확 가장자리에서 둥둥 떠다닌다. 그 모습에서 불일폭포 아래서 범패를 익히는 선승들이 보였다. 그 옛날 제자들에게 범패를 가르쳤다는 혜소의 목소리가 은은하고도 유장하게 들려왔다.

쌍계사 문수전

나는 문득 쌍계사에 선승들이 와서 용맹정진하는 까닭이
꽃의 힘 아닐까 생각했다.
운수납자들이 설마하니 색이나 향에 유인당했을 리는 없다.
그보다는 꽃이 지닌 본래의 의미에 이끌려
쌍계사에 걸망을 내려놓는다고 봐야 한다.

스님 두 분이 문수전 계단으로 내려오고 있었다. 스님들이 꽃처럼 보였고 꽃들이 스님처럼 보였다. 출가자가 수행하는 것은 한 송이 꽃이 되기 위해서가 아닌가. 산수유가 먼저 깨달음을 얻었는지 두 스님이 내려오는 계단 한 쪽에 흐드러지게 피었다.

젊었을 때 나는 중이 되어 꽃을 피워보고 싶었다. 꽃은 피워보지 못했고 쌍계사에 가서 무진장 핀 꽃만 본 셈이었다. 일주문을 나서는데 왠지 서러웠다. 어떤 어린아이는 꿈에서 깨어나자마자 으앙, 소리 내어 운다. 그 아이처럼 울고 싶었으나 울음은 속절없이 목울대 안에 삼켜졌다. ✺

걷는 길　화개터미널 ⋯→ 십리벚꽃길 ⋯→ 쌍계석문바위 ⋯→ 쌍계사 ⋯→ 국사암
거리와 시간　7km 정도, 2시간 30분 예상

27

모든 길은 사이에 있다

칠암자 가는 길

　　삼정산 1,292m 능선 아래, 상무주암과 문수암 사이의 오솔길을 걸을 때 박지원이 쓴 열하일기의 한 문장이 떠올랐다. '길은 저 강과 언덕 사이에 있다.'

　그때 나는 뇌까렸다. 어디 거기에만 길이 있는가. 하늘과 땅 사이, 사람과 사람 사이, 이것과 저것 사이에도 길이 있지.

　그렇다. 모든 길은 사이에 있다. 암자와 암자 사이에도 길이 있어 사람들은 그곳을 칠암자 길이라고 부른다.

　칠암자 길의 시작이나 끝이 되는 도솔암과 실상사는 각기 다른 행정구역에 있다. 칠암자를 품은 삼정산은 지리산의 한 줄기로, 경남 함양과 전북 남원 사이에 솟아오른 산이기 때문이다.

내가 들머리로 삼은 길은 도솔암이 있는 함양 마천면이었다. 도솔암에서 영원령을 넘어 영원사와 상무주암, 문수암, 삼불사, 약수암을 거쳐 실상사까지 이어지는 길을 나는 걷고자 했다. 실상사가 있는 남원 산내면을 들머리로 삼으면 그 역순으로 암자들을 찾아야 한다.

지도를 펴고 산행거리를 어림하니 15km였다. 일곱 암자를 다 들리자면 해종일 걸어도 모자랄 판이지만, 도시에서 찌든 번뇌와 알게 모르게 생긴 병을 씻어낼 수만 있다면 이튿날까지라도 걷고 싶었다. 길을 가다 마음이 내키면 법당에 들어가서 삼배라도 올릴 요량이었다. 날이 저물면 칠암자 가운데 한 암자에 하룻밤 의탁할 수도 있지 않을까. 바람이 불면 바람 부는 방향으로, 꽃이 피면 꽃 피는 길을 따라서 그렇게 해찰하듯 걷고 싶은 이 길을 칠암자 순례길이라고도 부른다.

일곱 암자 모두가 볼거리를 지녔지만, 사람들이 주목하는 건 그중 상무주암과 문수암이다. 워낙 조망이 뛰어난 데다 암자를 돌보는 암주 스님의 내력이 재미있기 때문이다. 상무주암의 조망은 전남 순천

송광사의 보조국사비에 쓰인 비문이 보장할 만큼 빼어나다.

지눌이 옷 세 벌과 바리때 하나만으로 지리산 상무주암에 은거했는데, 경치가 그윽하니 천하제일인지라 선객이 거주할 만했다.

왜 아니 그럴까, 상무주암에 도착하니 지리산 주능선이 미닫이를 연다. 하봉, 중봉, 천왕봉, 촛대봉, 반야봉, 노고단에 이르는 수묵화에 정신이 팔려 상무주암에 대한 관심은 뒷전으로 밀린다. 그러다 문득 뒤돌아서면 '상무주'란 현판과 마주친다. 여기서 누구나 한번쯤은 무슨 뜻인지 갸웃할 것이다. 무주無住가 머물지 않는다는 뜻이므로 그런 경지의 최상上 위에 속한다는 뜻일까? 아니면 그 머무름조차도 초월한다는 것일까? 이 의문을 암주 스님이 풀어줄 수 있으련만 기다란 막대기로 빗장이 걸린 출입문과 사진촬영금지라고 적은 빨간 푯말에 가로막힌다.

상무주암 현기스님은 선방에서 용맹정진하던 수좌였다가 어느 날 홀연히 자취를 감춰버린 인물이다. 그런 그가 이 상무주암에 은둔한 지도 20년이 넘었다. 그 사이 칠암자길이 생기고 상주무암은 불자가 아닌 등산객에게도 널리 알려져 이제 그는 더 이상 은둔자로 살 수 없게 됐다. 20년 넘게 상무주암에 상주常住 했으므로 무주란 말도 더 이상 의미가 없어 보인다.

해발 1,000m를 오르내리는 칠암자 순례길의 암자들은 세상과 멀어지려 일부러 거친 바위, 우거진 숲에 터전을 잡았으리라. 그러나 디지털 미디어의 비약적이고도 혁명적인 발달로 세상은 숨을 곳이 없어졌다. 지금 이 시각에도 칠암자 길을 스마트폰으로 검색해서 여행을 준비하는 사람이 있을지 모른다.

상무주암에서 문수암으로 가려면 깊은 숲으로 들어서야 한다. 고사목이나 바위를 덮은 검푸른 이끼, 고사리나 부처손 같은 오래된 양치식물들이 고생대 식물도감처럼 눈에 설다. 계곡을 타고 흐르는 시냇물 소리도 그때의 메아리처럼 멀고 아득하다. 그렇게 약간은 신비한 느낌에 빠져들기도 하며 숲길을 걷다가 문득 바위에 바짝 붙은 요사채를 만난다. 문수암이다.

문수암은 상무주암과 달리 여염집 분위기가 풍긴다. 암자 바깥에 내놓은 잡다한 살림살이부터가 그렇다. 법당 뒤편, 천인굴에 가지런히 놓인 맷돌이며 양은그릇, 플라스틱 바가지, 계곡물을 받아 담는 항아리까지 암자의 모든 것들이 속세의 물건들이다. 승복보다는 생활한복을 입은 스님이 거주할 것 같은 분위기이다. 암자 주인인 도봉스님은 외출 중이었다.

암자의 빈방에 들어가 관세음보살에게 삼배하고는 자리에 앉았다.

영원사에서 문수암으로 가는 길

상무주암에서 문수암으로 가려면
깊은 숲으로 들어서야 한다.
고사목이나 바위를 덮은 검푸른 이끼,
고사리나 부처손 같은 오래된 양치식물들이 고생대 식물도감처럼 눈에 설다.
계곡을 타고 흐르는 시냇물 소리도 그때의 메아리처럼 멀고 아득하다.
그렇게 약간은 신비한 느낌에 빠져들기도 하며
숲길을 걷다가 문득 바위에 바짝 붙은 요사채를 만난다.
문수암이다.

바깥과는 달리 아늑했다. 나는 불쑥 자리에서 일어나 불단 옆에 놓인 기다란 좌복을 방바닥에 깔았다. 가끔 그럴 때가 있다. 외진 절, 텅 빈 방에서 간절하게 절을 올리고 싶을 때가.

오뉴월에 드린 108배에 땀이 비 오듯 했다. 대신 몸이 가벼워지고 눈이 맑아졌다. 방문 사이로 보이는 지리산 하늘이 차고 새파랬다. 부처의 손에 들린 연꽃을 보고 빙긋 웃은 마하가섭인 양 마음이 여여해졌다.

도봉스님은 현기 스님과 사뭇 다른 성향으로, 일흔의 나이가 무색하도록 산 아래 동네를 자주 다녀온단다. 소문에 의하면 현기스님과 사형, 사제하는 사이라고 한다. 두 스님이 경허와 만공의 덕숭문중 법맥을 이은 혜암스님의 상좌라는 이야기도 들린다. 문수암은 혜암스님이 상무주암에 주석하면서 지은 절이니 절조차도 사형 사제 사이인 셈이다. 두 암자와 두 스님이 다르면서도 같고, 같으면서도 다른 것이야말로 사이의 본질은 아닐까.

칠암자에 처음 주석했던 보조국사 지눌은 고려불교가 선종禪宗과 교종敎宗으로 대립했던 시기, 그 둘을 정혜쌍수定慧雙修라는 타협의 사잇길로 인도한 스님이다. 그런 스님이기에 상무주암과 문수암에 내재된 은둔과 소통, 무주와 상주의 이분법을 풀어주고도 남을 선지식인 것이다.

문수암

암자 주인인 도봉스님은 외출 중이었다.
암자의 빈방에 들어가 관세음보살에게
삼배하고는 자리에 앉았다.
바깥과는 달리 아늑했다.
나는 불쑥 자리에서 일어나 불단 옆에 놓인
기다란 좌복을 방바닥에 깔았다.
가끔 그럴 때가 있다.
외진 절, 텅 빈 방에서
간절하게 절을 올리고 싶을 때가.
오뉴월에 드린 108배에
땀이 비 오듯 했다.
대신 몸이 가벼워지고
눈이 맑아졌다.
방문 사이로 보이는 지리산 하늘이
차고 새파랬다.
부처의 손에 들린 연꽃을 보고
빙긋 웃은 마하가섭인 양 마음이 여여해졌다.

그런데도 우리는 상무주암과 문수암의 차이를 이야기하고, 이 두 암자와 나머지 암자의 특징을 이야기하고, 지리산 칠암자 가운데 영원사와 삼불사와 실상사가 왜 암자에 속하느냐고 따져 묻는다. 일곱이라는 숫자에 꿰맞추려다 생겨난 이름이 칠암자는 아닐까? 이 의문은 더욱 본질적인 문제로 이어진다. 부처는 왜 태어나자마자 사방으로 일곱 걸음을 걸었을까? 일부에서는 육도윤회六道輪廻를 벗어나 일곱 번째 해탈을 의미한다는데 과연 그럴까?

　나는 생각한다. 의문과 사실 사이에 길이 있다. 그러나 그 길은 누구나 머뭇거릴 수밖에 없는 안개 자욱한 길, 방황 혹은 방랑이야말로 우리가 길을 떠나는 유일한 이유이다. ◉

걷는 길　도솔암 임도 ┅▸ 도솔암 ┅▸ 영원사 ┅▸ 상무주암 ┅▸ 도솔암 ┅▸ 약사암 ┅▸ 실상사
거리와 시간　14km 정도, 8시간 예상(도솔암을 생략하면 10m 6시간 예상)

28

도마뱀이 내게 말을 걸어왔네

연화사 가는 길

그 섬에 가고 싶다. 가봤자 아무런 연고지도 없으면서 막연히 혼잣말을 중얼거리는 사람이 더러 있다. 저녁 무렵 창가에 서서 빌딩 너머로 기우는 해를 오래 바라보는 사람이라면 혹여 섬에 대한 막연한 그리움에 잠겨있지나 않은지 의심해봐야 한다.

단지 그곳에 섬이 있다는 이유로 지난여름 나는 미륵도와 연화도로 떠났다. 그런데 혼자 가야 어울림직한 여행에 사람들을 선동한 건 어떤 연유였을까? 나는 도반들을 데리고 심야버스로 통영을 향해 내달렸다. 그 섬에 가려면 바다를 건너야 하고, 바다를 건너려면 배를 타야 하는 먼 여정이었다.

첫 번째 섬인 미륵도, 그 섬에서 어쩐지 나는 섬을 실감할 수 없었다. 배를 타고 바다를 건너는 대신 아치트로스 공법의 통영대교를 건넜기 때문일까. 용화사에서 새벽예불을 마친 나는 케이블카를 타고라도 미륵산에 오르려던 생각을 접었다. 배 시간이 촉박했다.

두 번째 섬인 연화도로 가려고 통영 여객선터미널에서 이른 11시에 떠나는 고속 카훼리호를 탔다. 사람과 차가 드나드는 배의 철문이 둔중하게 닫히는 순간 수로를 건너는 다리 역할도 하는 중세 유럽의 성문이 떠올랐다. 배가 앞으로 나아가자 바다가 단번에 양쪽으로 쪼개져서 흩날린다. 한산도와 여수의 앞글자를 각각 하나씩 떼 내어 이름 붙인 한려해상국립공원이다. 나와 도반은 먼 바다를 보고자 3층 갑판 위로 올라갔으나 얼굴을 쳐들기도 어렵게 바람이 셌다. 선실이 있는 2층은 욕지도와 연화도 가는 손님들로 북적댔다. 우리 중 몇 명은 다시 3층으로 올라갔다. 우리는 하는 수 없이 갑판과 선실에 따로 흩어져 통영 서호시장에서 산 회를 먹었다. 갑판이든 선실이든 갑판과 선실 사이 계단이든 불편하긴 마찬가지였다. 그렇지만 어디 있든 쪽빛 바다가 넘실대니 바다 한가운데 떠 있는 느낌에 웃음이 터져 나왔다.

연화도 가는 뱃길

배가 앞으로 나아가자
바다가 단번에 양쪽으로 쪼개져서 흩날린다.
한산도와 여수의 앞글자를 각각 하나씩 떼 내어
이름 붙인 한려해상국립공원이다.
나와 도반은 먼 바다를 보고자 3층 갑판 위로 올라갔으나
얼굴을 처들기도 어렵게 바람이 셌다.

섬에 가고자 하는 마음에는 인류의 오랜 소망이 담겨 있을지 모른다. 미국의 희곡작가 에드워드 올비의 '바다 풍경'은 인류의 시원이 바다라는 주장을 밑바탕에 깔고 이야기를 시작한다. 바닷가 휴양지에 바다도마뱀이 올라온다. 주인공은 도마뱀에게서 자신의 과거 모습을 본다. 주인공의 자각은 바다가 어머니의 자궁 속의 양수와 같다는 공간적 동시성으로 이어진다. 어머니 = 바다이다.

오늘의 우리는 어떠한가. 늘 결핍에 시달리기에 늘 어머니가 필요하다. 그도 그럴 것이, 우리의 결핍은 모자라서가 아니라 만족을 모르는 데서 생겼기 때문이다. 바다를 보면 어머니가 가까이 있다는 느낌에 마음이 편안해진다. 섬으로 가고 싶어 하는 건 그 어머니의 자궁을 찾아 깊숙이 들어가고 싶어서이다. 그래선지 배로 한 시간 걸리는 연화도까지의 24km가 다소 먼 느낌이었다.

연화도 선착장에는 우리 외에 몇 사람만 내렸을 뿐이었다. 연화도보다 볼거리가 많기로 소문난 욕지도로 가는 사람들이 많은 탓이었다. 몇 척의 통통배와 가두리 양식장임을 표시하는 부표, 단층 슬라브 건물에 들어선 식당과 구멍가게, 창고로 쓰이는 컨테이너박스 등 작은 섬에서 흔히 보는 풍경이 우리 눈에 보였다. 부두에서 그물을 손질하고 있는 한 노인과 산비탈에 우두커니 서 있는 흑염소 몇 마리 때문에 더욱 고요해 보이는 섬이었다. 여의도보다 넓은 섬이면서 2백 명만 산다니 그럴 만도 하다.

선착장 앞 안내판이 가리키는 대로 왁자지껄 도반들과 함께 마을을 가로질러 육각정 앞에 이르니 산길이 열렸다. 날카로운 억새가 반바지 차림의 다리를 스친다. 머리 위로는 푸른 나무가 빽빽해 서늘한 기운이 감도는 숲이었다.

앞이 툭 터진 오르막길에서 잠시 걸음을 멈추니 두부 모판 같은 양식장과 ㄷ자 모양의 선착장이 한눈에 내려다 보인다. 우리나라 섬 어디에도 있기에 마치 제삼자 같아 보이는 풍경이었다.

그러나 연화도 蓮花島, 연꽃섬이란 이름이 공연히 생긴 건 아니었다. 선착장에서 출발해 불과 30분 만에 도착한 연화봉 212.2m 정상의 거대한 아미타불로부터 연화도가 지닌 불교적 키워드는 본격적으로 시작된다. 발아래로 해안절벽에 세워진 보덕암이 내려다보이고 그 주변에 해수관음상과 두 기의 석불, 오층석탑이 가지런히 배치돼 있다. 보덕암은 2004년, 산 너머 연화사는 1998년에 지었으니 그 유래가 짧다. 누군가 섬 전체를 불국토로 조성한 흔적이 역력하다.

모두 쌍계사 조실인 고산스님의 원력이다. 스님이 이 작은 섬에 사찰과 암자를 들이고 불상과 탑을 세운 까닭은 무엇일까?

조선조 연산군은 폭군으로 악명이 높지만 불교탄압도 그에 못지않았다. 삼각산에서 수도하던 한 사내가 세 비구니와 함께 연화도로 도망쳐온 건 그때였다. 사내가 스님인지 아닌지는 알 길이 없다. 세 비구니와 함께했고 섬사람들이 연화도인이라 불렀다고 하니 사내는 아무튼 섬에서도 구도자적 태도를 견지했던 모양이다. 도망자 연화도인은 이 섬에서 남은 생을 보내다가 어느 날 입적했다. 세 명의 비구니와 섬사람들은 도인의 유언을 기려 시신을 수장했는데 그 자리에서 놀랍게도 연꽃이 피어올랐다.

이야기는 여기서 끝나지 않는다. 연화도인이 입적한 지 70여 년 뒤 사명대사가 연화도에 찾아든다. 사명대사의 여동생인 임채운, 사명대사가 출가하기 전 약혼녀였던 황현옥, 사명대사를 짝사랑했던 심설정도 따라왔다. 섬사람들은 이들을 연화도인의 후신으로 믿었다.

이 모두가 구전이므로 사실보다는 설화에 가깝다. 그런데도 1974년 발간한 전남 순천의 승주향토지에 연화도인과 사명대사를 비롯한 그 밖의 사람들 이야기가 실명으로 기록돼 있다니 이거야말로 난데없다. 순천이라면 통영 연화도하고는 한참 떨어진 거리 아닌가. 사명대사의 세 여인이 임진왜란을 예측하고 이순신 장군을 만나 거북선 건조법, 해상지리법, 천풍기상법을 전수했다는 이야기를 뭐라 이해해야 할지도 실로 난감하다.

그렇지만 이 모든 혼돈을 야기하는 기록에도 불구하고 불교 탄압의 역사가 이 먼 남쪽 섬에도 깃들었음은 분명해 보인다. 연화도만이 아니다. 욕지도, 두미도와 세존도, 미륵도…… 통영 앞바다의 여러 섬에 농후한 불교적 색채는 새 삶을 개척하려 섬에 온 유민들이 뭍에서 이룰 수 없었던 불국토, 그 꿈의 조각들 아닌가.

연화봉 정상에서 만나는 비경은 뭐니 뭐니 해도 용머리 바위이다. 아니나 다를까, 도반들이 눈길이 모두 거기에 쏠려 있다. 열도처럼 늘어선 섬들이 용의 머리와 등뼈처럼 꿈틀대면서 바다로 나아가는 기세이다. 용이 바다에 입수하는 자세이므로 우리가 선 곳은 용의 등어리에 해당한다고 상상해선지 얼굴들이 하나같이 즐거워 보였다.

용머리 비경은 내리막길에서 잠시 모습을 감췄다가 보덕암에서 다시 등장했다. 그런데 이상했다. 그때부터 어쩐지 내 눈엔 용머리 바위가 올비의 도마뱀처럼 보였다. 꼬리를 물에 담근 채 바다도마뱀이 막 뭍으로 올라오는 자세였다. 파충류 특유의 서늘한 온도가 내게로 다가드는 느낌이더니 그 갈라진 혓바닥이 내 귀를 간지럽혔다. 도마뱀이 내게 무슨 말인가 전했지만 안타깝게도 내 귀는 도마뱀의 언어를 알아들을 수 없었다. 그 순간 위에서 나를 부르는 소리가 났다.

칠암자 영원암

동트는 바다에서 크고 작은 섬들이 깨어나기 시작했다.
둥근 섬들이 더 큰 원을 그리는 모습이
연화장세계를 펼치려는 것 같았다.
**섬들이 서로 연대해야
연화장세계는 연꽃처럼 피어오르리라.**

보덕암에서 되돌아 나와 두 갈래길에서 도반들과 합류했다. 연화사로 가는 길과 벼랑길을 끼고 용머리 쪽으로 가는 길에서 우리는 주저 없이 저 절로 갔다. 연화도에 유람 온 사람들은 대개 연화봉에 올라 용머리 앞에 있는 출렁다리를 건너서는 동두마을까지 다녀오는 게 순서다.

　섬의 크기에 비해 그리 작지 않은 절이었다. 연화사를 지은 고산스님의 꿈이 컸다는 방증이다. 본래 섬사람들이 다 매달려도 이루지 못할 크기의 불사였는지 연화도는 지금도 불사를 진행 중이다. 보덕암에 와서 철야정진하는 외부 사람들이 적지 않다는 소식이니 그나마 다행이랄 수 있었다.

　연화도 사람들은 가난한 편이다. 몇 년 전 연화도에서 하루 묵었던 나는 그걸 알고 있다.

　"어족이 고갈돼 지금은 고기잡이배들이 거의 없어졌어요. 작년이 저 세상 같다니까요."

　어느 밤중, 연화도의 포장마차에서 내가 들은 탄식이었다.

　종교는 때때로 현실의 크기와 반비례한다. 삶이 힘들수록 기대와 희망은 부풀어 오르기 마련이다. 연화도에 와서 불국토를 꿈꾸다 가는 사람이 많을수록 섬은 풍요로워질 것이니, 고산스님의 불사를 꼭 나쁘게만 평가할 일도 아니다.

연화사 새벽 용머리

열도처럼 늘어선 섬들이
용의 머리와 등뼈처럼 꿈틀대면서
바다로 나아가는 기세이다.
대부분 이 용머리를 보고 바다에 입수하는 용을 떠올리지만,
내 눈에는 꼬리를 물에 담근 채 바다도마뱀이 막 뭍으로 올라오는 것처럼 보였다.
도마뱀이 내게로 다가와 그 갈라진 혓바닥으로
내게 무슨 말인가 전했지만
안타깝게도 내 귀는
도마뱀의 언어를 알아들을 수 없었다.

연화도는 오후 5시가 막배이다. 그러나 서울까지 가는 시간을 감안하면 최소한 오후 3시 30분에 출발하는 배를 타야 한다. 연화도에 도착해서 그때까지의 유람시간은 3시간 30분. 그 시간 동안 사람들이 섬에 와서 얻어 갈 수 있는 것이 무엇일까? 나는 이 섬이 두 번째이다. 이 섬에 와서 먼 바다로 떠나는 새벽의 고기잡이 배, 소주병이 수북이 쌓인 붉은 등대, 분교 앞에서 말라깽이 소녀를 따라다니는 한쪽 다리를 저는 개, 삽을 땅에 꽂고 외지인을 물끄러미 바라보는 늙은 농부들, 어두운 바다에서 들려오는 파도소리와 함께 하루를 보냈어도 여전히 도시에서처럼 나와 사물과의 차가운 간격을 벗어나지 못했었다.

욕지도를 다녀온 배가 기적소리를 내며 다가온다. 착한 양처럼 우리는 배표를 끊고 선착장에 줄을 서고 있었다. 배에 오르기 전 나는 잠시 보덕암에서 들었던 도마뱀의 말소리를 떠올렸다. 터무니없는 착각이라 해도 그 말소리에 내가 벗어나고자 하는 결핍의 비밀이 있으리라고 나는 믿는다.⬢

걷는 길   선착장 ⋯▶ 육각정 ⋯▶ 연화봉 정상 ⋯▶ 보덕암 ⋯▶ 연화사 ⋯▶ 선착장
거리와 시간   2.5km 정도, 2시간 예상

29

크지도 작지도 않은 산이
소백산이다

초암사에서 비로사 가는 소백산자락길

서울에서 영주로 내려오는 고속도로에서 나는 수없는 '속도규제표지'를 보았다. 속도를 내도록 만들어 놓고 속도를 규제하는 이런 아이러니를 어떻게 이해해야 할까. 궁극적으로 정지 상태를 소망하는 것이 모든 고속도로의 존재 이유 같았다.

그러나 내 의문은 오래지 않아 풀렸다. 소백산자락길에 들어서면서 나는 혼자 고개를 끄덕였다. 바로 그처럼 뻥 뚫린 고속도로 위에서의 견딜 수 없는 금지 증후군이 숲길로 나를 이끌었다는 것을.

소백산자락길은 소백산 산자락을 에둘러 충북 단양과 강원도 영월,

경북 봉화를 잇는 길이다. 이 길은 행정적이지도 산업적이지도 상업적이지도 않은 도로이므로 자동차가 다닐 이유가 없다. 따라서 속도규제표시를 만날 일도 없고, 중형차나 외제차를 만나 길을 피해줘야 할 일도 없다. 이 길에서 흔히 보는 나무와 풀은 언제 봐도 그 자리에 멈춰 있을 뿐이므로 한껏 늑장을 부리는 여행자의 걸음이 그리 낯설지 않다. 소백산자락길에서는 빨라 봐야 계곡을 타고 흐르는 시냇물뿐이지만 느림의 미학 안으로 깊숙이 들어온 사람에게는 이조차도 너무 빠르다.

차 없는 길, 특히 어둡게 썬팅한 차 안에서 운전대에 매달린 박쥐인간이 없는 길이라야만 길다운 길이라 주장한다면 차에 대한 원초적 혐오를 의심할 텐가? 덕수궁 돌담길이 차도로 변하지 않은 게 다행인 세상에서 소백산자락길은 축복이 아닐 수 없다.

우리에게 길을 빼앗은 게 어찌 자동차뿐인가. 컴퓨터와 스마트폰도 길을 해킹하는 자들이다. 길을 가다 보면 스마트폰을 신주단지처럼 모시고 다니는 신자들을 무수히 만나는데, 다행히도 소백산자락길에서는 휴대전화가 터지지 않는다. 대신 쭉쭉 날아간 창처럼 하늘에 닿은 전나무와 계곡을 따라 힘차게 흐르는 시냇물이 우리 마음을 뚫어놓는다.

소백산 자락길은 모두 12자락인데, 가장 멋진 자락길을 꼽으라면 단연 1자락길, 그 가운데서 비로사에서 시냇물을 따라 초암사로 이어지는 길이다. 내가 불자라서가 아니라 이 길을 걸어본 사람이라면 단언컨대 엄지를 추켜세울 것이다.

차를 타고 왔다면 배점 주차장에 세우고 내려야 한다. 그때부터 죽계구곡과 더불어 사과나무 길이 열려 초암사로 향한다. 소백산에는 사과나무가 많다. 소백산에는 또 희방사, 부석사, 보국사, 초암사, 구인사, 비로사, 성혈사 등 절 또한 많다.

'소백산엔 사과나무 한 그루마다 절 한 채 들었다.' 어느 숲길에 돋아난 팻말에서 김승혜라는 향토시인은 노래하고 있었다. 줄곧 푸른 사과가 주렁주렁 열린 길을 지나왔기에 시가 쏙 들어왔다. 그런데 사과, 하면 뉴턴의 사과 아닌가. 시인은 푸른 사과에서 절을 보았지만, 내 눈엔 절과 더불어 구도자도 보였다. 푸른 사과가 땅의 중력을 이겨내고 다 익을 때까지 나뭇가지에 매달려 있는 모습이야말로 구도자의 그것 아닌가. 땅만 사과를 끌어당기는 것이 아니다. 뉴턴의 통찰은 사과도 그 질량만큼 땅을 자기 쪽으로 끌어당긴다는 데에 이른다. 다만 그 힘이 약해 땅에 떨어질 뿐인데, 소백산엔 사과나무가 많아 땅을 끌어당기고, 수많은 구도자의 깨달음의 힘으로 소백산을 번쩍 들어 올릴 것도 같았다.

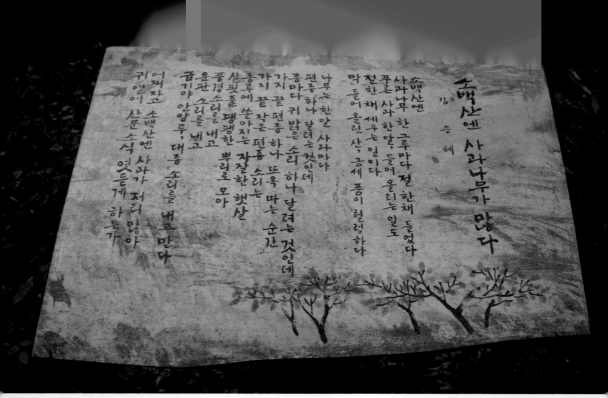

김승혜 시비

소백산에는 사과나무가 많다.
소백산에는 또 희방사, 부석사, 보국사, 초암사,
구인사, 비로사, 성혈사 등 절 또한 많다.
'소백산엔 사과나무 한 그루마다 절 한 채 들었다.'
어느 숲길에 돋아난 팻말에서
김승혜라는 향토시인은 노래하고 있었다.

김정호가 쓴 지리지인 동국지지東國地誌는 '이 산은 수도하고자 하는 자가 살 만한 곳이다'라고 하였는데 바로 사과나무의 힘 아닐까. 이중환의 택리지에도 '이 산은 사람을 살리는 산이다!'라고 기술한 대목이 나온다. 소백산을 처음 본 술사 남사고가 말에서 내려와 넙죽 절하며 내뱉었다는 감탄사다.

이에 나는 생각한다. 남사고가 말한, 사람을 살리는 산이란 어떤 산일까? 사과나무뿐 아니라 산에 깃든 잡초와 잡초에 떨어진 빗방울에도 절이 깃들고 구도자가 깃들어 우주의 중심이 되는 그런 산이다.

명산의 조건으로 예나 지금이나 산세를 으뜸으로 치고, 거기에 풍수를 논하지만 때때로 꿈보다 해몽인 경우도 없지 않다. 해발고도 4,000km가 넘는 티베트를 보라. 물 한 동이 구하기 어려운 땅임에도 깨달음을 품고 사는 수도승이 많은 건 풍수가 나빠서인가. 아프리카 사람이니까 스키나 봅슬레이를 탈 수 없으려니 단정하는 사고방식이야말로 편견이 아닐 수 없다.

길지가 있으면 역지逆地도 있다. 그러나 단순히 땅을 좋고 나쁨으로 분별하기보다 나쁜 땅을 좋은 땅으로 변화시키려는 노력이 필요하다는 것이 옛사람 도선국사의 생각이었다. 나쁜 땅에 절을 세워 재앙을 막겠다는 의도에서 사람의 몸에 쑥을 놓고 뜸을 뜨듯이 땅의 상처를 치료해주자는 것이 비보사찰神補寺刹 의 참뜻이었다.

그러고 보니 모든 진리는 사과와 땅처럼 상대적인 듯싶다. 소백산 자락길은 이황과 주세붕, 안향과 안축 등 영남의 선비들이 거닐었던 길이다. 소백산 밝은 정기가 그들의 학문에 영향을 끼쳤겠지만, 그들의 학문이 소백산을 드높였다고도 볼 수 있다.

소백산자락길도 상대적이다. 시냇물과 길이 나란히 걷거나 헤어졌다 걷기도 하고, 시냇물이 길 위를 걷거나 길이 시냇물 위를 걷기도 하니 말이다. 그러자니 데크로 된 다리의 계단을 쿵쾅쿵쾅 밟거나 징검다리를 건너려 경중경중 뛰거나 양팔을 벌려 외나무다리를 위태로이 걷기도 하지만, 그중 죽계1교를 건널 땐 묵언을 미덕으로 삼아야 한다. 다리 건너에 초암사草庵寺 란 절이 있기 때문이다. 초암사에 들렀을 때 대부분은 돌거북의 입에서 흘러나오는 약수를 떠먹으러 우르르 몰리지만, 순례에 나선 사람으로선 의당 상륜부 없는 신라의 삼층석탑에 합장 삼배부터 해야 할 일이다.

초암사에서 잠시 쉬었다 다시 이어지는 숲길은 나무들이 워낙 울창해서 한낮인데도 어둑신하다. 벌써 해가 지려나 시계를 내려다보게 하는 길이었다. 수년 동안 통행이 금지된 길이라 시냇물 소리는 우렁차고 간간이 보이는 못은 깊고 푸른 에메랄드빛이었다. 그 금지의 시간 너머에서 석륜사로 가려고 시냇물을 건너는 퇴계 이황의 모습이 어른거린다. 어느 날 소수서원을 나온 이황은 국망봉 아래 있는 석륜사를 찾아갔고, 소백산을 샅샅이 유람할 요량으로 거기서 사흘레 머물렀다. 석륜사는 기록에만 자취를 남겼을 뿐 지금은 소백산에서 보이지 않는 절이다.

초암사에서 국망봉까지는 4.4km였다. 비로사毘盧寺 가는 길은 등산로와 자락길로 나뉘는 갈래에서 3.4km를 더 가야 한다. 퇴계가 그 자락길, 달밭골을 지나 비로사로 하산했다는 길로 나도 걷는다. 비로사에 가까워지자 잣나무 숲이 쭉쭉 뻗은 수직의 세상이다. 퇴계의 시대에도 잣나무 숲이 있어 땅에 촘촘히 깔린 잣잎이 지친 다리를 위로했던가.

소백산은 우리나라 산치곤 큰 산에 해당하는데도 소少짜를 붙였다. 그것이 못마땅했는지 마을 사람들은 소백산을 큰산이라 불렀다. 소백산에 대해 변함없는 애정을 노래한 권서각 시인은 '우리는 소백산을 큰산이라 불렀다'로 시작하는 시를 써서 소백산자락길에 세웠다. 그리고는 높아서 큰산이 아니라 너그러워서 큰산이라고 스스로 정의했다.

소백산의 백白은 희다는 뜻인 동시에 신성하는 뜻이기도 하다. 그

소백산 자락길

소백산은 우리나라 산치곤
큰 산에 해당하는데도 소少짜를 붙였다.
그것이 못마땅했는지 마을 사람들은
소백산을 큰산이라 불렀다.
소백산에 대해 변함없는 애정을 노래한
권서각 시인은
'우리는 소백산을 큰산이라 불렀다'로 시작하는
시를 써서 소백산자락길에 세웠다.
그리고는 높아서 큰산이 아니라
너그러워서 큰산이라고 스스로 정의했다.

이 길에서 흔히 보는
나무와 풀은 언제 봐도
그 자리에 멈춰 있을 뿐이므로
한껏 늑장을 부리는
여행자의 걸음이
그리 낯설지 않다.
소백산자락길에서는 빨라 봐야
계곡을 타고 흐르는 시냇물뿐이지만
느림의 미학 안으로 깊숙이 들어온 사람에게는
이조차도 너무 빠르다.

래선지 소백산을 신령한 산으로 여겨 여러 도인이 의지처로 삼았다. 그중 신통하기로는 스님으로도 도사로도 부른 조선시대 남궁두란 인물이 으뜸이었다. 신선의 경지에 오른 남궁두를 허균이 만났는데, 아흔 나이에도 주름살 하나 없는 동안이었다. 허균이 비결을 묻자 남궁두의 대답이 간단했다.

"때맞춰 음식을 적게 먹었을 뿐."

소백산이 크냐, 작으냐를 따지려거든 남궁두의 이 대답을 한번쯤 헤아려 봐야 하지 않을까. 하지만 나는 부처의 중도, 그 가운데 정견을 빌어 소백산을 정의하고 싶다. 큰 산보다는 작고, 작은 산보다는 큰 산이 소백산이다.🏵

걷는 길 배점분교 주차장 ···▸ 죽계구곡 ···▸ 초암사 ···▸ 달밭골 ···▸ 비로사 ···▸ 삼가리 주차장
거리와 시간 12.6km, 4시간 30분 예상

30

인문학이 날개를 편 가을산

청량산 가는 길

　　서울사람이라면 봉화 청량산^{870m}에 있는 청량
사清凉寺를 찾아갈 때 자연스레 동대문구 청량리가 떠오를 것이다. 그
런데 청량리에도 청량사가 있었다는 사실을 아는 사람은 그리 많지
않다. 오랫동안 매춘을 빼놓고는 생각할 수 없었던 동네가 청량리였
기 때문이다.

　　매춘은 인류 역사상 가장 오래된 직업이라고 한다. 부처의 시대에
는 어땠을까.

　　암라팔리는 바이샬리를 빛낸 창녀였다. 그녀의 하루 몸값은 50카

나파하, 소 250마리에 해당하는 값이었지만 희대의 팜므 파탈에게 지급할 화대로는 그리 많지 않은 것이었는지 남자들이 줄을 섰다. 그녀의 미모는 그 당시 인도 통일을 꿈꾼 빔비사라 왕의 눈에도 들었다. 빔비사라의 아들을 낳아 왕비에 버금가는 지위를 누린 그녀는 마가다국의 도읍지인 라즈기르에 공창을 만드는 데 일조한다.

부처가 암라팔리 이야기를 처음 들은 건 제자를 통해서였다. 바이샬리에서 걸식하던 한 제자에게 눈부신 여자, 암라팔리가 다가왔다. 그녀는 매우 정중하게 걸식승을 집으로 이끌었다. 스님이 자신의 초라한 행색을 이유로 사양하자 암라팔리는 말했다.

"마음에 우러나서 사람을 초대하기는 처음입니다."

무엇이 암라팔리로 하여금 초라한 걸식승을 집에 들이게 했을까. 수행자를 만나 위로받지 않으면 안 될 그녀만의 슬픈 사연이 암라팔리에게는 있었다. 그녀는 망고나무 아래 버려진 핏덩이였던 것이다.

부처를 친견한 암라팔리는, 산전수전 다 겪은 여자치고는 너무도 순순히 흰 천으로 마음이 염색되고 만다. 선승들은 사람의 마음을 공중에 비유한다. 어떤 비도 공중을 적시지 못하고, 어떤 바람도 공중을 흔들지 못한다. 희대의 창녀 암라팔리의 마음인들 어찌 희거나 검겠는가. 망고나무의 아이였던 암라팔리는 훗날 자신의 망고숲을 부처에게 보시하고 비구니가 되니, 청량리라고 해서 청량사가 들어서지 말란 법은 없다.

공창이 있던 인도의 옛 도시 라즈기르, 왕사성이라고도 부르는 이 도시를 다섯 봉우리의 산이 둘러쌌다. 오대산이다. 월정사가 있는 강원도 오대산의 이름이 여기에서 유래했다고 어떤 이는 주장한다.

오대산을 청량산으로도 부른다. 이름이 다르지만 근본을 따지면 문수신앙이란 같은 갈래에서 나왔다. 문수산, 길상산, 오대산, 청량산, 사자산도 각각 이름과 위치가 다르지만 문수보살이라는 같은 문화적 갈래에서 나와 공간적으로 확산된 산이다.

문수신앙이 널리 퍼진 우리나라는 오대산의 원래 이름인 청량산이 전국 각지에서 퍼져 있다. 경북 봉화의 청량산, 인천 청량산, 경기 안성 청량산, 남한산 청량산, 경남 창원 청량산, 전북 완주 청량산, 고창 청량산이 그것이다.

청량리 유곽들이 헐리고 그 자리에 초고층 주거단지가 들어선다는 소문이다. 물론 손꼽는 명산이라는 봉화 청량산도 산불이 나서 순식간에 폐허로 변할 수 있다. 실제로 청량산 청량사가 폐사됐던 전력

이 있으니, 퇴계 이황이 노래한 '청량산가'와 더불어 무상을 실감할
뿐이다.

　청량산 열두 봉우리六六峯를 아는 이 나와 흰 갈매기뿐
　흰 갈매기야 말하겠느냐 못 믿을 것이 복숭아꽃이로다
　복숭아꽃아 물 따라 가지 마라 배 타고 고기 잡는 이 알까 두렵구나.

　청량산이 세상에 알려져 사람들의 발길이 잦아지면 자신이 누리는
즐거움이 사라질까 염려한 이황의 시도 불타오르는 우리나라의 가을
을 극복하진 못했다. 가을이면 세상의 모든 산이 단풍으로 물들지만
청량산의 가을 단풍처럼 눈이 부시지 않기 때문이고, 그걸 알고 외지
인들의 발길이 끊이지 않기 때문이다. 그들은 대부분 청량사를 들머
리로 최고봉인 장인봉으로 직행한다. 그러나 응진전을 모르고 청량산
에 오른 자 정신은 놔두고 몸만 다녀온 껍데기이다. 우리 문화에 조금
이라도 관심이 있는 사람에게라면 나는 주저 없이 입석에서 응진전으
로 가는 청량산 들머리길을 권하겠다.
　이황의 청량산 사랑은 그의 호 '청량산인'을 통해 알 수 있다. 그가
청량산에 자주 올랐던 건 에베레스트에 오른 힐러리처럼 산이 거기

있기 때문은 아니었다. 청량산은 가문의 산으로, 5대 고조부 이자수가 공신으로 책봉되면서 나라로부터 받은 봉산封山이었다.

이황은 부패하고 문란한 조정과 싸우는 대신 초야에서 학문에 몰두했다. 그런 그에게 조정은 기이하게도 중요한 관직을 차례차례 하사했다. 정권의 고비 때마다 그랬고, 그랬기에 조정과 초야의 청량산을 큰집과 작은집 드나들 듯했다. 이황은 도산서원을 마련하기 전까지 '청량정사'라는 집을 지어 후학들을 가르쳤는데 지금도 청량사 부근에 남아 있다.

이황의 사상을 집대성한 '퇴계 성리학'은 청량산에서 경전 탐구와 내면의 수신에 힘썼기에 가능했으리라 짐작해도 지나치지 않다. 청량산이 퇴계학의 성지로 후대 사람들의 발길을 이끄는 연유이다.

이황이 청량산에 빠져 살았을 무렵 청량사는 어땠을까. 청량사는 우리나라의 적지 않은 절들이 그렇듯이 창건주가 원효대사라고도 하고 의상대사라고도 하는 절이다. 당시 33개의 부속건물을 갖춘 대사찰이었으나 조선조에는 유생들의 탄압과 6·25전쟁을 거치면서 유리보전琉璃寶殿과 응진전應眞殿만 겨우 살아남은 폐사로 전락했다. 청량사가 그나마 명맥을 이은 건 송광사 16국사의 마지막 스님인 법장 고봉선사의 중창 덕분이었다.

청량산 열두 봉우리 六六峯를 아는 이 나와 흰 갈매기뿐
흰 갈매기야 말하겠느냐 못 믿을 것이 복숭아꽃이로다
복숭아꽃아 물 따라 가지 마라 배 타고 고기 잡는 이 알까 두렵구나.

청량산이 세상에 알려져 사람들의 발길이 잦아지면
자신이 누리는 즐거움이 사라질까 염려한 이황의 시도
불타오르는 우리나라의 가을을 극복하진 못했다.
가을이면 세상의 모든 산이 단풍으로 물들지만
청량산의 가을 단풍처럼 눈이 부시지 않기 때문이고,
그걸 알고 외지인들의 발길이 끊이지 않기 때문이다.

모든 것이 변한다지만,
변하는 가운데 변하지 않은 것을
하나 꼽으라면
우리나라의 가을 아닐까.
2012년 가을,
청량산이 가을의 명소임을 청량사도 아는지
사중 곳곳에 심어 놓은 단풍나무가
불꽃나무가 되어 타오르고 있었다.

입석에서 등산로를 따라 30분 정도 오르면 절벽에 기대앉은 응진전을 만난다. 절벽의 담쟁이가 타들어가는 밧줄처럼 붉었다. 전각에 가까이 가니 열린 문 사이로 공민왕과 노국공주의 영정이 보인다.

노국공주가 산고 끝에 죽자 공민왕은 식음을 전폐했다. 어쩌다 밥을 먹을 때도 '왕이 손수 공주의 초상을 그려 밥상 맞은편에 놓고 밥을 먹었다'는 게 고려사절요의 기록이다. 노국공주의 죽음을 과도하게 슬퍼한 나머지 심질에 걸린 군주는 기행을 일삼았다. 여장을 하고 다니는가 하면, 미소년들을 불러 모아 자제위란 경호부대를 만들었다. 새로 맞은 왕비 대신에 늘 경호원들을 가까이하고, 심지어는 네 명의 정비를 경호원 홍륜과 동침시키려 했다. 마침내 공민왕은 그토록 믿었던 홍륜에게 살해당했다.

공민왕은 생전의 바람대로 노국공주 곁에 잠들었다. 개성에 있는 공민왕릉은 왕과 왕비를 함께 모신 유일한 쌍능이다. 공민왕이 직접 설계한 왕릉 내부는 부부의 혼령이 소통하도록 구멍이 뚫려 있다.

공민왕과 노국공주의 영정은 종묘에 모셔져 있다. 잘 알려지다시피 종묘는 조선 왕실의 역대 임금과 왕비를 모신 사당이다. 더구나 조선은 유교를 국시로 내세운 국가이지 않았던가. 고려의 역사를 마땅히 검게 칠해야 했지만 공민왕과 노국공주의 지극한 사랑만큼은 그대로 놔둬야 했다.

보라, 650여 년이 지난 지금도 두 사람의 사랑은 응진전을 배경으로 단풍처럼 타오른다. 그 어떤 사랑도 신화가 될 수 없는 요즘 세태 때문인지 응진전을 떠나는 발길이 무거웠다.

산안개가 꼬리에 꼬리를 물고 천천히 계곡을 떠다녔다. 그 모습이 경상도 한량들이 도포자락을 펄럭이며 추는 학춤 닮았다. 안개가 끼지 않는 날, 어풍대에서 김생굴 사이에서 V자를 그리는 골짜기는 끝이 안 보일 정도로 깊고, 벼랑에 뻗어 내린 울긋불긋한 단풍까지 더해져 지독한 현기증을 불러일으킨다.

김생굴은 통일신라 서예가인 김생이 수학했던 바위굴로 경일봉 아래 있다. 평민 김생은 이 굴에서 10년 동안 글씨를 연마했다. 김생굴에서 골짜기를 내려다보니 김생체의 힘찬 기운을 담은 폭포가 벼랑을 타고 떨어진다. 신분을 극복한 당대의 명필 김생이 쓴 불경 40여 권을 청량산 연대사蓮臺寺란 절이 보관했었는데, 어느 땐가 수수께끼처럼 사라졌다고 한다.

청량산에는 김생 말고도 신라의 최치원과 관련된 유적이 산재한다.

최치원이 수도했다는 풍혈대, 바위틈에서 흘러나오는 약수을 마시고 총명해졌다는 총명수가 그것이다. 유감스럽게도 총명수는 내려다보기조차 민망한 탁류로 변해버렸다.

청량산은 안개가 자주 출몰하는 산이다. 주세붕이 쓴 '유청량산록遊淸凉山錄'에서 '수목과 안개가 서로 어울려 마치 그림 같은 풍경'이라고 묘사했거니와, 자소봉으로 오르는 산길은 올 때마다 항상 안개가 자욱했다.

안개에 넋이 팔려 길을 잃은 듯 걷다 보니 어느새 자소봉 앞이다. 거의 수직에 가까운 철계단을 밟아 보살봉이라고도 부르는 자소봉에 올랐다. 북쪽으로는 소백산이 있는 백두대간이 시야에 닿고, 동으로는 일월산, 남으로는 축융봉이 마주 보이는 봉우리이다. 일찍이 주세붕이 묘사한 풍경도 고스란히 발아래 펼쳐진다.

줄지어 선 봉우리는 물고기의 비늘과 같고, 층층이 늘어선 벼랑은 꼿꼿하기만 하여 정녕 단아하고 곧은 선비와 같다.

응진전이 있는 금탑봉, 김생굴이 있는 경일봉뿐 아니라, 공민왕이 쌓은 청량산성이 있는 축융봉, 의상이 수도했다는 장인봉, 외장인봉, 자소봉, 선학봉, 자란봉, 연화봉, 연적봉, 향로봉, 탁필봉 등 '육육봉'이

청량산 안개

산안개가 꼬리에 꼬리를 물고 천천히 계곡을 떠다녔다.
그 모습이 경상도 한량들이 도포자락을 펄럭이며 추는 학춤 닮았다.
안개가 끼지 않는 날, 어풍대에서 김생굴 사이에서
V자를 그리는 골짜기는 끝이 안 보일 정도로 깊고,
벼랑에 뻗어 내린 울긋불긋한 단풍까지 더해져
지독한 현기증을 불러일으킨다.

라 부르는 12개 봉우리의 이름을 주세붕이 모두 지었다. 퇴계 이황과 더불어 주세붕을 빼놓고 봉화 청량산을 말할 수 없는 이유이다.

유감스러운 건 이데올로기가 자연에까지 영향을 끼쳤다는 사실이다. 주세붕은 불교를 극도로 혐오하여 불교적인 징표를 드러냈던 봉우리 이름을 모조리 유교식으로 바꿔버렸지만, 산 이름 자체는 개명하지 못했다. 문수보살의 청량산은 보현보살의 아미산, 관음보살의 보타낙가산과 함께 인도의 대표적인 성산으로 꼽는다.

풍기 군수 주세붕이 문서에서 모조리 지워버렸어도 사람의 입은 여전히 장인봉 대신 의상봉, 자소봉 대신 보살봉이라 불러 불교를 상기한다.

자소봉에서 잠시 쉬고서는 탁필봉으로 건너갔다. 거대한 입석들이 삐죽삐죽 돋아난 봉우리다. 생긴 모습이 붓끝을 모아 놓았대서 필봉이라 하는데 역시 주세붕이 지은 이름이다.

탁필봉에서 연적봉을 거쳐 뒤실고개 쪽으로 향한다. 뒤실고개 능선에서 직진하면 하늘다리가 나타나고, 왼편으로 하산하면 청량사 코스다.

뒤실고개 능선을 지나면 자란봉이다. 자란봉 건너편은 선학봉, 이 두 봉우리 사이에 하늘다리가 놓여있다. 2008년에 완공된 청량산

하늘다리는 길이가 90m로 국내에서 가장 긴 산악현수교량이다. 등산객들이 몰리는 가을에는 아무리 조심스레 걸어도 다리가 출렁거리고, 그 바람에 하늘다리 위에서는 비명과 웃음이 그칠 새 없다.

고소공포증이 있는 사람에게 하늘다리는 하나의 선택이다. 멀리서 온 외지인이라면 하늘다리 앞에서 선택은 하나 더 늘어난다. 하늘다리를 건너 선학봉과 장인봉을 가기엔 시간이 너무 걸리기 때문이다. 나는 여기서 다시금 길을 권하겠다. 순전히 불교순례를 위해 청량산에 왔다면 되돌아서 청량사가 있는 곳으로 내려가라고. 물론 청량산에서 가장 높은 장인봉에 오르면 도도히 흐르는 낙동강 줄기를 눈에 담을 수 있다.

선택은 나도 해야 했고, 나는 청량사를 향해 내리막길을 걸었다. 청량사가 열두 봉우리로 둘러싸여 연꽃의 꽃술 자리에 자리 잡았다는 비유를 어디서 들은 것도 같다. 청량사는 내청량사와 외청량사, 두 곳으로 나눠 부른다. 내청량사는 연화봉 아래 유리보전이 본전이고, 외청량사는 금탑봉 아래 응진전이 본전이다. 이 두 절은 꽤 거리를 두고 떨어진 건, 그 사이에 있던 전각들이 역사적 시련을 겪어 폐사됐기 때문이다.

경상북도 유형문화재 제47호인 청량사의 유리보전은 동방에서 유

청량사 탑

청량사가 열두 봉우리로 둘러싸여
연꽃의 꽃술 자리에 자리 잡았다는 비유를
어디서 들은 것도 같다.
청량사는 내청량사와 외청량사, 두 곳으로 나눠 부른다.
내청량사는 연화봉 아래 유리보전이 본전이고,
외청량사는 금탑봉 아래 응진전이 본전이다.
이 두 절은 꽤 거리를 두고 떨어진 건,
사이에 있던 전각들이 역사적 시련을 겪어 폐사됐기 때문이다.

리광 세계를 다스리는 약사여래를 모신 전각이라는 뜻이다.

무엇보다 눈에 띄는 것은 공민왕의 친필을 걸어놓은 유리보전의 현판이다. 유리보전에는 중생의 병을 치유한다는 약사여래상이 모셔져 있다. 청량사에 들른 군주는 그때 이미 자신의 앞날을 예견했던가? 노국공주에 대한 공민왕의 지극한 사랑은 차라리 상처에 가깝다. 땅속에 묻힌 노국공주가 비를 맞을까 봐 아방궁을 지으려 한 자신의 깊은 상처를 약사여래가 치유해주기 바랐는지도 모른다. 모든 것이 변한다지만, 변하는 가운데 변하지 않는 것이 우리나라의 가을이다. 2012년 가을, 청량산이 가을의 명소임을 청량사도 아는지 사중 곳곳에 심어 놓은 단풍나무가 불꽃나무가 되어 타오르고 있었다. ◉

걷는 길 입석 ⋯▶ 응진전 ⋯▶ 어풍대 ⋯▶ 김생굴 ⋯▶ 자소봉 ⋯▶ 탁필봉 ⋯▶ 연적봉 ⋯▶ 자란봉
⋯▶ 뒤실고개 ⋯▶ 청량사 ⋯▶ 선학정

거리와 시간 4.5km 정도, 3시간 예상

31

불국토는 동쪽 나라에 있었다

경주 남산, 삼릉에서 칠불암 가는 길

목 없는 부처였다.

삼릉 숲길, 구불구불한 소나무들 곁을 지나면서 헐거워졌던 마음이 돌처럼 굳어진다. 경주 남산에 드는 길에서 처음 대면하는 석불 곁을 무심코 지나는 사람은 흔치 않을 것이다. 본래 목이 없었던 게 아니라 누군가 의도적 깨버렸다니까 정확히 목이 떨어진 석불좌상이다.

그 없는 목 위에서 부처는 미소 짓고 있었다. 성 안내는 그 얼굴이 참다운 공양구임을 아는 신라의 불상들처럼. 그러나 그것은 내 상상일 뿐, 참수의 잔혹사를 빈 페이지로 남겨 놓고 남산의 불상들은 가부좌를 틀고 있었다.

한 시대에 광범위한 훼불이 저질러졌음이 틀림없지만, 얼굴이 없으니 무엇인들 증언할 수 있을까. 얼굴 대신 허공을 올려놓았기에 바람이 전하는 말밖에 들리지 않았다.

바람, 봄바람이 전하는 소리를 들으러 나온 여인처럼 마애관음보살상은 어디 먼 곳에 한눈팔고 있었다. 목 없는 석조여래좌상이 있는 곳에서 그리 멀지 않은 산기슭이었다. '미스 신라'라는 별명이 어울리게도 이 석조상의 입술에 붉은색이 감돈다. 화강암에서 우연하게 배어 나온 산화철분이리란 추측은 그 별명 앞에서 진부한 과학으로 전락한다. 목 없는 부처에서 립스틱을 칠한 관음보살로 건너간 야릇한 감정이 이 돌 속의 여인에게 화장할 자격을 부여한다. 눈썹이 살아나고 뺨도 발그레하게 부풀어 오른다. 이같이 육감적인 관음보살을 돌에 새긴 석공은 누구였을까?

스님도 속인도 아닌 중간 지점에서 살아갈 수밖에 없는 운명을 지닌 사람은 아니었을까. 문득 '고달'이란 석공이 떠오른다. 고달사에서 탑을 쌓는 일에 치중하던 고달은 그 사이 가족이 굶어 죽는 줄도 몰랐다. 불사를 완성하고서야 그 사실은 안 고달은 스스로 머리를 깎고 출가자의 길을 떠났다. 가족의 아사도 모른 채 불사에 매달렸던 고달처럼 남산의 산기슭에서 비승비속非僧非俗의 삶을 살았을 석공들이 내 눈에 어른거린다. 정을 치고 끌을 잡아당기는 동안 목탁소리와 염불이 어우러진다. 본업은 석공이지만 놀랍게도 아라한이 되기를 소원한 사람들이다. 노동이 수행인 셈이니 무엇이 본업이고 무엇이 부업인지 헤아리기 어렵다.

삼릉계곡 선각마애불을 보면 노동과 수행이 한데 어우러진 현장이 바로 눈앞에 펼쳐진다. 암벽을 끌로 파서 선으로 연결한 육존불은 격식을 떠난 자유로운 노동인 동시에 수행이다. 육존불의 수많은 선은 암벽을 둘러싼 구불구불한 소나무들과도 닮았다. 석공이 잠든 사이 소나무가 암벽에 다가와 나뭇가지 끝에 달린 솔잎으로 쓱쓱 그려놓았을지도 모른다는 즐거운 상상도 잠시 해본다. 스케치하듯 손과 어깨에 힘을 빼고 그린 그림이지만 스케치로도 충분히 완성된 그림이다. 면 대신 선을 채택해서 선각마애불을 완성한 데는 그만한 이유가 있을 터인데, 그 이유를 알지 못하는 나는 그 앞에 오래 서 있을 수밖에 없었다.

고작 내가 생각해낸 것은 '참을 수 없는 존재의 가벼움'이었다. 가벼움이 무거움을 전복해버리는 세계에서 질서란 아무런 소용도 의미

도 없다. 노동자의 삶과 수행자의 삶이 뒤섞인 세계에서는 모든 질서
가 재편될 수밖에 없다. 그렇지 않은가, 사람들의 참을 수 없는 무거움
은 무슨 책무라도 짊어진 양 세상의 사물들에 질서를 부여하기에 급
급하다. 삼릉계곡 석조여래좌상은 그런 조바심에 두 번이나 깨어진
조각을 접합해서 얼굴을 복원했다. 예전에 고증도 없이 성급히 복원
한지라 재수술을 할 수밖에 없었다고 한다. 땅에 굴러다니던 10개의
조각을 잇고 없어진 부분은 새로 조각했다. 그렇게 해서 광배도 살려
냈다.

원형 복원의 수고에도 불구하고, 나는 유독 접합 이전의 얼굴을 보
고 싶다. 복원한 불상이라 해서 영원한 것은 아니며, 목이 없는 불상이
라 해서 잊혀지는 것은 아니지 않은가. 생겨난 모든 것은 사라지기 마
련이라고 부처는 말했다. 경주 남산의 불상이 목 없는 시간을 보내는
동안 세상은 끊임없이 변했다. 때로는 개혁이란 이름으로, 때로는 혁
명이란 이름으로 변하는 세상을 아무도 말리지 못했다. 사라지지 말
아야 할 것은 부처가 남긴 말이지 불상이 아니다. 나는 목 없는 불상
으로부터도 부처의 가르침에 대해 무한한 신뢰를 느낀다. 생겨난 것
은 생몰을 거듭하므로 언젠가 경주 남산의 불상과 불탑들이 흔적 없
이 사라진다 해도 폐허는 폐허로서 아름다울 것이다.

영원한 것이 없듯이 완전한 것도 없다. 경주 남산의 불상은 그 불완전한 모습 때문에 규격화된 질서를 뛰어넘는다. 상선암 마애여래좌상은 돋을새김한 얼굴을 빼고는 나머지 부분이 선각에 가깝다. 깎아지른 벼랑을 불과 몇 미터 앞두고 마애불은 어찌 보면 바위 바깥으로 나오는 동작이고, 어찌 보면 바위 안으로 잦아드는 동작이다. 그러나 어찌 부분만 볼 것인가. 크게 보아 상선암 마애불은 남산의 다른 불상과 마찬가지로 자연에 내맡겨진 존재이다. 부처가 살던 시대의 수행자처럼 탁발을 하러 다니거나 숲 속에서 들어앉아 선정에 잠겼던 바로 그 자세이다. 뜨거운 햇볕과 세찬 비바람을 견디는 전정각산의 싯다르타처럼 상선암 마애불은 속세의 들판을 옆에 두고 반개한 눈으로 맞은 편 산을 바라본다.

속세는 상선암 마애불에서보다 상선암에서 상선암 마애불로 오는 산길에서 더 잘 내려다보였다. 전망대까지 설치한 그곳에서는 형산강을 끼고 발달했을 신라의 수도 서라벌이 한눈에 들어왔다. 왕궁이 있던 월성月城도 오른쪽으로 보였다. 천 년의 도시 서라벌은 인구 백만에 육박하는 대도시였다고 삼국유사는 신라의 전성기를 전한다. 당나라 수도 장안과 맞먹는 인구다. 대부분 집이 기와를 얹었고 금으로 치장한 집인 금입택金入宅도 35채나 있었다. 지금으로 치면 도

곡동 타워펠리스에 해당하는 호화주택이다. 이 집들 사이에 황룡사, 임천사, 천관사, 미탄사, 보림사 같은 큰절들이 그 규모에 어울리는 시주를 받았음이 틀림없다. 또한, 그 같은 세속의 절에 거주하는 스님들은 지금도 마찬가지지만, 응당 공양을 받는데 별 곤궁함이 없었을 것이다. 말로만 토굴이지 호화 아파트에 살더라는 소문이 지금의 승가에 떠돌기도 하지만, 금은비단에 묻혀 사는 스님이 그때라고 왜 없었겠는가.

남산의 불상들은, 적어도 삼릉에서부터 상선암 뒤쪽 능선에서 내가 만난 불상들은 속세에서 비켜난 자세로 어디 먼 곳을 바라보고 있었다. 정면으로 세속을 내려다보지도 등을 돌려 아예 외면하지도 않은 눈길이다.

우연한 일인지 모르지만 나는 생각한다. 세속에 물들어 사는 삶도 곤란하지만, 세속을 등지고 혼자만 고고한 것도 수행자의 길이 아님을 암시하는 자세라고. 부처는 깨달음을 전파하러 바라나시의 갠지스 강을 건너 사르나트로 갔다. 그 길에 깃든 성스러움이 깨달음을 얻으러 보드가야로 간 길 못지않다고 뜻있는 사람들은 입을 모은다. 요컨대 남산의 불상들은 위로는 깨달음을 추구하고, 아래로는 중생에게로 다가간 부처의 삶을 닮았다.

영원한 것이 없듯이
완전한 것도 없다.
경주 남산의 불상은
그 불완전한 모습 때문에
규격화된 질서를 뛰어넘는다.
상선암 마애여래좌상은 돋을새김한 얼굴을 빼고는
나머지 부분이 선각에 가깝다.
깎아지른 벼랑을 불과 몇 미터 앞두고
마애불은 어찌 보면 바위 바깥으로 나오는 동작이고,
어찌 보면 바위 안으로 잦아드는 동작이다.

뜨거운 햇볕과 세찬 비바람을 견디는
전정각산의 싯다르타처럼
상선암 마애불은 속세의 들판을 옆에 두고
반개한 눈으로 맞은편 산을 바라본다.

경주 남산

물론 지나친 의미 확산인지도 모르겠다. 그러나 불교에서는, 생명이 없는 돌일지라도 성주괴공成住壞空 하는 우주의 구성원이므로 알게 모르게, 보이게 보이지 않게 자연계의 다른 생명이나 무기물과 서로 끊임없이 작용·반작용한다. 모든 업의 속성은 궁극적으로 공업共業이듯이 사람과 마찬가지로 돌에도 생로병사가 있다. 다만 사람보다 훨씬 늦게 마모될 뿐이다.

　용장사가 있던 자리에 세워진 삼층석탑도 세속 앞에서 묵묵히 자기 세계를 견지하는 모습이다. 상층부가 없긴 하지만 벼락과 인간의 폭력을 피해서 옛 모습이 온전히 살아있다. 경주 남산에서 가장 높은 금오봉468m을 지나 용장사 계곡 쪽으로 급격히 기울어지는 위치에 세워진 이 삼층석탑 옆에 서 있으면 손금 내려다보듯 세속이 보인다. 반대로 세속의 어디에서 올려다봐도 이 삼층탑이 잘 보인다.

　삼국유사가 기술한 세속도시의 풍요로움과 달리 김부식이 쓴 삼국사기는 서라벌이 겪은 속세의 고통을 단말마처럼 기록하고 있다. '기근이 일어나 자녀를 파는 자가 있었다. 황룡사 장륙상에서 눈물이 흘러 발꿈치까지 내리었다. 흰 개가 대궐 담 위로 올라왔다…….' 서라벌에 흉년이 들었거나 내란이 일어났으리라 짐작되는 시기를 불길함이

질펀하게 묻어나는 문장으로 전하고 있다.

김부식의 흉흉한 문장과 달리 용장사 삼층석탑은 몸돌과 지붕돌의 체감률이 매우 안정된 삼각형 구조물이다. 세상이 아무리 시끄러워도 내면을 들여다보는 삶에는 고요가 흐를 뿐이다. 비가 온 뒤에 땅이 굳는 이치를 수행자는 안다.

탑은 부처의 또 다른 모습이다. 탑은 원형인 인도의 스투파^{Stupa}는 부처의 사리를 담고 있다. 부처가 입멸하자 말라족은 뜨거운 불에도 타지 않은 부처의 사리를 수습하고 일주일 동안 공양을 올렸다.

그 사이 쿠시나가르에 도착한 각국의 사신은 치열한 다툼 끝에 사리를 나누어 가진다. 그들은 각자의 나라로 가서 사리탑을 세웠다. 그 수백 년 후 인도를 통일한 아소카 왕이 사리 탑들을 연다. 그는 부처의 사리를 수천 개로 쪼개 마우리아 제국 전역에 사리탑을 세워 봉안한다.

용장사는 조선시대의 방랑자 김시습이 머물며 '금오신화'란 소설을 썼던 절이다. 금오산과 고위산 사이, 남산에서 가장 깊은 계곡에 있던 이 절은 지금은 비록 폐사지이지만 삼층석탑을 비롯해 석불좌상, 마애여래좌상, 세 가지 보물이 품고 있다.

바위에 양각된 마애여래좌상과 자연석 기단 위에 연꽃 장식의 둥근 지붕돌 세 개로 쌓아올린 탑 사이를 오간다. 내 눈길이 맨 위의 지붕돌에 안치된 목 없는 불상에 오래 머문다. 삼국유사에서 신라의 고승 대현이 이 탑을 돌자 불상도 따라서 고개를 돌렸다고 묘사한 그 불상이지만, 목이 있어야 할 자리에 빈 하늘이 보인다.

부처가 세상을 떠나자 사람들은 곧바로 사리탑을 세웠다. 불상은 그보다 부처 입멸 500여 년 후에야 등장한다. 마케도니아의 왕 알렉산더가 인도 서북쪽을 점령하면서부터였다. 그 이전까지 불상은 인도인의 머릿속에서만 존재했을 뿐, 성자를 조각하는 일은 신성모독이라 여겨 엄두도 내지 못했다. 알렉산더를 따라온 그리스 문화가 전파한 신의 형상은 인도인들에게는 일대 사건이었지만, 성스러운 부처를 가까이하는 데 그만한 빌미는 없었다.

불상은 부처의 겉모습인 동시에 부처의 내면을 상징적으로 보여준다. 불상은, 불상을 가까이하려는 사람들의 염원과 그 시대의 종교정신을 담고 있다. 용장사의 석불좌상은 목이 잘리기 전 신라인의 풍요로운 정신문화를 유감없이 보여줬을 것이다. 공허하다. 지금은 그 절단된 목의 단면으로 현대인이 도저히 떨쳐내지 못하는 상실감만을 보여 주고 있지 않은가. 현대인이 추구하는 촘촘한 사고와 시스템을 비

경주 남산 용장사 삼층석탑

용장사가 있던 자리에 세워진 삼층석탑도
세속 앞에서 묵묵히 자기 세계를 견지하는 모습이다.
상층부가 없긴 하지만 벼락과 인간의 폭력을 피해서
옛 모습이 온전히 살아있다.
경주 남산에서 가장 높은 금오봉 468m 을 지나
용장사 계곡 쪽으로 급격히 기울어지는 위치에 세워진

이 삼층석탑 옆에 서 있으면
손금 내려다보듯 세속이 보인다.
반대로 세속의 어디에서 올려다봐도
이 삼층탑이 잘 보인다.

웃듯 석불좌상 위를 공허가 꽉 채우고 있다.

이제 신선암 마애보살반가상을 만날 차례였다. 나는 이영재와 삼화령을 넘기 위해 내려온 길을 다시 올라갔다. 칠불암으로 내려가는 갈림길에서 이상하게 몸이 가벼웠다. 마치 신선이라도 만나 둘이 함께 하늘나라로 날아가기로 약속이라도 한 기분이었다. 안내표지도 없어 두리번거리는 내게 기왓장에 쓴 글씨가 보였다. ···· 신선암 마애보살반가상. 땅에 널린 기왓장에 흰색 물백묵으로 쓴 글씨, 그것이 내 눈엔 신선이 보낸 초대장 같았다.

한 사람이 겨우 발을 디딜 만큼 좁은 길 아래는 천길 벼랑이었다. 그 좁은 길을 따라가다가 모퉁이를 돌자 아! 머리에 삼면보관을 쓴 보살상이 오른손에 꽃가지를 쥔 채 구름 위에 앉아 있다. 하늘로 올라가는 것도, 땅으로 내려오는 것도 아닌 동작, 신선암의 관세음보살은 그 중간계에서 구름을 타고 멀리 보이는 토함산으로 수평이동 중이었다. 목하, 신라인은 날아다니고 있었다. 자연 속에서 자연을 찬탄하고 운위하는 그들의 모습은 비천상의 그것을 빼닮았다. 대관절 신라인은 무엇을 놓아버렸기에 저토록 즐거이 날아다닐 수 있는가!

벌써 날이 기울어 신선암 보살상의 미소에 살짝 그림자가 드리워진다. 경주 남산은 등산객의 걸음으로는 측정할 수 없는 시간이 걸린다. 봐야 하고 느껴야 하고 알아야만 하는 시간이기에 며칠을 걷는다 해도 다 걸을 수 없다.

서둘러 칠불암으로 내려갔다. 칠불암은 암자 이름이 아니라, 일곱 부처를 모신 두 개의 바위이다. 전면의 바위에 새긴 사방불四方佛과 뒷면의 병풍바위에 새겨 놓은 삼존불을 합하여 일곱 부처를 이룬다. 샤카무니 싯다르타 부처와 더불어 지난 시절에 생멸했다는 과거칠불過去七佛이 문득 생각났다.

불국토는 어디에 있는가?

신라에 불교를 전한 고구려의 포교사 아도화상은 인도인이거나 중국 오나라 사람으로 엇갈려 짐작되는 인물인데, 어머니는 어찌 된 노릇인지 고구려 여인 고도령이다. 삼국유사는 아도를 묵호자墨胡子와 동일 인물로 추정한다. 아도가 신라에 들어간 것은 어머니가 권유해서였다. 고도령은 놀랍게도 과거칠불이 유행하던 곳으로 경주를 짚으며 말을 이었다.

"네가 그곳으로 가서 대교大教를 전파하면 석사釋祀가 동으로 향하리라."

과연, 서쪽이 아니라 동쪽나라 경주가 불국토였을까. 그 사실을 남

경주 남산 신선암

모퉁이를 돌자 아! 머리에 삼면보관을 쓴 보살상이
오른손에 꽃가지를 쥔 채 구름 위에 앉아 있다.
하늘로 올라가는 것도, 땅으로 내려오는 것도 아닌 동작,
신선암의 관세음보살은 그 중간계에서 구름을 타고
멀리 보이는 토함산으로 수평이동 중이었다.
목하, 신라인은 날아다니고 있었다.
자연 속에서 자연을 찬탄하고 운위하는 그들의 모습은
비천상의 그것을 빼닮았다.
대관절 신라인은 무엇을 놓아버렸기에
저토록 즐거이 날아다닐 수 있는가!

산의 석불들과 마애불들은 알고 있으려니와, 일연의 삼국유사에도 그 이야기에 손을 들어주는 문장이 한 줄 기록돼 있다.

절은 하늘의 별만큼 많고, 탑은 기러기가 줄지어 서 있는 듯하다. ❂

걷는 길   삼릉 ⋯▸ 석조여래좌상 ⋯▸ 마애관음보살상 ⋯▸ 삼릉계곡 선각육존불 ⋯▸
         삼릉계곡 석조여래좌상 ⋯▸ 상선암 마애여래좌상 ⋯▸ 금오봉 ⋯▸ 용장사곡 삼층석탑
         ⋯▸ 용장사곡 마애여래좌상 ⋯▸ 용장사곡 석조여래좌상 ⋯▸ 신선암 관세음보살상
         ⋯▸ 칠불암 ⋯▸ 남산동 칠불암 입구

거리와 시간   10km 정도, 8시간 예상

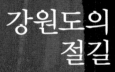

강원도의
절길

살다 보면
어디 꽃 좋은 날뿐이랴
길은 안개에 지워지고
산은 비바람 너머에 있을지라도
우리는 저 절로 가야 하네

32

물속에 절이 있네

청평사 가는 길

청평사清平寺는 이상한 절이다.

겨울에 가면 노래 두 곡 부르는 사이에 닿고, 여름에 가면 한 시간 이상 땡볕을 걸어야 한다. 두 번 모두 배를 타고 소양호를 건너 선착장에 내렸을 경우이다. 그렇지만 소양호를 소양댐이라고도 부른다는 사실을 알면 하등 이상할 게 없다. 소양댐은 계절에 따라 물이 줄고 는다. 댐 관계자가 소양댐의 수위를 조절하기 때문이다. 여름, 그 가운데 장마철에는 소양호를 많이 비워 놓는다. 그러면 배를 접안하는 선착장과 청평사 사이가 멀어진다. 반대로 물을 많이 채워 놓은 겨울에

물의 양에 따라 가깝거나 멀 뿐이지
청평사가 움직이는 건 아니다.

는 그 거리가 가까워진다. 물의 양에 따라 거리가 짧고 멀어질 뿐이지 청평사가 움직이는 건 아니다.

　그러나 이 사실을 알고 청평사에 가는 사람은 드물다. 이 사실을 모르고 겨울과 여름에 청평사를 찾은 사람은 기이한 착각에 빠지게 된다. 모퉁이를 돌자 갑자기 나타난 스타벅스와 같거나 가도 가도 발에 닿지 않는 신기루와 같다. 그렇게 청평사를 다녀온 사람들은 말한다. 청평사는 이상한 절이다.

청평사는 강원도 춘천시 북산면 청평리에 있다. 청평사의 배경인 오봉산^{779m}이 비록 빼어난 경치를 자랑하지만, 나는 오봉산의 들머리인 배후령을 넘어서는 청평사를 찾지 말라고 손사래를 치겠다. 땀을 비 오듯 흘리며 산을 넘는 노고는 왠지 청평사와 어울리지 않는다.

대동여지도가 표시한 오봉산의 옛 이름은 청평산이다. 고려의 사상가이자 수승한 재가불자인 이자현이 1089년 이 산에 은거하자 들끓던 도적과 호랑이와 이리떼들이 자취를 감추었다. '맑게 평정되었다'는 뜻에서 청평산^{淸平山}이란 이름이 생겼다.

청평사는 가벼운 발걸음으로 가야 한다. 청평사는 이제 막 사랑에 눈뜨기 시작한 연인들이 가야 제격이다. 벚꽃이 후끈 만발한 길을 따라 그들은 선착장으로 걸어가고 있었고, 매표소 앞에서 우연히 그들을 목격한 초로의 남자인 나는 가슴이 저몄다. 아직은 쌀쌀한 기운이 감도는데도 남녀는 커플룩이라고 부르는 짧은 티셔츠 차림이었다. 배를 타고 청평사로 놀러 가는 그 많은 연인 가운데 하나였다. 그들의 가벼움은 더는 발걸음을 떼지 못해 벚나무 아래 서버린 자의 무거움을 비웃었다. 나이 든 남자가 할 수 있는 건 의심뿐이다. 그들은 정말 사랑할까? 그들의 사랑은 착각이 아닐까?

착각은 물 위를 스친다. 청평사에 가려면 배를 타고 가야 한다. 그들의 웃음은 물속에 잠긴 마을을 알지 못한다. 조석으로 굴뚝 연기를 피워 올리던 산기슭의 집들, 삼일장이 서던 샘밭장, 전봇대가 있던 언덕배기 전답, 흙먼지를 일으켜 학교 가는 학생들의 눈살을 찌푸리게 했던 버스길이 물속에 잠겼고, 그 위를 유람선이 지나간다.

소양댐은 1967년부터 1973년까지, 춘천군 북산면을 중심으로 4,600세대가 수몰되면서 건설한 남한 최대의 인공호이다. 상전벽해 桑田碧海, 뽕나무밭이 변해서 바다가 됐다는 사자성어 그대로였다. 소양댐 담수로 대부분 화전민이었던 마을 사람들은 소양호에서 일용할 양식을 건지는 어부로 변했다.

그리고 그들은 지금처럼 벚꽃이 쏟아져 내리는 청평사 가는 길에서 식당주인이나 노점상으로 변했다. 소양댐 버스종점부터 선착장까지 파라솔을 친 노점에 부침개, 막걸리, 도토리묵, 중국산 산나물을 파는 그들이 있다.

오천 원 왕복 도선료를 내고 통통배를 탄다. 건너편 선착장으로 가는 데 걸리는 시간은 10여 분이지만, 이 시간에서의 느낌이 바로 배를 타고 청평사에 가는 이유이다. 호수를 건너 청평사로 가는 것이지만 수몰지구를 지나기 때문인지 어쩐지 물속에 있는 절을 찾아가는, 환상에 가까운 느낌에 빠져든다.

그러나 선착장에서 내리면 흙길이고, 그 끝나는 지점에서 청평사 일주문까지인 식당거리에 들어서면 유람선에서 느꼈던 환상이 단번에 지워진다. 춘천닭갈비 굽는 냄새가 진동하면서 본격적으로 식욕을 자극한다. 대형식당마다 손님들이 흥청거리는데도 호객꾼들이 나와 행인들을 불러 세운다. 출입문 옆 카운터에 앉아 카드등록기를 조작하는 식당 주인들, 그 셈 빠른 사람들이 소양호 주변에 살던 농부이고 어부였다는 사실이 믿어지지 않는다.

식당거리를 벗어나자 청평사 매표소가 나타난다. 매표소 건물을 마지막으로 민가는 사라지고, 오솔길과 나란히 계곡이 깊어진다. 그런데 웬일일까, 이쯤이면 벚나무 아래를 지나던 연인이 다시 등장해서 내 앞을 명랑하게 걸어야 하는데도 보이지 않는다. 둘이 걷는 걸음이 혼자 걷는 걸음보다 훨씬 느린데도 말이다.

계곡을 거슬러 올라가자 아홉 가지 소리가 난다는 구성폭포가 보였다. 여전히 나는 벚나무의 연인을 찾아 두리번거렸지만, 중년남녀가 깔깔대며 사진을 찍고 있을 뿐이었다. 폭포에 잇닿은 계곡에서 뱀을 손바닥에 올려다 놓고 바라보는 공주상 곁에서였다. 당나라 태종의 평강공주라고 하는 이 공주상에는 전설이 있다.

궁중의 말직에 있던 한 청년이 공주를 짝사랑하다 상사병으로 죽었다. 상사뱀으로 환생한 총각은 공주의 몸에 달라붙어 무슨 수를 써도 떨어지지 않았다. 상사뱀 때문에 죽을 위험에 처한 공주의 선택은 오직 하나, 고려국 청평사에 가서 뱀이 떨어지기를 기도하는 것뿐이었다. 청평사에 이른 공주가 구성폭포에서 목욕재계하는데 저녁 예불을 알리는 범종 소리가 들려왔다. 공주가 상사뱀에게 부탁했다.

"절에 가서 불공을 드리려고 하니 잠시 몸에서 내려와 줘요."

웬일인지 그 말에 10년 동안 칭칭 몸을 동여맸던 뱀이 스르륵 몸을 풀었다. 그렇게 해서 절에 들어간 공주는 해가 저무는지도 모르고 염불삼매에 빠졌다. 조바심이 난 것은 상사뱀이었다. 늦도록 돌아오지 않는 공주를 찾아 기어이 청평사로 몸을 틀었다. 그리고 회전문으로 들어서려는 순간이었다. 마른하늘에서 갑자기 벼락이 떨어져서 뱀은 그 자리에서 즉사했다.

질긴 악연에서 풀려났지만 공주는 전생부터 자신을 사랑한 뱀을

상사뱀의 극락왕생을 빌며 공주가 세웠다는 3층 석탑은

공주탑이란 이름으로
지금도 청평사로 가는 숲길 한쪽에 남아 있다.

연민하지 않을 수 없었다. 상사뱀의 극락왕생을 빌며 공주가 세웠다는 3층 석탑은 공주탑이란 이름으로 지금도 청평사로 가는 숲길 한쪽에 남아 있다.

이토록 슬픈 전설을 남긴 회전문이지만 그곳을 지나는 연인치고 유쾌하지 않은 얼굴은 없다. 보물 제164호인 청평사 회전문은 절에 들어설 때 만나는 두 번째 문인 사천왕문의 또 다른 이름으로, 중생들에게 윤회하는 삶을 직시하라는 문이다. 사랑이 아무리 아름답기로서니 불교에서는 집착일 뿐이다. 전생에 총각이었다가 벼락 맞아 죽은 상사뱀의 업은 육도윤회를 거듭하겠지. 생각이 거기에 이르렀다가 나는 문득 고개를 가로저었다. 아니, 아니지. 사랑을 어찌 네모나거나 둥글다고 말할 수 있겠는가. 청평사가 움직이는 건 소양댐의 담수 때문이듯 사랑의 불가해한 힘이라면 절 하나쯤 옮겨놓는 건 일도 아니지.

곧장 회전문 안으로 들어서려던 내 발길을 누가 부여잡는다. 청평사 연못이었다. 우리나라에서 현존하는 가장 오래된 이 연못은 이자현이 축조한 것이다. 그 이름이 영지影池, 그림자의 연못이다. 영지는 연못 주변의 풍경을 물 위에 비치게 하여 완상하는 연못이다.

영지는 대개 절 입구에 조성했다. 승속의 경계, 피안과 차안의 경계에 자리한다. 절에 들어가거나 나올 때 영지에 자기를 비춰보고 성찰하라는 뜻이다. 영지는 연지 蓮池 와 달리 수생식물을 심거나 물고기를 풀지 않는다.

청평사 연못에 나무들이 머리를 풀고 있다. 그러나 눈에 보이는 것은 큰 의미가 없다. 나무들 자체도 감각의 그림자이므로, 연못에 드리운 나무는 그림자의 그림자이다.

연못은 대개 지하수를 끌어다 만드는데 이자현은 계곡물을 그대로 끌어다 썼다. 영지를 내려다보면 이자현의 생각이 보인다. 그는 청평사뿐 아니라 청평산 전체를 그가 생각한 불교로 꾸미려 했다. 그리하여 청평사 들목의 문수원부터 오봉산 봉우리에 이르는 기나긴 계곡에 이자현의 불교가 때로는 암자의 모습으로, 때로는 정원의 모습으로 펼쳐진다. 이자현은 웬만한 사람은 오를 엄두도 못 내는 청평산 꼭대기에 식암과 북원을 세우고 용맹정진했다.

벚나무 아래를 지나던 연인은 어디로 갔나?

이자현이 꾸몄던 정신적 풍경에 한 발짝도 다가가지 못하고 여전히 나는 두리번거렸다. 그 때문인지 회전문을 지날 때는 눈을 꼭 감아버렸다. 사랑과 증오, 삶과 죽음이 녹슨 경첩처럼 삐긋 돌아갔다. 그

청평사 영지

청평사 연못에 나무들이 머리를 풀고 있다.
그러나 눈에 보이는 것은 큰 의미가 없다.
나무들 자체도 감각의 그림자이므로,
연못에 드리운 나무는 그림자의 그림자이다.

옛날 공주와 청년과 뱀이 회전하고 있었다. 상사뱀에 대한 연민이 끓어올랐다. 회전문이 없더라도 회전해야 할 운명이 회전문을 만났으니 벼락을 맞아 급사했던가. 오직 회전에서 벗어나려고 치열하게 구도한 자만이 이 문을 당당히 넘어설 수 있을 것 같았다.

회전문을 지나자 구도자들의 발자국이 경내 곳곳에 찍혀 있다. 청평사는 고려의 대표적 선지식인 보우대사와 나옹선사, 지공화상이 머물렀던 곳이다. 지공은 나옹에게 가사와 함께 법맥을 전승한 스승이었다.

지공이 입적했을 때 나옹은 매우 담담하게 썼다. '스승의 가사를 수하고 향을 사른 뒤 설법했다' 그러면서 나옹은 지공에 대해 회고했다.

푸른 두 눈, 뚫린 두 귀
오랑캐 수염에 얼굴은 검어라
그저 이렇게 오셨다가 이렇게 가셨을 뿐
기묘한 모습이나 신통을 나타내지 않으셨네

'나옹록'이 전하는 글이다.

지공과 나옹도, 당나라 공주와 공주를 사모하다 상사뱀이 된 청년도, 오봉산을 정원으로 꾸미려 한 이자현도, 벚나무 아래를 지나는 연인과 그들을 다시 찾아내려는 나도 눈·귀·코·혀·몸·생각을 지닌 사람일 뿐이다. 나옹이 회고한 인도스님 지공은 그 남다른 얼굴에도 불구하고 기묘한 모습으로 둔갑하거나 신통술을 부리지 않았다. 그러나 나옹의 문체는 지공의 수승함을 여백으로써 암시한다. 지공은 신통 이상의 능력을 지녔으니 여섯 가지 감각을 평정할 줄 아는 수행자였다. 그 여섯을 비워버리니 옳고 그름, 아름다움과 추함, 같음과 다름 따위의 분별심도 타파됐다.

　부처와 마찬가지로 지공은 왕자의 아들로 태어났다가 출가했다. 지공은 인도와 중국과 우리나라, 세 나라 국경을 넘나들었고, 세 나라 전역을 순례했다. 그물에 걸리지 않는 바람이었던 지공은 1363년 연경의 천수사에서 입적했다.

　입적은 윤회를 벗어나 번뇌의 불을 완전히 꺼버리고 고요해진 경지이다. 많은 스님들의 입적을 알리지만 정말로 고요해진 사람은 누구일까? 이자현은 스님이 아님에도 마음속의 도적과 호랑이와 이리 떼를 평정함으로써 고요해졌고, 부처는 인간의 근본적인 고통인 생로병사를 평정함으로써 고요해졌다. 그 옛날 부처의 손에 들린 연꽃도 보는 사람에게만 보였듯이, 정말로 고요해지는 사람은 흔치 않을

진저, 나는 그저 청평사에 놀러 온 여느 관광객과 마찬가지로 몇 개의 전각만을 둘러봤을 뿐이다. 그리고 회전문을 나설 때였다. 저만치 벚나무 아래를 지나던 남녀가 걸어가고 있었다.⚫

걷는 길 소양강 부두 ⋯▸ 소양호 ⋯▸ 구성폭포 ⋯▸ 고려정원 ⋯▸ 청평사
거리와 시간 왕복 3km 정도, 2시간 예상

33

바람의 화두

보현사 가는 길

강원도 대관령에는 눈이 많이 내린다. 백두대간을 타고 오르는 공기가 버거운 듯 품고 있던 습기를 산에다 부려 놓는데, 그게 눈이다. 이를 알고 겨울의 초입부터 많은 등산객이 이 지역의 대관령 휴게소를 찾는다. 나와 도반들도 그런 부류였다. 나무줄기인 대관령에서 곁가지처럼 뻗어 나간 선자령仙子嶺에 오르기 위해서였다.

휴게소를 나와 잠시 오르막길을 걸으니 갈림길이 나왔다. 거기서 오른쪽 비탈길로 새하얗게 몸을 일으킨 산이 선자령이다. 태백-오대산으로 연결해주는 백두대간의 준령이다.

들머리를 국사성황사로 잡은 것은 범일국사를 친견하기 위해서였다. 스님이 산신령으로 추앙받는 일은 극히 의외가 아닐 수 없다. 사당에 모셔진 범일국사는 게다가 구산선문의 하나인 사굴산문의 종조 아니었던가. 탱화 속의 범일은 활과 활통으로 무장한 채 백마를 타고 가는 무인인 동시에, 호랑이와 시종의 호위를 받는 산신령의 모습이었다.

국사성황사에서 나와 언덕길을 올랐다. 사람들이 빈번히 오르내린 탓에 단단히 다져진 눈은 발목을 덮지도 못했다. 가지가 휘도록 눈꽃을 피운 언덕은 소나무와 전나무 묘목을 심은 조림지였다. 어디쯤부턴가 눈보다 더 흰 몸피의 자작나무들이 길을 연다.

뒤따라오던 도반 하나가 어어, 놀라는 기색이다. 그가 스틱으로 가리킨 자작나무 숲 속에서 어린 노루 한 마리가 귀를 쫑긋 세우고 이쪽을 바라보다가 멀리 달아난다. 자작나무와 노루, 북쪽 나라에서 온 크리스마스카드를 닮은 풍경 때문인지 우리의 발걸음은 공기처럼 가벼워졌다.

선녀가 아이들을 데리고 와서 목욕을 즐겼대서 선자령이란다. 그런 유례를 알지 못했을 때도 선자란 이름의 고유명사가 선자령에 쌓인 눈과 겹치면서 백설공주가 우리나라 땅에 환생한 곳은 아닐까 생각하곤 했다. 그러나 산 앞에서는 어떠한 안심도 금물이란 것을 나는 알고 있다. 얼마 전 앞뒤 내용도 모르고 읽은 인류학자 로렌 아이슬리의 문장이 떠오른다.

사막에서 한 나이 든 수도사가 여행자에게 조언했다. 신과 악마의 목소리는 거의 구별할 수 없다고.

과연 오를수록 나무들의 키가 점점 낮아졌고, 부는 바람에서도 심상찮은 기운이 느껴졌다. 사막이 설원으로 바뀌는 순간이었고, 로렌 아이슬리의 문장은 여전히 불길했다. 이윽고 나이 든 수도사가 등장한 사막과 달리 눈 덮인 고원에서 한 기 두 기 등장한 것은 풍차였다.

새봉이 가까워지자 아니나 다를까, 바람이 술 취한 코끼리처럼 마구 달린다. 텅 빈 하늘이지만 바람과 바람이 오가다 맞부딪쳐 깃발 나부끼는 소리가 난다. 며칠 전 새봉에 내렸던 눈이 바람에 쓸려 일어나 가루를 뿌린다.

"좋구나, 좋아!"

고된 시련을 예고하는 눈보라에도 누군가 덩실댔지만, 우리 대부분은 샛눈을 뜨거나 고글을 모자 아래로 당겨 눈을 가리고서야 겨우 전진할 수 있었다.

선자령에서는 아무리 조심해도 바람을 피할 길 없다. 앞에서, 혹은 옆에서 창졸간 휘몰아쳐 오는데, 대관령 목장의 탁 트인 구릉지를 지나오며 가속도가 붙은 북서풍이다. 능선의 키 작은 나무나 풀들이 동쪽으로 비스듬히 누운 것도 이 북서풍 탓이다. 몇 해 전 선자령에서 실종된 70대 노부부를 119구조대가 수습했다고 한다. 사인은 악기상에 따른 저체온증. 오디세우스의 군대를 유혹한 사이렌이 그랬듯이 선자령의 매혹적인 풍경이 악마의 섬으로 돌변하는 건 한순간이다. 사람의 목숨까지 앗아가는 이같은 변화무쌍한 기후에 비행기 조종사들 또한 비행 주의 구간으로 긴장을 놓지 않는다.

새봉 전망대에서 정상^{1157m}까지는 1.5km이다. 이 구간을 지나면 거센 바람이 다듬은 평원이 펼쳐지는데, 펼쳐지는 것이 어디 그뿐이랴. 발왕산, 계방산, 오대산, 황병산…… 선자령을 내려다보는 산들이 도반의 고글 안경에 펼쳐진다. 도반들을 이끌고 선자령에 오른 이 날은 강릉 시내 너머에서 동해바다까지 출렁이듯 펼쳐져 저절로 환호성을 자아냈다. 하늘과 바다가 모두 새파랬다.

그렇지만 선자령, 하면 뭐니 뭐니 해도 은빛 설원에 어우러진 풍력발전기이다. 선자령에 부는 연평균 초속 6.7m의 바람이 지름 90m에 이르는 거대한 날개를 돌린다. 이 풍력발전기를 사람들은 풍차라 부른다. 풍차, 돈키호테가 맞짱 뜨려했던 괴물이 선자령 일대에는 모두 53개나 된다.

풍차를 향해 돌진하는 돈키호테 위에 조계종의 6조 혜능선사가 겹쳐진다. 혜능이 법성사에 머물고 있었을 때다. 당간 위에서 바람에 나부끼는 깃발을 보고 두 스님이 다투었다. 바람이 부는가, 깃발이 흔들리는가. 혜능이 조용히 끼어들었다.

"바람도 깃발도 움직이지 않아. 그대들 마음이 움직이는 거지."

움직이는 것이 바람이냐, 깃발이냐. 그 유명한 풍번문답風幡問答 은 결국 유심론으로 귀착된다. 모든 것은 마음에 달려 있다. 바람도 깃발도, 바람과 깃발의 움직임도, 마음으로 인식된 대상이다. 그런데 문제는 마음조차 마음이 아니라는 데 있다. 인연 따라 끊임없이 변하는 것이 마음이기 때문이다. 더 큰 문제는 인연조차 끊임없이 변하는 데 있다. 있다고도 할 수도, 없다고도 할 수 없는 마음의 무상성! 바람과 깃발과 움직임과 마찬가지로 마음은 끊임없이 움직이는 것이니, 움직이지 않은 것은 마음이 아니다.

선자령, 하면 뭐니 뭐니 해도
은빛 설원에 어우러진 풍력발전기이다.
선자령에 부는 연평균 초속 6.7m의 바람이
지름 90m에 이르는 거대한 날개를 돌린다.
이 풍력발전기를 사람들은 풍차라 부른다.
풍차, 돈키호테가 맞짱 뜨려했던 괴물이
선자령 일대에는 모두 53개나 된다.

보현사

그렇다면 저 거대한 날개를 돌려 바람을 갈아내는 풍차를 보고 그저 경탄할 노릇만이 아니다. 저 차가운 바람으로 돌아간 날개가 뜨거운 불을 활활 피워 올린단다 말이다. 이 발전기로 연간 24만mW의 전기를 생산해 5만 가구가 쓴다.

백두대간 표시석이 있는 정상을 지나 하산길을 보현사로 내려가는 안부인 선자령 나즈목으로 잡았다. 이제부터는 야생으로 들어가야 한다. 우리의 발소리에 놀라 숲에서 울던 새들이 침묵했고, 이내 날개를 치고 가지를 떠날 때 눈 뭉텅이들이 퍽퍽 떨어졌다.

쌓인 눈에 길이 지워진 데다 사람이 다닌 흔적도 별로 없어 눈어림만으로 길을 찾아야 했다. 게다가 발이 푹푹 빠져 스패츠를 착용했는데도 눈이 밀려 들어왔다. 아이젠도 제 기능을 잃어 미끄러지기를 몇 차례였다. 길섶으로 잠시 발을 헛디뎠더니 허벅지까지 금세 눈이 차오른다. 가끔 얼음이 박힌 바위를 만나면 산행에 익숙한 도반이 먼저 내려가서 초보들을 받아 내렸고, 그러느라고 시간이 걸렸다.

그렇게 허위허위 산길을 내려와 두꺼운 얼음 속으로 물이 흐르는 계곡을 만났다. 지친 몸으로 걷기에는 기나긴 계곡길이었다. 사람의 발자국이 지워진 눈길도 있어 몇 차례 주변을 두리번거리기도 했다.

보현사 계곡은 단단히 얼어 있었다.
얼음장을 깨고 낙엽들이 나왔다.
어느 나뭇가지에 다시 매달리려고
낙엽들은 저토록 다투어 세상에 나오는 모습일까.

눈이 깊숙이 내리 쌓인 숲이 너무도 고요해서 혹여 보현사를 찾지 못할까 봐 슬그머니 걱정스러울 무렵이었다. 눈 덮인 나무들 사이로 선자령이 깊숙이 숨긴 풍경, 보현사가 빼꼼 지붕을 드러냈다.

보현사를 품은 선자령을 산경표에서는 대관산, 동국여지지도에서는 보현산이라고 표시한다. 보현사를 기록으로 전하는 '태고사법'은 만월산으로 적어 관세음보살의 원만한 상호를 선자령에서 찾아낸다.

신라의 낭원국사 보현이 직접 창건한 보현사는 영동 지방에서 가장 오래된 절이다. 보물로 지정돼 가람의 한켠에 전해오는 낭원대사오진탑과 낭원대사오진탑비가 이를 증명한다.

보현사는 보현보살의 원력을 품은 절이다. 보현보살은 부처의 가르침을 반드시 몸과 마음으로 실천하겠다는 뜻을 지닌 보살이다. 우리나라에는 문수보살을 신봉하여 생긴 절이 오대산 상원사를 비롯하여 꽤 여러 군데지만 보현보살을 모신 절은 흔치 않기에 그 연유가 궁금했다.

강릉시 동남쪽 남항진에 문수보살과 보현보살이 당도했다. 천축국에서 온 두 보살은 그곳에 문수사를 세웠다. 어느 날 보현보살이 시위를 당겼다.

"한 절에 두 보살이 있을 수 없으니, 내가 활을 쏘아 화살이 떨어진

보현사

보현사는 보현보살의 원력을 품은 절이다.
보현보살은 부처의 가르침을
반드시 몸과 마음으로 실천하겠다는 뜻을 지닌 보살이다.
우리나라에는 문수보살을 신봉하여 생긴 절이 오대산 상원사를 비롯하여
꽤 여러 군데지만 보현보살을 모신 절은 흔치 않다.
강릉시 동남쪽 남항진에 문수보살과 보현보살이 당도했다.
천축국에서 온 두 보살은 그곳에 문수사를 세웠다.
어느 날 보현보살이 시위를 당겼다.
"한 절에 두 보살이 있을 수 없으니,
내가 활을 쏘아 화살이 떨어진 곳을
절터로 삼아 떠나겠다."
그 화살이 떨어진 곳이 바로 이 보현사였다.

곳을 절터로 삼아 떠나겠다."

그 화살이 떨어진 곳이 바로 이 보현사였다. 물론 이 이야기는 전설이다.

그보다 더 궁금한 게 있다. 불교국가 신라에서 국사까지 한 스님이 어째서 이 깊은 산중의 작은 절에 들었을까? 흥미롭게도 낭원국사는 범일국사의 제자였다. 비록 샤머니즘이기는 하나 범일을 모신 국사성황사가 초입에 있으니, 스승과 제자의 인연을 선자령이 법맥처럼 잇고 있는 셈이었다. 우리나라의 역사와 문학, 그리고 신화를 관통하는 불교는 낭원대사오진탑비에 새겨진 비문처럼 언제나 숙제를 내놓는다. 낭원대사오진탑비에 적힌 스님의 일생은 간략하지만, 선자령의 은빛 설원처럼 빛나고 풍차처럼 뜨거웠으리라. ☸

걷는 길 대관령 옛 휴게실 ···▸ 국사성황사 ···▸ 새봉 ···▸ 선자령 정상 ···▸ 나즌목 ···▸ 보현사
거리와 시간 8km 정도, 4시간 예상

34

거기에 부처는 없었다

선재길 걸어
오대산 적멸보궁 가는 길

중국 산서성의 오대산에서는 지금 한창 중국 정부 주도로 거창한 불사가 진행 중이란다. 어떤 의도로 정부까지 나서는지 의아하지만 옛날 옛적에, 문수보살을 비롯해 별처럼 헤아릴 수 없는 보살들이 머물렀다는 이 산의 가치를 뒤늦게 알아 불국토를 재현한다는 소식이다.

잘 알려지다시피 신라의 자장율사가 그 오대산에 갔다 와서 강원도 땅에서 찾아낸 산이 우리의 오대산이다. 우리나라 오대산은 중국의 오대산에서 유래한 이름이다. 중국 오대산은 어디서 왔을까? 인도의 대승경전 화엄경에 나오는 가상의 산 청량산에서 왔다.

오대산은 바다를 건너 일본으로도 갔다. 자장보다 훨씬 늦은 중국 송나라 때 오대산에 간 일본 스님이 교토의 아타고산愛宕山에 오대산 문화를 이식했다. 이처럼 오대산은 아시아를 아우르는 넓이였다.

그런데 중국의 자존심은 유별났다. 불교가 자국의 종교가 아니란 사실을 감추려고 청량산을 오대산에 덮어씌운다. 같은 장소임을 강조해 가상을 사실로 전도시키려는 문화전략이었다. 중국의 오대산이 인도의 청량산과 비슷하다는 환경을 빌미로 개명까지 단행했으니, 일본 공상만화에서 힌트를 얻는다는 벤츠의 신기술처럼 인도의 가야산이 중국의 오대산으로 둔갑한 것이다.

어떻게 이런 일이 가능할까? 화엄경에 나오는 문수보살 때문이다. 문수보살은 실존인물이라기보다는 부처의 신통력을 강조하기 위해 등장한 가공인물이란 것이 정설이다. 부처와 달리 문수보살에게는 뚜렷한 본적지가 없다는 사실도 문수의 비현실성을 지목한다.

문수보살이라면 중국 오대산에서 겪은 자장의 신화적 체험이 얼마든 현실세계에서도 통할 수 있었다. 중국의 역사서인 '속고승전'은 자장이 종남산 운제사에서 수행했다고 전하지만, 오대산에서 만난 문수보살에게서 부처의 사리와 가사를 얻었다는 삼국유사의 기록에 더 눈길이 간다.

이것은 석가세존의 것이니 잘 보관하십시오. 당신 나라의 동북쪽 명주溟州 경계에 오대산이 있는데 일만의 문수보살이 늘 거주하니 가서 뵈십시오.

자장이 가져온 불사리는 강원도 오대산의 적멸보궁에 모셔진다. 삼국유사에서 불국토를 이룰 땅이라고 예견한 바와 같이 오대산에는 월정사와 상원사를 비롯하여 다섯 봉우리마다 암자들이 깃들어 문수성지로 자리매김한다.

자장이 중국 오대산에서 보았듯이 문수보살은 고승이나 노인으로 나타나고 동물로도 나타나는데, 그중 동자로 가장 자주 나타난다. 문수보살을 보려면 문수보살과의 인연이 깊어야만 볼 수 있고, 문수보살의 지혜에 이르려면 어린아이처럼 마음이 맑아야 한다. 이를 증명하듯 상원사 문수전에는 문수보살과 문수동자가 나란히 앉아 있다.

오대산에서 꽃핀 문수신앙은 21세기에 이르러 '선재길'을 만들어 낸다. 화엄경에 나오는 어린 구도자 선재동자善財童子에서 따온 이름

상원사 문수전

문수보살을 보려면
문수보살과의 인연이 깊어야만 볼 수 있고,
문수보살의 지혜에 이르려면
어린아이처럼 마음이 맑아야 한다.
이를 증명하듯 상원사 문수전에는 문수보살과 문수동자가 나란히 앉아 있다.

으로 문수보살, 아니 문수동자와는 사제지간이다.

세상이 온통 고달프다고 한다. 최고의 실업률이 고달프고, 최고의 가계부채가 고달프고, 최고의 자살률과 이혼률이 고달프다. 부조리한 것은 이같은 중생고에도 어두워야 할 도시가 점점 깨끗해지고 투명해지고 있다는 사실이다. 도시를 장악하는 유리건물들은 중생고를 차갑게 내려다보는 사이코패스이다. 선재길은 본래 월정사와 상원사를 오고간 스님들이 다니던 길이었는데 언제부턴가 고달픈 중생들이 걷기 시작했다.

선재길은 월정사 부도밭 뒤에 시작을 가리키는 표지판이 서 있지만, 나는 월정사 일주문부터 걷기 시작했다. 단원 김홍도의 그림에도 나오는 그 유명한 월정사 전나무 숲을 빼놓고 걸을 순 없었다. 전나무 특유의 알싸한 향기가 몸을 씻어 주는 길이다. 가을로 들어 서는 데도 전나무 숲길은 스님이 입는 괴색 승복처럼 계절을 타지 않았다.

월정사는 643년 자장율사가 창건한 천 년 고찰이지만, 6·25전쟁 때 대적광전 앞의 팔각구층석탑만 남기고 모조리 불탔다. 탑 앞에서 공양하는 자세로 두 손을 모아 쥔 석조보살좌상만이 불에 그슬린 천

년을 기억하고 있다.

선재길은 상원사로 이어진 조붓한 숲길이다. 오대천을 따라 흐르는 이 길을 징검다리와 섶다리, 출렁다리, 조릿대 숲이 이어준다. 지난겨울 나는 이 길을 걸었고, 이제 아이들이 쓰는 크레용으로 가을을 그리듯 쓱쓱 다시 걷는다.

길은 오대천 위를 가로지르는 반야교를 건너면서 본격적으로 시작된다. 곧 회사거리가 나타난다. 회사거리, 일제 강점기 목재공장이 있던 자리란다. 선재길을 걸으면 화전민들이 살았던 흔적, 땔감나무를 운반하기 위해 깔았던 철길 등 우리나라의 근대사도 보인다.

회사거리에서 동피골까지, 단풍나무가 가지를 뻗어 내려와 열목어, 금강모치, 꺽지, 퉁가리, 쉬리, 버들치, 둑중개가 산다는 냇물에 붉고 노란 낙엽들을 떨어뜨린다. 지난 겨울 이 부근 오대천은 꽁꽁 얼어 있었고, 얼음 위에 눈이 쌓여 소리를 낮추더니 지금은 빠른 물살 소리와 함께 낙엽들을 어디론가 데려가고 있다.

이 길에서 만나는 단풍나무는 설악산과 사뭇 다르다. 설악산 단풍이 명료한 빛깔에 도도한 자태라면 오대산 단풍은 채도가 낮고 수수하다.

섶다리가 보였다. 나룻배를 띄울 수 없는 얕은 물에 임시로 걸쳐놓는 다리다. 잘 썩지 않는 물푸레나무와 버드나무로 다리를 세우고, 소나무와 참나무를 엮은 상판 위에 솔가지나 잎이 달린 잔가지를 깔고, 그 위에 흙을 덮는, 나름으로 정교한 공정을 거쳐 만든 다리다. 여름에 개천이 넘치면 떠내려가므로 '이별다리'라고도 부른다.

다리를 지나자 자작나뭇·과인 거제수나무가 흰빛을 터뜨리더니 동피골 오대 산장을 지나자 푸른 조릿대가 지천이다. 출렁다리를 지나고 현수교를 지나자 다시 빽빽한 전나무 숲이 검은 그림자를 드리운다. 길은 상원사에서 중대사자암, 적멸보궁, 비로봉으로 이어지지만 선재길은 여기서 끝이 난다.

상원사 입구에 세조가 의복을 걸어두었다는 관대걸이가 보인다. 여기에도 불교 전설이 있다.

어느 밤 세조의 꿈에 단종의 어머니인 현덕왕후가 나타나 침을 뱉었다. 세조가 아침에 일어나보니 현덕왕후가 침을 뱉은 자리마다 종기가 돋았다. 종기가 온몸으로 퍼지고 고름까지 흘렀다. 왕실 내의를 들이고 장안의 온갖 명의를 불렀지만 아무런 효험이 없었다. 마지막으로 찾아간 곳이 오대산 상원사였다. 하루는 오대천에 몸을 씻다가 지나가는 동자승을 보았다. 세조는 동자승을 불러 세워 등을 밀어달라고 했다. 동자승은 거리낌 없이 종기로 가득한 등을 밀었다. 목욕을

선재길은 상원사로 이어진 조붓한 숲길이다.
오대천을 따라 흐르는 이 길을 징검다리와 섶다리, 출렁다리, 조릿대 숲이 이어준다.

상원사 선재길

지난겨울 나는 이 길을 걸었고,
이제 아이들이 쓰는 크레용으로 가을을 그리듯 쓱쓱 다시 걷는다.

마친 세조가 건넸다.

"임금의 옥체를 씻었다고 어디 가서 발설하지 마라."

그러자 동자승이 흘깃 세조를 쳐다봤다.

"임금께서도 어디 가서 문수보살을 친견했다고 말하지 마시지요."

이 말을 남기고 동자승은 홀연히 사라졌다. 그 조금 후, 놀랍게도 피부병이 나았다. 나중에야 세조는 동자승이 문수보살임을 알고 상원사에 문수동자상을 세웠다.

삼국유사의 패러디인 이 전설은 그러나 1984년 문수동자상의 복장에서 세조가 입었던 저고리와 다라니경이 발견되면서 세상을 놀라게 했다.

상원사는 6·25전쟁 때 경허의 제자 한암스님이 지키고 있었다. 월정사를 불태운 국군이 상원사로 올라오자 한암은 불상 앞에 정좌했다. 불을 지르려거든 나부터 태우라고 하자 장교는 그 자리에서 주춤했다. 잠시 생각에 잠겼던 장교는 문짝을 뜯어 마당에서 태우고는 자리를 떴다.

선재길로 경허의 제자 한암이 다니고, 한암의 제자 탄허가 다녔으리라. 그리고 두 스님은 때때로 적멸보궁에 오르기 위해 상원사를 나섰으리라. 그들이 걸었을 길로 나도 따라나섰다. 몸이 다소 피로했지만 상원사를 몸으로 지킨 한암의 결기 때문인지 새로이 힘이 솟는 듯했다.

만년의 부처는 당신의 몸을 자주 낡은 수레에 비유했다. 어느 해 바이샬리에 심한 기근이 들어 부처가 거느린 비구들은 각자의 탁발처를 찾아 뿔뿔이 흩어져야 했다. 시자 아난다가 곁을 지켰으나 부처는 그때 병이 들었다.

"아난다, 내 나이 여든이다. 이제 내 삶도 거의 끝나가고 있구나. 여기저기 부서진 낡은 수레를 가죽끈으로 동여매 억지로 사용하듯, 여기저기 금이 간 상다리를 가죽끈으로 동여매 억지로 지탱하듯 아난다, 내 몸도 그와 같구나."

아난다에게 당신의 입적을 예고한 말은 그 며칠 후에도 이어진다. 하늘과 땅이 자리를 바꿀 것처럼 대지가 흔들렸다. 놀란 아난다가 이유를 묻자 부처는 담담하게 대답했다.

"여래가 장차 교화를 끝내고 생명을 버리고자 마음먹을 때, 땅이 크게 진동한다. 아난다, 나는 오래지 않아 멸도할 것이다."

부처는 바이샬리에 안거한 모든 비구를 차팔라 언덕에 모아 놓고도 다시 한 번 당신의 입적이 가까웠음을 알렸다. 다음 날 아침, 부처는 바이샬리에서 마지막으로 탁발한 후 갠지스강을 거슬러 북쪽 길로 나섰다.

적멸보궁으로 가는 길에도 단풍은 타오르고 있었다. 적멸보궁으로 오르는 계단을 태우고, 5층 석탑처럼 보이는 산지가람 중대사자암을 태우고, 기와불사하는 종무소를 태우고는 마침내 땅에 떨어져 바람에 뒹구리라고는 아무도 생각하지 않았다. 단풍은 나무의 일을 모르고 있었고, 나무는 단풍의 일을 모르고 있었다.

그러나 나는 안다. 그렇게 훨훨 타오르다가 마침내 타고 남은 재처럼 검은 나무들만 남은 겨울 숲이야말로 세상에서 가장 거룩한 몸인 적멸보궁이라는 것을. 겨울 숲을 지날 때는 그래서 한없이 숙연해진다. 단풍나무 곁을 걷고 있었지만 나는 적멸보궁의 겨울 숲을 미리 걸었다.

오대산 적멸보궁은 평일인데도 참배 온 불자들로 붐볐다. 그들은 무엇을 보러 여기에 왔을까? 부처가 있어야 할 수미단에는 황금색 문양이 아로새겨진 주홍색 방석만 놓여 있었다. 우리 눈에 보이지 않지만 부처가 거기에 앉아 있는 것일까? 방석 뒤편 벽면도 눈부신 황금빛이다. 그 벽에 가려 보이지 않는 산기슭에 부처가 있기라도 한 것일까? 자장은 어디에 부처의 사리를 묻었을까?

사람들 틈을 비집어 전각에 들어간 나는 단지 삼배만을 곡진하게 올렸다.

돌아서 나오는 문에서 먼 산들이 보였다. 산과 산이 겹쳐 있듯이 세상과 세상이 겹쳐 있었고, 그 겹친 세상 너머에 중국과 인도가 보이고, 문수보살과 자장이 보이고, 북쪽으로 마지막 유행길을 떠나는 부처의 맨발이 보였다. 문득 뭔가 머리를 찌른다. 아, 그래서 적멸보궁이구나! 적멸보궁에선 빈 방석, 빈 벽, 빈 하늘이 부처 아닌가. ✺

걷는 길　월정사 일주문 ···▸ 월정사 ···▸ 월정사 부도밭 ···▸ 섶다리 ···▸ 상원사 ···▸ 중대사자암
　　　　　　···▸ 적멸보궁 ···▸ 상원사

거리와 시간　12.5km 정도, 5시간 예상(적멸보궁 코스를 생략하면 8.5km 3시간 30분 예상)

35

거울, 겨울

유일사에서 망경사 가는 길

카빌라바투를 멸망시키려고 군대를 일으킨 코
살라국의 비두바다 왕이 국경을 넘다 부처를 발견했다. 부처는 잎이
라고는 없는 마른나무 밑에 앉아 뜨거운 햇볕을 견디고 있었다. 비두
바다는 말을 몰아 부처에게로 다가갔다.

"잎이 무성한 니그로다 나무도 있는데 왜 마른나무 밑에 계시
지요?"

"친족의 그늘만큼 시원한 그늘이 어디 있겠소."

부처는 말뜻은 카필라 성을 공격하여 당신의 친족을 죽이지 말아

달라는 부탁이었다. 그 말을 절실하게 전하려 그늘이 없는 마른나무 아래 일인시위를 벌이는 것이었다.

비두다바는 부처의 부탁에도 아랑곳하지 않고 부처의 나라 카필라바투를 무너뜨리고 사카족의 씨를 말렸다고 증일아함경은 전한다.

부처의 시대처럼 전쟁이 나서 가족이 뿔뿔이 흩어진 것도 아닌데 우리는 이른바 가족 해체의 시대에 살고 있다. 국민소득 3만 달러에 육박하는 경제성장과 교육평준화, 의료보험의 선진화라는 눈부신 성과가 우리의 오늘인 동시에, 미혼과 저출산에 따른 인구의 감소와 세계 최고의 이혼율이 또한 오늘의 우리이다. 부처의 시대보다 훨씬 마른나무 아래에서 살고 있으며, 조만간 나무 한 그루 없는 사막에서 살아야 할지도 모른다.

태백시 터미널로 가는 버스는 추적추적 내리는 겨울비를 흐린 창문으로 보여 주고 있었다. 그런데 이 을씨년스러운 풍경은, 버스가 정선 고개 1,000m 를 넘을 때 수증기처럼 사라졌다. 놀랍게도 햇빛이 구름을 열고 나타나서 창문에 어른거렸다.

변덕스러운 날씨는 여기서 그치지 않았다. 태백시 터미널에서 다시 시외버스를 타고 유일사 매표소로 내려서자 우박이 쏟아지기 시작했다. 그때부터 나는 눈에 보이는 풍경들을 믿을 수 없었다. 나무들 사이를 쏘다니는 안개도 믿을 수 없었다.

유일사 가는 일반버스를 갈아타기 전 나는 터미널 식당에서 된장찌개를 시켜먹었다. 식사를 마치고 보리차로 입을 헹구면서 나는 물으나 마나 한 소리를 식당주인에게 건넸다.

"여기선 보슬비 내렸다 말았다 하는데 태백산엔 눈이 오겠죠?"

식당주인은 보고 있던 테리비전에서 눈을 떼지도 않은 채 말했다.

"그걸 어찌 알겠드래요. 태백산 마음 아니겠드래요?"

식당주인 말이 맞다. 태백산은 제 힘만으로 날씨를 다스리기에는 너무 큰 산이다. 한강과 낙동강의 발원지인 검룡소와 황지연못을 품었고, 함백산을 비롯하여 크고 작은 산과 봉우리들을 거느렸다. $17.44km^2$의 면적으로 1989년 도립공원으로 지정된 산이다.

그토록 큰 산인데도 등산객들이 쉬이 태백산 등정에 나서는 까닭은 뭘까. 높되 험하지 않고, 크되 그 품이 아늑한 까닭이다. 유일사에서 오르는 길은 8분 능선의 완만한 언덕이므로 등산 초보라 할지라도 그다지 힘들지 않다. 출발지점이 이미 해발 890m이라서 정상인 장군봉 1567m 의 반은 접고 들어가는 셈이다.

장군봉으로 오르는 길에 눈은 정강이에 닿을 정도로 쌓여 있었다. 보드득 보드득. 아이젠을 찬 발에서 오돌뼈 씹는 소리가 난다. 겨울 안개가 짙어 등산객은 보이지 않고 목소리만 두런두런 곁을 지났다. 새벽에 정상에 올랐다가 하산하는 사람인가 보았다. 눈뭉텅이가 안개를 뚫고 난데없이 툭툭 떨어졌다. ⋯→유일사 100M. 유일사를 가리키는 아라비아 숫자는 이처럼 비현실적인 풍경의 한귀퉁이에서 나타났다.

　　유일사로 내려서는 계단은 길고 구불구불했고 계단의 끝은 안개에 잠식당한 상태였다. 얼음이 박힌 계단에 조심스레 발을 내려놓기를 몇 분이 지났을까. 흐린 간유리 너머의 세상, 비구니만 상주한다는 유일사가 보였다. 태백산의 음지에 속하는 골짜기라 절 전체가 꽁꽁 얼어붙었고, 무량수전 앞마당은 온통 빙판이었다. 나는 얼음으로 지은 집인 양 보이는 무량수전 앞에 서 있을 뿐, 감히 문을 열고 그 안으로 들어갈 엄두가 나지 않았다. 그 안에 금색 불상이 있고 촛불이 타오르고 있으리란, 그 흔한 상상도 꽁꽁 얼어붙어 버렸다.

　　나는 빙판 위에 서서 머리만 조아려 삼배를 올렸다. 그리고는 내려왔던 계단길을 다시 올라가 동토의 절에서 빠져나왔다. 산등성이에 올라붙는 길에서 나는 방금 들른 유일사를 생각했다. 왠지 꽃 피는 봄에 들러야만 비구니들에게서 겨우 절의 유례라도 들물어 볼 수 있을 것 같았다. 입대하는 장정처럼 나는 훗날을 기약했다.

　태백산의 명물인 주목이 하나 둘 보이더니 우르르 무리를 이룬다. 나는 장군봉 아래 주목 군락지로 들어서고 있었다. 눈더미를 받치고 선 주목의 뒤틀린 줄기가 힘겨워 보인다. 태백산 주목들은 겨우내 눈꽃과 상고대를 번갈아 피우는 사이 얼었다가 녹고, 녹았다가 얼기를 되풀이한다. 나무껍질은 얼다 못해 얼어 터진다. 침엽수인 주목은 한라산, 지리산, 덕유산, 소백산, 태백산, 오대산, 설악산 등 고산지대에 모여 사는 한대성 식물이다. 더디게 성장하는 대신 목질이 단단해서 옛사람들은 주목을 잘라 병장기의 재료로 사용했다. 죽어서도 여간해서는 썩지 않아, '살아서 천 년, 죽어서 천 년'이라는 경구를 만들어낸 나무이다.

　바람이 불자 잣나무, 졸참나무, 분비나무들이 진저리를 쳐 풀풀 눈을 털어낸다. 반면에 주목은 바늘잎이 촘촘히 뒤덮인 나뭇가지를 두어 번 뒤채여 뭉텅뭉텅 눈을 털어낸다. 그러나 장군봉이 가까운 길에는 유독 죽은 주목이 많았다. 하늘로 뻗은 고사목의 부러진 가지가 더 뾰족하고 메말라 보였다. 바람이 거세졌고 안개의 이동 속도도 빨라졌다. 눈을 뜨기도 어려운 눈보라 너머에서 부처가 고사목 아래 가부좌를 틀고 있었다.

부처는 조국의 멸망과 동족의 몰살을 막지 못한 자괴감에 빠져 있었다. 경전은 그때 상황을 묘사한다.

심한 두통을 느낀 부처는 아난다에게 발우 가득 물을 떠 오게 했다. 그 물을 이마에 뿌리니 연기가 나며 끓었다…….

어린 싯다르타가 파종식 때 보았던 약육강식이 훗날 고스란히 현실로 드러났다. 만일 당신이 보통 이상으로 부처를 알려거든 크샤트리야 계급에서 태어난 부처의 출가와 사카족의 멸망 사이에서 무슨 일이 벌어졌는지 눈여겨 보아야 한다.

경전은 '아시타 선인의 예언'을 통해 싯다르타의 미래에 두 갈래 길을 제시한다. 부처는 당신이 처한 현재를 알기에 앞을 내다볼 줄도 아는 명민한 청년이었다. 싯다르타가 전륜성왕보다는 최상의 깨달음을 얻으러 집을 나간 것은 지당하고도 사려 깊은 선택이었다.

부처가 굴린 진리의 수레바퀴는 전륜성왕을 넘어서는 성취를 이룬다. 훗날 인도를 통일한 아쇼카 왕은 칼로써 인도를 통치하는 데 한계를 느껴 불교를 차용할 수밖에 없음을 깨닫는다. 정신을 하나로

태백산 주목

나는 장군봉 아래 주목 군락지로 들어서고 있었다.
눈더미를 받치고 선 주목의 뒤틀린 줄기가 힘겨워 보인다.
태백산 주목들은 겨우내 눈꽃과 상고대를 번갈아 피우는 사이
얼었다가 녹고, 녹았다가 얼기를 되풀이한다.
나무껍질은 얼다 못해 얼어 터진다.
침엽수인 주목은 한라산, 지리산, 덕유산, 소백산, 태백산, 오대
산, 설악산 등 고산지대에 모여 사는 한대성 식물이다.
더디게 성장하는 대신 목질이 단단해서
옛사람들은 주목을 잘라 병장기의 재료로 사용했다.
죽어서도 여간해서는 썩지 않아,
'살아서 천 년, 죽어서 천 년'이라는 경구를 만들어낸 나무이다.
장군봉이 가까운 길에는 유독 죽은 주목이 많았다.
하늘로 뻗은 고사목의 부러진 가지가
더 뾰족하고 메말라 보였다.
바람이 거세졌고 안개의 이동속도도 빨라졌다.
눈을 뜨기도 어려운 눈보라 너머에서
부처가 고사목 아래 가부좌를 틀고 있었다.

묶지 아니하고는 거대한 제국을 한데 묶어 완전한 통일을 이룰 수 없었다.

부처는 절대자에 대한 절대적 믿음을 종용한 브라만교와 달리 인간은 스스로의 업에 따른 삶을 살 수밖에 없다고 역설했다. 누가 나의 미래를 결정하는 것이 아니라 내가 내 행위에 따라 변화할 뿐이다. 신이 중심인 믿음에서 인간 존중의 사상을 가르친 것이 불교이다. 이는 당시 인도를 지배한 브라만교와 카스트 제도에 대한 정면 도전이었으나 뜻밖에도 백성들뿐 아니라 사회 지도층으로부터도 전폭적인 지지를 얻는다. 누구나 깨달음을 얻어 부처가 될 수 있다. 모두가 동등하다. 남녀도 마찬가지이다. 이러한 부처의 설법은 신으로부터의 인간 해방과 계급으로부터의 인간 평등을 의미한다.

대승불교는 이보다 한 발 더 앞서간다. 열반에 이르는 지혜인 '반야바라밀'은 누구라도 깨달음에 이르는 길이다. 깨닫기 위해서 억지로 수행할 필요는 없다. 누구나 부처이기 때문이다. 대승불교의 혁명성은 평등을 지향하기보다 평등을 당연한 출발점으로 여긴 데 있다. '누구나 부처가 될 수 있다'가 아니라 '누구나 부처이다'라는 원초적 평등 앞에는 신분도 학력도 재산도 필요하지 않았다. 대승불교가 오랫동안 사람들로부터 사랑받은 이유이다.

그러나 부처의 생애 앞에서는 어떠한 비교도 통념과 편견일 뿐이다. 부처는 누구보다 약자 편에 섰다. 타인과 향유하지 않는 재산은 무의미하다. 죽음을 예감한 부처가 인도에서 가장 가난한 지역인 쿠시나가르를 마지막으로 유행함으로써 소외계층에 대한 지극한 자비심을 표명했다.

"광야를 여행할 때의 길동무처럼 가난한 가운데서 나눠 주는 사람은 죽어가는 사람 사이에서도 멸하지 않는다. 이것은 영원한 법이다."

내가 경전을 읽기에는, 부처는 '나눠 준다'를 말에 언제나 힘을 주었다. 법정스님도 어느 책에선가 무소유란 '아무것도 소유하지 않는 것이 아니라 내 것이 아닌 것을 남에게 나눠 주는 것'이라고 썼다. 나와 남이 평등하므로 평화로워지는 것, 부처의 철학은 뜻밖에 간단한 측면이 있다.

노령에 기력이 다한 부처는 대장장이의 아들 춘다의 공양을 받고 결정적으로 몸이 기운다. 춘다는 쌀밥과 함께 전단나무에서 자라는 버섯을 반찬으로 바친다. 부처는 반찬에 독이 들었음을 알았으나 아무렇지도 않게 먹는다. 부처는 춘다에게 당부했다.

"이 버섯을 다른 비구들에게는 주지 말게. 나머진 땅을 파서 묻어 버리시게."

춘다의 집을 나섰으나 위를 찢는 통증에 몇 걸음 옮기지 못했다. 아난다의 부축을 받아 마을을 겨우 벗어나 나무 아래 자리를 깔았다. 부처는 누운 채로 생각했다. 깨달기 전에 받은 수자타의 유미죽과 열반에 들어 마지막이 될 춘다의 독버섯은 그 공덕이 같구나. 부처는 그 생각을 아난다에게 일러 춘다에게 전하도록 했다.

부처는 더위와 통증을 참아가며 쿠시나가르로 향했다. 아난다에게 목이 마르다고 세 번이나 말했지만 수레가 지나간 자리에 고인 흙탕물 외에 마실 물이라고는 없었다.

갈증으로 타들어 가는 부처의 마지막 길과 달리, 내가 걷는 길에서는 눈보라가 몰아쳤다. 태백산을 감싼 안개도 여기 와서는 하얗게 얼어 죽을 판이었다. 태백산 정상인 장군봉의 나무들은 이미 죽었거나 겨우 살아있었다. 그 나무들이 쿠시나가르의 언덕을 오르는 부처 일행을 먼발치서 조심스레 바라보는 말라족 같았다. 모두 지독히도 가난한 백성이거나 사람 취급이라곤 받아본 적 없는 불가촉천민들이었다.

태백산 정상에는 제단이 세 군데나 있다. 상단 격인 장군봉 제단과 중단격인 천제단, 그리고 하단으로 이뤄졌다. 불교국가였던 신라와 고려 때도 이들 제단에서 제사를 지냈다. 우리나라 불교는 토속신앙과 습합하여 절에 산신각을 두니 이상하게 여길 일도 아니다. 유교를 통치 이념으로 삼았던 조선시대에도 제사는 끊이지 않았다. 나라가 잘 되는 일이라면 산신령이든 단군이든 단종의 원혼이든 모셔다가 술과 과일과 돼지머리를 바쳤다. 대한제국의 항일의병장 신돌석은 백마를 잡아다 바쳤다. 지금도 이들 제단 곁을 지나면 무당임을 금세 알 수 있는 이들이 소망을 입에 담아 주절거리고, 등산객들은 물론 대학교 다니는 여학생까지도 두 손 모아 싹싹 빌고 있다.

하단 주변은 비교적 바람이 잔잔한 평지이다. 하단에서부터 당골로 가는 길과 문수봉 가는 길로 갈리고, 문수봉 가는 길은 백두대간 가는 길과 갈린다. 나는 망경사望鏡寺가 있는 당골길을 선택했다.

망경사를 처음 안 건 20여 년 전이었다. 그때 나는 몇몇 친구들과 태백산에서 해맞이할 요량으로 밤기차를 탔다. 유일사 앞에서 랜턴을 켜고 단숨에 장군봉에 올랐으나 어둠은 고드름처럼 꽁꽁 뭉쳐 있었고, 해는 동해바다의 두꺼운 이불 아래서 아무런 기척이 없었다. 밤새 천제단 곁에서 발을 구르며 동트는 하늘을 바라봤지만 기대했던 해는 떠오르지 않았다.

그때 하산길에서 만난 망경사는 태백산 새벽바람에 움츠러든 누추

하늘의 뜻과 땅의 뜻이 서로 소통했던 천제단

태백산 정상에는 제단이 세 군데나 있다.

상단 격인 장군봉 제단과 중단격인 천제단, 그리고 하단으로 이뤄졌다.

불교국가였던 신라와 고려 때도

이들 제단에서 제사를 지냈다.

우리나라 불교는 토속신앙과 습합하여 절에 산신각을 두니

이상하게 여길 일도 아니다.

유교를 통치 이념으로 삼았던 조선시대에도 제사는 끊이지 않았다.

나라가 잘 되는 일이라면 산신령이든 단군이든 단종의 원혼이든 모셔다가

술과 과일과 돼지머리를 바쳤다.

대한제국의 항일의병장 신돌석은 백마를 잡아다 바쳤다.

한 암자에 지나지 않았다. 가난한 집 밥그릇을 닮은 전각 두어 채뿐이었다. 비구니인지 공양주 보살인지 알 수 없는 중년 여인이 우리를 대접하려고 나무를 때서 아침밥을 준비했다.

지금은 대웅전, 용정각, 범종각, 요사채, 객사 등 제법 절 모양을 갖추고 있다. 망경사는 우리나라에서 가장 높은 곳에 있는 절이다. 하늘 아래 첫 절이라는 지리산 법계사나 설악산 봉정암, 치악산 상원사보다 높다. 망경사 경내에 있는 용정도 우리나라에서 가장 높은 곳에 있는 샘이다. 그만큼 접근성이 떨어졌으나 등산인구가 폭발적으로 늘어나면서 오히려 사람들의 왕래가 잦아졌다. 새로 조성한 문수보살 석상과 석탑은 번영을 누리는 망경사의 현주소이다.

망경사는 신라 진덕여왕 때 자장법사가 창건했다. 정암사에서 말년을 보내던 자장이 문수보살 석상이 땅속에서 나왔다는 소문을 듣고 와서 지은 절이 망경사이다. 혹자는 우리나라에서 가장 높은 데 있는 절인 만큼 달을 맨 먼저 본다 하여 망월사라 부르기도 했다. 달을 거울로 비유한 것은 해묵은 비유이거나와, 거울에 비친 마음의 실상을 보고 수행을 게을리하지 말라는 뜻이다.

가족 해체의 마른나무가 우리 사회의 풍경화일 때 거울을 보는 마음은 겨울과 같지 않겠는가. 곧 봄이 온다. 그때 나는 나와 내 가족, 내

모든 주변을 봄꽃처럼 피어나게 하는 사람으로 거듭나고자 한다. 봄

이 오면 꽃피는 언덕길을 걸어 유일사에 들를 것이다.◉

걷는 길 일사 ⋯▸ 장군봉 ⋯▸ 천제단 ⋯▸ 하단 ⋯▸ 망경사 ⋯▸ 호식총 ⋯▸ 단군성전 ⋯▸

　　　　석탄 박물관

거리와 시간 8.5km 정도, 4시간 예상

36

혼자 오르되, 남을 위해 오르는 길

봉정암 가는 길

자장은 왜,

저토록 높은 곳에 탑을 세웠을까?

여름이 다 가도록 비가 내렸다. 어찌나 비가 내리는지 햇빛이 쨍쨍한 날에도 빗방울이 튀어 내 몸에 닿는 것 같았다. 설악산 봉정암에 오를 때도 빗줄기가 사선을 그었으니 장마가 지난 지 한 달이 가까울 무렵이었다. 기상청에서는 이상기온 탓이라는 말만 반복했다.

날씨를 예측하는 게 점점 어려워지는 세상이다. 장마만 문제를 일으키는 게 아니라 숨이 막히도록 무더운 날도 며칠째 찾아든다. 그러나 봉정함에 가야 하므로 어쩔 수 없다. 나를 비롯한 순례자들은, 비가 사흘레 소강기에 접어들리란 일기예보만 믿고 서울을 떠났다. 정말 비가 오지 않아 백담사에 들른 우리는 대웅전을 배경으로 마음껏 인증샷을 찍었지만 마음 한켠에도, 백담사를 떠나면서 올려다본 하늘에도, 자꾸 먹구름이 끼고 있었다.

백담사에서 영시암에 이르는 어두운 숲에 가끔 눅눅한 바람이 지나갔다. 도반들이 짊어진 배낭이 그때처럼 축 늘어진 커튼처럼 보이기는 처음이었다. 가끔 웃음소리가 들리기도 하였지만 비 그친 숲에 드문드문 돋아나는 검버섯 같았다.

영시암에서 국수 삶는 냄새가 났다. 작년에 내가 봉정암에 오를 때도 영시암에서는 국수를 삶았다. 어렸을 때 국수 뽑는 집을 지나다 본, 빨랫줄에 널어놓은 가느다란 국수였다. 가느다란 국수가 펄펄 끓는 가마솥에 꺾여 들어가선 맥없이 늘어졌다. 영시암에서는 국수를 삶아 드나드는 등산객에게 베푸는 것이 목탁을 치거나 염불을 외는 것보다 더 중요한 일과인 것 같았다. 국수를 삶느라 굴뚝에서 피어오르는 연기가 하늘에 머리를 풀고 있었다, 작년처럼. 요사채 툇마루에 앉아있는 영시암 주지 도윤스님은 작년보다 훨씬 등이 구부정해 보였다.

하늘이 멍자국처럼 푸르뎅뎅하더니 금세 날이 저물었다. 아으, 칼국수처럼 풀어지는 어둠! 기형도 시인의 폭풍의 언덕에서처럼 오세암으로 가는 숲길에도 비를 품은 바람이 지나다녔다. 그 바람이 잠자리를 훼방하는 듯 오세암 방사마다 전등불이 켜져 불야성이었다.

정채봉이 쓴 오세암은, 동화로 아름답게 꾸며내긴 했어도 설악산 깊은 암자에 버려진 고아가 어느 겨울, 스님도 없는 빈 절에서 굶어 죽었다는 이야기이다. 아이는 꿈속에서, 아니 이생의 끝자락에서 관세음보살로 현현한 엄마 품에 안기고, 오세암은 눈 내리는 설악산 품에 안긴다. 어린아이를 저 세상으로 보낸 오세암은 겨우내 폭폭 내리쌓인 눈에 길이 끊긴 지 오래였다.

오세암에서 하룻밤을 묵기로 하고 배낭을 내리자 마침내 빗방울이 듣기 시작했다. 방사에서 곰팡내가 심하게 풍겨왔다. 방바닥은 습기를 머금었고 이불은 눅눅했다. 순례자들이 서로의 신변을 묻거나 법담을 나누는 소리가 빗소리에 섞였다. 방사 봉창으로 사선을 그리며 내리는 빗줄기가 보였다. 피로한데도 잠이 오지 않는 밤이었다. 눈을 감았으나 비가 지붕을 치고 벽을 때리는 소리에 깊은 잠이

들 수 없었다. 이따금 가벼운 천둥이 치고 번개가 봉창을 긁고 지나
갔다.

선잠에서 깨어나 봉창을 보니 빗줄기가 수직을 긋고 있었다. 날이
밝기 이른 시간이었지만 방사 밖으로 나와 어디선가 들려오는 희미
한 염불소리를 들었다. 우선을 펴들고 소리가 나는 쪽으로 가니 관음
전이었다. 관음전 처마에 매달린 풍경에 빗방울이 튕겼다. 비가 오지
않았더라면 설악산 별들과 어울렸을 풍경이 쟁강쟁강, 밤안개에 가려
보이지 않는 공룡능선과 용아장성을 찾아다녔다. 오세암은 공룡능선
과 용아장성 사이에 있는 암자이다.

백의관세음보살 앞에서 삼십 대로 보이는 젊은 처자가 천수경을
독경하고 있었다. 방사 바깥에서 들은 목소린가 보았다. 몇 사람이
더 관음전 안에 있었으나 오직 그녀에게만 눈길이 갔다. 무슨 사연
이기에……?

숨은 사연을 처연하게 독백하는 것처럼 들리는 천수경 소리와
더불어 날이 밝았다. 바깥으로 나오자 가늘고 질긴 빗줄기가 밤새
비에 젖은 흙과 바위와 수풀을 또 적시고 있었다. 밤새 비에 젖어
있던 내 귀와 내 눈도 다시 비를 맞았다. 빗소리 외에는 사방이 고
요했다.

자연은 빗줄기에 말없이 잦아들었지만, 사람은 달랐다. 사람만이 빗줄기 앞에서 우왕좌왕했다. 새벽녘 봉정암으로 떠날 채비였던 사람들은 빗줄기를 보며 불안한 기색을 감추지 못했다. 그때였다.

"오세암까지 왔으니 내는 직여도 봉정암에 갈랍니다. 봉정암 갈라꼬 일년을 기다렸어예."

경상도 노보살을 필두로 의견이 둘로 갈렸다. 봉정암만큼은 가야 한다는 불심론과 비 오는 날은 모든 산행을 포기해야 한다는 원칙론. 산행대장인 나는 선택해야 했다. 아니, 결정해야 했다.

"갈 사람 가고 남을 사람 남으시지요."

사실 나는 간밤에도 그랬고 새벽녘에도 순례자들 앞에서 산행을 포기하자는, 설득력 있는 말을 준비했었다. 그랬는데 나도 모르게 갑자기 바뀌어버렸다. 경상도 보살 때문이 아니라 순간적으로 무엇에 홀린 듯했다.

봉정암행을 포기한 사람들의 움직임은 빨랐지만 얼굴은 밝지 않았다. 몇몇은 돌아서면서 혀를 찼다.

"아무리 봉정암이지만 이 비에 뭔 산행이여. 산행대장이면 말려야지."

그들이 백담사로 가고 나서도 남은 사람들은 빗줄기를 바라보기만

할 뿐 걸음을 떼놓지 않았다. 각자 무얼 생각했을까. 나는 숲에서 수행하는 고대 인도의 수행자들이 우기 때면 나뭇가지나 풀을 엮어 만든 움집에 들어선다는 안거安居를 떠올려보았다. 그들은 비를 피할 수 있는 최소한의 장치 속에 들어 앉아 선정에 들었다. 그들의 눈앞에서, 생각에 잠긴 눈꺼풀 밖에서 내렸던 천오백 년 전의 비를 상상하며 나는 천천히 우비를 입었다.

당신은 한순간이라도 모든 것을 버리고 길을 나선 적이 있는가. 나는 오세암에 내리는 빗줄기와 더불어 그 길을 가고 싶었다. 날씨를 오보한 기상청이 흙과 바위와 수풀과 숲 속의 수행자들이 사는 움집에 떨어지는 빗줄기를 느껴보고 싶었던 내게 기회를 제공했다.

나는 오세암 공양간 옆에 표시된 이정표를 향해 첫발을 내디뎠다. 그러자 준비라도 한 듯 나머지 사람들도 내 뒤를 따랐다. 그중에는 아들이 대학에 들어가기를 봉정암 사리탑에 간절히 기도하려고 뒤따르는 학부모도 있었다.

다행히도 폭우가 앞길을 막지는 않았다. 폭풍을 동반한 장대비가 아니어서 더더욱 다행이었다. 이 정도면 큰 사고를 치를 일은 생기지 않을 것도 같았다. 무성한 잎이 지붕처럼 덮인 숲길을 지날 때면 비를 덜 맞았다. 안온했다. 비에 젖은 풀에서 비린내가 풍겼다. '피할 수 없다면 즐기라'고 했던가. 시냇물을 건너려 징검다리에 발을 놓는 도반들의 얼굴이 그러려고 작정한 듯 밝았다. 농담을 주고받는 말소리도 들렸고, 동네 뒷산을 걷듯이 우산을 쓰고 징검다리는 건너는 도반도 있다. 물론 내리는 비가 보슬비라서 가능한 일이다. 그 우산에 떨어지는 빗소리가 내게도 들린다. 도시에서라면 들리지 않았을 소리이다. 그러고 보니 귀가 밝아져서 새들의 노랫소리가 내 귀를 감싸고, 먼 데서 흐르는 골짜기 물소리도 내 몸 안에서 졸졸졸 흐른다.

시냇물을 건너 숲길 모퉁이를 돌자 갑자기 빗줄기가 굵어진다. 역시 설악산이다. 큰 산은 일정한 기후와 온도를 유지하지 않는다. 산에서는 몰아쳐 내리는 소나기를 만날 때가 가장 곤혹스럽다. 물론 내리기 전에 몇 차례 징후를 보인다. 먼저 먼지와 낙엽을 날리며 지나는 바람이 공기를 긴장시킨다. 숲이 슬그머니 몸을 뒤챈다. 이윽고 빗줄기가 잎사귀에 쏴아 쏴, 내리꽂히고, 땅에 깔린 돌멩이들도 덩달아 들썩일 때 내 눈은 허둥지둥 피할 곳을 더듬고, 내 손은 배낭 속에 든 우비를 뒤지게 된다.

모퉁이에서 만난 비는 보슬비보다는 굵고 소나기보다 가는, 간밤에 내린 빗줄기의 굵기였다. 이런 비는 오래 내린다. 도시에서 이런 비가 내리면 배경음악 같아서 사람들이 나누는 말소리에 잘 끼어들지도 않는다.

그런데 바뀌어버린 빗줄기 때문인지 도반들 사이에 오가던 말이 끊겼다. 배경음악이 효과음악처럼 크게 들린다. 숲에서는 모든 느낌이 전도되는 것이다. 새소리도, 골짜기에 흐르는 시냇물 소리도 멀어지고 있었다.

어디만큼 올랐을까. 잠시 다리를 펴고 나무 밑에 쉬는데도 경상도 노보살은 휘어휘어 산길을 오른다. 남들 쉴 때 같이 쉬지 못하는 건 당신의 몸을 알아서이다. 그렇다. 몸을 알아야 한다. 느낌과 의식과 언어에 끄달려 항상 노예처럼 절절매고 살아온 내 몸의 주인은 내가 아니다.

춘다의 공양을 받고 열반의 길인 쿠시나가르로 가면서 부처는 스물다섯 번이나 쉬었다. 가룻타 강에서 몸을 씻고 이윽고 쿠시나가르로 들어간 부처는 사라수가 가득 찬 숲으로 들어갔다. 부처는 쌍을 이룬 사라수 아래에 자리를 잡았다. 부처의 가사를 받은 아난다는 네 겹으로 접어 자리를 폈다. 부처는 오른쪽 옆구리를 바닥에 붙이고 사자처럼 발을 포개고 누웠다. 사라수는 가벼운 바람에도 비처럼 꽃잎을 흩날린다. 부처의 몸을 꽃잎이 덮었다.

나와 도반들은 나무 아래 서 있었다. 비처럼 나무처럼 서 있었다. 우리에게는 아직 가야 할 먼 길이 남아 있었다. 누구나 누울 수는 있겠지만 열반에 드는 부처처럼 누울 자격은 쉬이 주어지지 않는다. 안간힘을 써서 앉아서 죽거나 서서 죽을 수 있을지는 몰라도 부처처럼 모든 고뇌의 불을 끄지 않았다면 헛일일 뿐이다. 중력으로부터 자유롭지 못한 비가 수직을 그으며 땅 떨어지듯 중생고를 벗어나지 못하는 우리 대부분은 세상을 떠돌고 윤회계를 떠돌아야 한다.

자, 우리는 가야 한다. 부처가 있는 봉정암으로 가야 한다. 부처는 늘 거기 있으리라고 했다. 우리가 가는 곳이 비록 부처가 늘 거기 있으리라고 말한 룸비니, 보드가야, 사르나트, 쿠시나가르의 사대성지는 아닐지라도 거기서 캐온 부처의 씨앗이 동방의 연꽃으로 만개한 봉정암 아닌가.

앞서 가던 경상도 노보살이 하염없이 뒤처지고 있었다. 나는 선두를 다른 사람에게 맡기고 노보살을 부축했다. 노보살이 고맙다면서도 당신의 늙은 몸을 한탄한다.

노보살의 몸도 비에 젖어 있었다. 더 이상 관리되지 않는 살과 뼈가 젖은 옷에 드러나서 제멋대로 덜렁거린다. 살과 뼈가 다른 살림을 차린 모양새이고, 내 집이 아닌 다른 집에 내가 살고 있다고 늙은 몸은 말하고 있었다. 남의 일이 아니다. 누구나 노보살처럼 생로병사에 익숙해질 터인데도 옷과 집의 보호를 무한정 받는 양 몸을 아낀다. 나도 성스러운 내 몸을 위해 그럴 수만 있다면 얼마든 치장하고 싶다. 비와 바람과 안개를 차단하려고 견고하게 담을 쌓거나 두터운 강화유리벽을 두른다. 그렇게 욕망을 버리지 못하고 치매에 걸릴 때까지 사는 삶도 불행하지만, 죽음이 임박해서야 생로병사의 무상함을 깨닫는 삶도 그에 못지않다.

오세암을 통해 봉정암으로 오르는 길은 유난히 구불구불했다. 뒤에서 보니 길이 비구름과 안개를 번갈아 드나드는 것 같았고, 순례자들이 배낭 대신 비구름의 집을 등에 짊어지고 힘겹게 걷는 것 같았다.

느낌과 의식과 언어에 끄달려 항상 노예처럼 절절매고 살아왔던 몸, 깨달음이 없이 지탱해온 이 몸이야말로 버려야 할 거추장스러운 집이 아니고 무엇이랴. 나를 감싼 욕망의 껍데기를 부수는 일이라면 빗줄기뿐 아니라 천둥과 번개라도 감수해야 하지 않을까.

오를수록 경사가 점점 더 심해졌지만 빗줄기는 늘지도 줄지도, 굵어지지도 얇아지지도 않았다. 얇은 우비 한 장에 가린 내 몸속으로 비

봉정암 가는 길

오를수록 경사가 점점 더 심해졌지만
빗줄기는 늘지도 줄지도, 굵어지지도 얇아지지도 않았다.
얇은 우비 한 장에 가린 내 몸속으로 비가 스며들기 시작했다.
폐장과 심장 사이에서도 빗소리가 났다.
비에 젖은 숲도 스며든다.
나뭇잎과 돌들이 내 몸에 들락거리는 소리도 났다.
나는 온전히 빗소리와 독대하고 있었다.

가 스며들기 시작했다. 폐장과 심장 사이에서도 빗소리가 났다. 비에
젖은 숲도 스며든다. 나뭇잎과 돌들이 내 몸에 들락거리는 소리도 났
다. 나는 온전히 빗소리와 독대하고 있었다. 느낌과 의식과 언어에 끄
달려 항상 노예처럼 절절매고 살아온 내 몸의 주인은 내가 아니었다.
나의 주인은 과연 누구일까?

　비는 눕지 못한다. 하늘로 날아오르지도 못한다. 비구름이나 폭풍
에 실려 가지 않는다면 비는 다만 추락할 뿐이다. 그러나 인간은, 수
행자는, 부처는, 남의 힘을 빌리지 않고도 중력을 거슬러 하늘을 난다.
바라나시로 가는 강에서 승선을 거부하는 뱃사공에게 보여준 신통력
을 굳이 언급하려는 게 아니다.

　하늘을 나는 힘은 자신을 가장 무겁게 내리눌렀던 욕망의 짐을
벗어던졌기에 가능했다. 이 세상에서 가장 무거운 짐인 자신을 내려
놓자 이 세상에서 저 세상으로, 차안에서 피안으로 건너가는 일이
별것 아닌 일이 되어버렸다. '나'가 없어지니 무엇이든 공기처럼 가
벼워졌다.

　설악산에서 가장 신비롭다는 용아장성이 비구름에 잠겨 있다가 간
혹 속살을 드러내곤 했다. 먼 옛날 신라의 사복이 풀을 뽑다 우연히
들여다봤다는 화장세계가 땅이 아닌 하늘에 펼쳐지고 있었다. 용아장

성이 보이니 봉정암도 머지않을 터였다.

선두가 봉정암으로 넘어가는 '깔딱고개' 앞에 멈추었다. 거기서 마지막으로 쉬었다가 봉정암으로 갈 요량인가 보았다. 경상도 노보살은 더 참지 못하고 바위에 박은 쇠파이프 손잡이를 두 손에 거머쥔 채 털썩 주저앉았다. 하얗게 세다 못해 듬성듬성 머리카락이 빠져나간 정수리를 보이면서 노보살은 겨우 말했다.

"하이고, 내는 인자 봉정암 올라가삘면 더는 몬 올라가예."

"그래도 내려가면 생각이 달라지실 걸요."

내가 웃었지만 노보살은 고개를 가로저었다.

"영감이 아파서 올라왔어예. 영감 저승 가뿔기 전에 부처님께 인사 대신 드릴라꼬예. 전엔 봉정암에 노상 같이 왔지예."

남편을 위한 봉정암행이란 말에 짠한 감동이 가슴을 찔러왔다. 그리고 보니 아들의 대학교 입학을 기도하려 왔다는 중년여자도 빗물과 땀을 훔치며 파이프 난간에 기대 서 있었다. 밑에서 누가 힘겹게 이켠으로 오르고 있었다. 새벽에 오세암 관음전에서 본 젊은 처자였다. 얼굴을 뒤덮은 빗물과 땀은 어쩌면 눈물을 감추고 있는지도 몰랐다. 그녀는 또 누구를 위해 울면서 봉정암에 오르는 것일까?

봉정암

설악산에서 가장 신비롭다는 용아장성이
비구름에 잠겨 있다가 간혹 속살을 드러내곤 했다.
먼 옛날 신라의 사복이 풀을 뽑다 우연히 들여다봤다는
화장세계가 땅이 아닌 하늘에 펼쳐지고 있었다.
용아장성이 보이니 봉정암도 머지않을 터였다.
선두가 봉정암으로 넘어가는 '깔딱고개' 앞에 멈추었다.
거기서 마지막으로 쉬었다가 봉정암으로 갈 요량인가 보았다.

경상도 노보살은 더 참지 못하고
바위에 박은 쇠파이프 손잡이를 두 손에 거머쥔 채 털썩 주저앉았다.
하얗게 세다 못해 듬성듬성 머리카락이 빠져나간 정수리를 보이면서
노보살은 겨우 말했다.
"하이고, 내는 인자 봉정암 올라가삘면 더는 몬 올라가예."
"그래도 내려가면 생각이 달라지실 걸요."
내가 웃었지만 노보살은 고개를 가로저었다.
"영감이 아파서 올라왔어예. 영감 저승 가뿔기 전에 부처님께 인사 대신 드릴라꼬예.
전엔 봉정암에 노상 같이 왔지예."

부처는 이 세상과 이별하기 전 아난다에게 말했다.

"아난다야, 나를 찾으러 올 때는 너 자신을 등불 삼아 너 자신에 의지해야 한다. 너 자신 밖에 것에 의지하지 말고 오직 너 자신에 전념하도록 해라."

봉정암에 오르려면 오직 당신의 발만 믿고 당신의 발에 의지해야 한다. 누구도 대신 걸어줄 수 없는 길을 오로지 혼자서 걷되, 남을 위해 땀을 흘리고 남을 위해 비를 맞을 수 있어야 한다. 그 몸은 얼마나 희유한가!

이제 우리는 일어나 깔딱고개를 넘어야 한다. 사는 일은 얼마나 힘든 고갯길이었나. 그러나 굳이 깔딱고개를 넘어 사리탑에 이르지 않아도 산행대장으로서의 범계를 무릅쓰고 봉정암에 오른 이유를 알 것 같았다. 눈이 밝아지고 가슴이 훤히 열렸다. 나는 비에 젖은 파이프를 움켜쥔 경상도 노보살의 쪼글쪼글한 손에서 부처를 보았다. 그 순간, 비가 개었다.

부처의 법구를 철곽에 안치하고 향나무 위에 올렸다. 횃불을 향나무 장작에 대었지만 어찌 된 일인지 불이 붙지 않았다. 사람들이 술렁였다. 사람들이 차례로 나서 불을 붙여도 소용없었을 때 분소의를 걸친 마하가섭이 눈물과 먼지로 얼룩진 얼굴로 나타났다. 마하가섭이 향나무 단 앞에 걸음을 멈추자 철곽이 철커덩, 소리와 함께 열렸다. 부처의 맨발이 삶과 죽음의 경계를 허물 듯 관 밖으로 쑥 빠져나왔다. 군중들의 탄성을 뒤로하고 마하가섭은 조용히 그 발에 이마를 조아렸다. 마하가섭이 오른쪽으로 세 번 돌자 부처는 두 발을 다시 관 속으로 거두었다. 철곽이 다시 닫히고 장작더미에 불이 붙었다. 불은 저절로 붙어 하늘을 삼킬 듯 치솟았다가 이내 재를 날리며 사그라졌다. 사람들이 재를 뒤집어 사리를 수습했다.

모두가 평등하므로 부처의 사리는 골고루 나누어졌다. 신라의 자장이 봉정암 사리탑에 넣은 사리는 그때 그것이었다. 간과하지 말아야 할 것은 사리가 아니라 부처의 평등정신이다.

"아난다여, 내가 깨닫기 전에 받은 수자타의 공양과 지금처럼 열반을 앞두고 받은 춘다의 공양은 그 공덕이 같구나. 이 말을 춘다에게 전해다오."

봉정암 사리탑에 올라 108배를 드리는 동안 부처가 아난다에 전한 이야기를 나도 들었다.

삶과 죽음은 평등하다. 내가 살아있는 것은 남의 죽음을 대신 완성하기 위해서이다. 우리 곁에 아직도 경상도 노보살이 있다는 것이 얼

부처의 법구를 철곽에 안치하고 향나무 위에 올렸다.
횃불을 향나무 장작에 대었지만 어찌 된 일인지 불이 붙지 않았다.
사람들이 술렁였다.
사람들이 차례로 나서 불을 붙여도 소용없었을 때
분소의를 걸친 마하가섭이 눈물과 먼지로 얼룩진 얼굴로 나타났다.

마하가섭이 향나무 단 앞에 걸음을 멈추자
철곽이 철커덩, 소리와 함께 열렸다.
부처의 맨발이 삶과 죽음의 경계를 허물 듯
관 밖으로 쑥 빠져나왔다.

군중들의 탄성을 뒤로하고
마하가섭은 조용히 그 발에 이마를 조아렸다.
마하가섭이 오른쪽으로 세 번 돌자
부처는 두 발을 다시 관 속으로 거두었다.
철곽이 다시 닫히고 장작더미에 불이 붙었다.
불은 저절로 붙어 하늘을 삼킬 듯 치솟았다가
이내 재를 날리며 사그라졌다.
사람들이 재를 뒤집어 사리를 수습했다.
모두가 평등하므로 부처의 사리는 골고루 나누어졌다.
신라의 자장이 봉정암 사리탑에 넣은 사리는 그때 그것이었다.

봉정암 사리탑

마나 경이로운가. 그녀의 쪼글쪼글한 손이 남편뿐 아니라 자연계의
모든 생명을 보듬어 줄 수 있기를 나는 소망한다. ⊛

걷는 길 백담사 ⋯▸ 영시암 ⋯▸ 오세암 ⋯▸ 봉정암 ⋯▸ 구곡폭포 ⋯▸ 영시암 ⋯▸ 백담사
거리와 시간 왕복 22km 정도, 15시간 예상

저 절로 가는 길

© 고원영 2015

초판 01쇄 펴낸 날 2015년 05월 12일

저자 고원영
펴낸이 권태욱
펴낸곳 도서출판 홍반장
주소 서울시 강남구 테헤란로 311 아남타워 1319
대표전화 02-573-3909 **팩스** 031-521-3909
이메일 hbjbooks@naver.com

인쇄 상지사
주소 경기도 파주시 광인사길 155−2 상지사P&B
대표전화 031-955-3636 **팩스** 031-955-3600

ISBN 979-11-953542-3-8 03220